1348年

氣候不順與生存危機

歷史的轉換期 V

1348年
氣候不順と生存危機

Turning Points
in World History

千葉敏之
CHIBA TOSHIYUKI
|編|

長谷部史彥、井上周平、四日市康博、
井黑忍、松浦史明——著
陳嫺若——譯

出版緣起

在空間的互動中解讀歷史，在歷史的纏繞中認識世界

中央研究院近代史研究所助研究員、「歷史的轉換期」系列顧問　陳建守

歷史是什麼？來自過去的聲音？人類經驗的傳承？還是帝王將相的生命史？個人有記憶，所以人類也有集體記憶。表面上這些記憶是由事件及人物所組成，更往下分疏縷析，則風俗、習慣、語言、種族、性別等，無不在背後扮演重要的角色。而由這些基點延展開來的歷史研究，則有社會史、文化史、宗教史、性別史、思想史等不一而足的研究取徑。正因為人類無法忘卻過去的一鱗半爪，我們才有了「歷史」(history)。

上個世紀六〇年代英國著名史家卡爾（E. H. Carr）推出的《何謂歷史？》(*What is History?*) 迄今剛好屆滿一甲子。卡爾當年「何謂歷史？」的鏗鏘命題，不僅是歷史學者在其漫長的從業生涯中無法迴避的提問與質疑，直至今日，我們仍與之不斷地進行對話。然而六十年過去了，我們現在對「何謂歷史？」這個問題提出的解答，與卡爾提供的答案已經有很大的不同，唯一相同的是「歷史是過去與現在永無止盡的對話」。雖然隨著討論的課題與人們討論方式的改易，對話的本質可能已

經改變，但這樣的對話至今仍不斷地在進行。

與卡爾當年身處的情境不同，現今歷史學研究的興趣從探究因果關係轉向對意義的追尋，由解釋轉向理解。近年來更出現兩項重大的轉向：第一，在過去十年，以全球史為名的出版品有逐漸增加的趨勢，相關研究書文不斷地出現在各大期刊的篇目當中。基於全球史取徑的興起，觀看歷史的視角也從歷時性轉為空間的共時性（from time to space/ place）。第二，大眾史學的出現，歷史做為大眾文化與市民生活的元素，與民眾日常切身相關的歷史研究蔚為風潮，也培養出一群重視在地連結與歷史感的閱讀大眾。

全球史取徑的意義在於打破單一的國族和語言，展現跨地區的相遇（encounter）和連結，同時也直接挑戰了預設地理疆界的「方法論國族主義」。將研究對象置於全球視野之下，一方面可以解構所謂的「歐洲中心化」概念，另一方面則可以指出一個歷史交纏打造的世界。全球視野下的歷史研究跳脫了歐洲中心普世論與國族主義特殊論的二元對立，將視角置於區域發展的自身脈絡以及整體歷史變遷上。至於大眾史學，強調的則是「歷史感」的課題，意圖帶領讀者感受歷史影響我們生活的諸般方式；透過瞭解與參與歷史，我們終將更加了解自己與身處的世界。

呈現在讀者眼前的這套「歷史的轉換期」叢書，就是從這兩大面向切入，編輯而成的套書。整套叢書共計十一冊，是臺灣商務印書館繼二〇一七年推出「中國・歷史的長河」系列套書後的又一鉅作，目的是提供臺灣讀者不同觀點的世界史。其中挑選我們熟知歷史大敘事中的關鍵年分，將之視為探索的起點，卻不囿於時空的限制，而是以一種跨地域的比較視野，進行橫切式的歷史敘事。

過往的世界史往往是各國按照年代時間序列組合而成的宏大敘事，全球史的敘事則是要將時空的框架重組，既有縱向的時代變遷，又有橫向的全球聯繫。這正與當前一〇八歷史課綱所提出的理念不謀而合，亦即注重空間（區域）的歷史思考，非常適合做為第一線中學教師補充一〇八歷史課綱的知識點。特別值得一提的是，這套叢書採取與日本同步的翻譯速度，希望能夠在最短的時間內，將最新的研究成果推送到臺灣讀者手中。

歷史學的地貌會改變，新的歷史斷層地圖也會隨之產生。讀者可以發現，專業歷史知識生產已然轉變，大一統的歷史書寫文化業已瓦解。「歷史是過去與現在永無止盡的對話」，自從卡爾為歷史下此定義之後，過去與現在之間彷若有了一條光亮的通道。而這套「歷史的轉換期」叢書，正是另一道引人思索的靈光乍現。

內文左方註釋為譯者或編者註，特此說明。

導讀

疾病、氣候與文明——微觀與宏觀的世界史

中央研究院歷史語言研究所助研究員　孔令偉

二〇一九年底新冠肺炎疫情的爆發，無疑在政治、經濟、社會、文化甚至精神層面上，對後世人類歷史的發展造成重大影響。從這個角度來說，二〇一九至二〇二〇年將被後世視為關鍵的歷史轉捩點。疫情的爆發無疑對身處二十一世紀當代社會的人們帶來重大衝擊，然而從歷史的縱深而言，這並非人類文明首次遭遇大規模疫情的挑戰。傳染性疾病的爆發，與人口移動的規模及頻率相關，全球化為現代社會帶來經濟繁榮與文化交流的同時，也為疾病的流通提供條件。歷史未必循環，但可能押韻，今人熟悉的全球化，實際上可追溯至十三世紀蒙古帝國在歐亞大陸東西部的擴張。蒙古帝國的跨區域整合，推進了當時歐亞大陸的經濟文化互動，與此同時東來西往的使團、軍隊、商旅、傳教士乃至人口販賣，亦為傳染疾病的傳播提供條件，最終體現在一三四八年鼠疫疫情的爆發。

在疾病之外，氣候變遷以及自然災害，亦與人類文明的發展息息相關。近年來面臨全球暖化乃至海平面上升的自然議題，在產生各種討論及爭辯的同時，世界各國也紛紛採取碳權限制等措施。眾所周知，人類在歷史時期曾經遭遇不同氣候溫度的變遷，不同於今日所面臨的暖化問題，十四世紀前期世界各地則經歷了氣候寒化的趨勢。嚴寒的氣候不僅為疫病擴散提供有利條件，同時造成河湖結冰、糧食歉收等生態衝擊，對當時蒙古帝國的生計交通造成不小的影響，對政權更迭亦產生一定作用。

疾病、氣候等自然變遷與人類文明間的互動，顯然不只是當代社會才突然出現的議題，如何從歷史的縱深理解此現象，不當僅僅是二三素心人於荒江野老屋培養之紙上考證，更應該是當代世界公民的基本人文素養及社會關懷。在此脈絡下，呈現在讀者眼前這本《一三四八年：氣候不順與生存危機》的譯本，對於臺灣社會乃至華文圈的思想視閾之開拓，兼具歷史知識及現實關懷之意義。作為《歷史的轉換期》叢書中的第五冊，這部以一三四八年鼠疫爆發作為敘事起點的分冊，可謂別開生面。就世界史的分期而言，本書主要聚焦於中世（medieval），上承晚古（late antiquity），下接近世（early modern），尤其是為理解蒙古帝國統治前後歐亞大陸的歷史轉折，提出許多精闢的見解。

一如《歷史的轉換期》它卷，本書深刻體現日本學界長期推動整合東亞史、歐洲史、內亞史、海洋史等不同專業背景的歷史學者進行集體出版合作。因此本書以豐富多元的歷史觀點見長，不僅在探討之歷史材料及具體個案上橫跨歐亞東西，更能結合宏觀的疾病史、古氣候學，並關注微觀的心態史；又能在探討帝國興亡的同時，留意基層社會的作用。這種出入東西而兼顧上下的史觀，在現代歷史學發展日益專精的情況下，實非依賴個別學者之博學多聞，而是亟需整合多元專業學者的跨領域對話。

本書涉及史事、時代、地理範圍等多元面向，惟背後亦涉及共通之思想議題，值得讀者留意，在此就兩點拋磚引玉。其一，在自然環境面前，人類文明發展的能動性（agency）為何？從二十世紀共產主義革命發展出的「人定勝天」說，到主張氣候決定大國興亡的環境決定論（environmental determinism），經過現代化乃至後現代洗禮的當代社會，究竟該如何看待人類與環境的關係？歷史學的人文視野又能提供何種省思？觀照一三四八年的鼠疫與二〇一九年的新冠，乃至二者與人類文明全球化的干係，或使識者不禁要進一步追問：歷史學縱使不為現實服務，然而歷史學者是否應該甚至可能放棄現實關懷？

最後，疾病與環境史的歷史書寫，背後亦涉及時間性（temporality）的思辨。整體來說，歷史過程的發展是漸進的，然而歷史時間卻非均質的。歷史事件的產生，自然有其時空脈絡與前導條件，所謂羅馬不是一天造成的，歷史的潮流亦需一定時間的積累。另一方面，特定歷史事件的發生，不時改變甚至逆轉了時代的潮流，其中疫病的爆發便是具有代表性的例子。歷史時間的延續性與異質性，本身並非二元對立的矛盾概念，卻在進行歷史書寫時，對敘事視角造成挑戰。換句話說，究竟應該追求如錢穆所側重「以漸不以驟」的長時段通史書寫？抑或是專注於秦始皇統一中國、凱撒橫渡盧比孔河這般由帝王將相所主導的特定歷史事件？本書通過以一三四八年鼠疫為起點，在關注特定年份所發生之歷史事件的同時，亦留意此前的時空背景乃至其後的深遠影響，以此將特定事件進行歷史脈絡化的梳理與詮釋。這樣的做法，或為新興的歷史書寫提供可能。

寫在前頭

今日，諸如「全球史」等從廣闊視野出發、多面向思考世界歷史的史學日益盛行，我們希望能夠立足於最新的學術知識，針對各個時期的「世界」，提供一種新的剖析方式——本叢書就是依循這樣的思維而開展的企畫。我們列舉了堪稱世界歷史重大轉換期的年代，探討該年代各地區的人們過著怎樣的生活、又是如何感受著社會的變遷，將重點放在世界史的共時性來思考這些問題。此即本叢書的核心主旨。

從全球視野來嘗試描繪世界史的樣貌，在今天已經不是什麼稀奇的事，可以說本叢書也是歷史學界在這方面集結努力的其中一環。既然如此，那在這當中，本叢書的目標及特色又是什麼呢？在這篇〈寫在前頭〉中，我們將從幾個面向來試著敘述。

首先要討論的是「轉換期」*一詞代表的意義。若從現在這個時間點回顧過去，每一個時期在「轉換」上的方向性，看起來都會是十分明確的；雖然因為地區不同，而有或早或晚的時間差異及個別的特色，但歷史應該還是會往一定的方向發展吧……？然而，這樣的看法卻很容易讓後來時代的人們在回顧歷史時，陷入認知上的陷阱。對於熟知後來歷史動向的我們而言，歷史的軌跡自然是「只會朝這個方向前進」；既然如此，那如果「不從今天來回顧當時的社會」，而是嘗試「站在當

＊ 配合各冊敘述需要，會斟酌譯成轉換期、轉捩點、轉換關鍵等詞。

時社會的立場來看未來」，情況又會變得如何呢？今天的我們，若是論起預測數十年後或數百年後的世界，應該沒什麼人有自信吧！這點對過去的人們來說，也是一樣的。綜觀當時世界各地人們的生活便會發現，儘管他（她）們深切感受到「世界正在經歷重大變化」，卻又無法預測這股推著自己前進的潮流將通往何處，因此只能在不安與希望當中，做出每一天的選擇。將這種各地區人們的具體經驗相互積累、結合後，歷史上的各個「轉換期」，便會在我們面前呈現出一副比起從今日視點出發、整齊劃一的歷史更加複雜，也更加活潑生動的姿態。

第二是世界史的「共時性」。本叢書的每一冊，都以一個特定的西元年分做為標題。對於這種作法，讀者理所當然會湧現疑問：儘管在這一年的前後數十年甚至數百年間，世界各地呈現了巨大變化，某種程度上也可看出一定的關聯性，但這樣的轉變會是在特定的某一年一口氣突然爆發出來的嗎？就算有好幾個地區同時產生了重大變革，其他地區也不見得就有變革吧？特別是，姑且不論日益全球化的十九、二十世紀，針對古代和中世紀世界史的「共時性」（synchronicity）進行推論，真的有意義嗎？當然，本叢書的編者與作者並不是要強硬主張所謂「嚴密的共時性」，也不是要對每一冊各章的對象僅就該特定年分的狀況加以論述。不僅如此，諸如世界史上的「交流」與「衝突」這類跨地域的變遷，以及在這之中肩負起重要任務的那些人，我們也不特別著墨；畢竟至少在十八世紀以前，絕大多數的人們對於自己生活的地區與國家之外發生了什麼事，幾乎是一無所知。而本叢書的許多章節裡，就是以這樣的普通人為主角。儘管如此，聚焦在特定年分、以此眺望世界各地狀況的作法，仍有其一定的意義——它開創了某種可能性，也就是不以零星四散的方式，而是透過宏觀的視野，針對當時各地區人們直接面對的問題，及其對應方式的多樣性與共通性進行分析。像是大範圍的氣候變遷與疫病，各個地區在同一時期，也可能直接面對「同樣的」問題。不只如此，也有像資訊與技術的傳播、商品的流動等，有著時間差而對世界各地產生影響的現象存在。然而，儘管問題十分類似，各地區的對應方式卻不相同；甚至也有因某些地區的對應，導致相鄰地區做出截然不同的對應態度。此外，面對類似的狀況，某些地區的既有體系因此產生了重大的動搖，但其他地區卻幾乎不受影響，這樣的情形也是存在的。當我們看到這種迥異的應對方式，從而思考為何會這樣的時候，便會對各個社會的特質產生更深一層的理解。儘管將生活在遙遠分離的地區、彼此互不相識的人們稱為「同時代人」，似乎不是件普通的事，但他（她）們確實是生活在同一時間、同一個「當代」(contemporary)的人們；我們所做的，就是讓讀者試著感受箇中的醍醐味。

第三個問題是，「世界史」究竟是什麼？今日，打著「全球史」名號的著作多不勝數；儘管它們都有著超越「國史」框架的共通點，採用的方法卻林林總總、不一而足。有的將氣候變遷、環境與疫病等自然科學方法納入研究取徑，來處理大範圍的歷史；有的利用比較史或系統論方法，將重點放在亞洲，對歐洲中心主義進行批判；此外，還有運用多語言史料的海域交流史，這種有時也被叫做「全球史」。雖然本叢書秉持「世界史的視野」，卻未必會使用「全球史」一詞，而是讓各位作者按照自己的方法執筆，在選擇探討對象上也抱持著開放態度。雖然稱為世界史，但本叢書並未採取將某個年代的世界分成好幾塊、然後對各塊分別撰寫概述的作法，而是在狹窄的範圍內，盡可能提供鮮明生動的實例。因此在每一冊中，我們並不見得徹底網羅了那個年代的「世界」樣貌。乍看之下，這樣的做法或許會讓人覺得是好幾個零星主題胡亂湊在一起，然而，我們也請作者在執筆時不將各冊各章的對象框限在一國或一地區之中，而是以面向世界的開放脈絡來處理它們。「世界」並不是像馬賽克一般集結拼湊，而是像漣漪一般，以具體事例為中心，不斷往外擴散又彼此重合；描繪出這些漣漪彼此碰撞接觸的軌跡，就是本叢書的特色。「世界史」並不是一大堆國別史綁在一起的集合物，也不是事先就預設出一個所謂「世界」這樣的單一框架；相反地，我們認為它是紮根於各個地區的觀點彼此碰撞、對話，而展現出的活潑鮮明姿態。

透過以上三點，我們簡略陳述了本叢書的概念。歷史的宏觀脈動，是上至大政治家和學者，下至庶民，由各個階層的人們共同摸索與選擇所形成的。本叢書的視野雖是全球性的，但並非從超越個別眾人經驗的制高點來鳥瞰世界史的全貌，而是試著從廣泛的、同時代的視野，去比較、檢討那些跟今天的我們一樣，面對不可預測的未來不斷做出選擇的各時代人們的思考和行動方式，從而以這樣的視角，對世界史上的「轉換期」加以重新思考，這就是我們關心的所在。透過這種嘗試，本叢書希望能將歷史發展中宏觀、微觀視角的交錯，以及橫向、縱向伸展的有趣之處，介紹給各位讀者。

本叢書的各冊構成如下：

第1冊　前二二〇年　帝國與世界史的誕生
第2冊　三七八年　崩解的古代帝國秩序
第3冊　七五〇年　普遍世界的鼎立
第4冊　一一八七年　巨大信仰圈的出現
第5冊　一三四八年　氣候不順與生存危機
第6冊　一五七一年　白銀大流通與國家整合
第7冊　一六八三年　近世世界的變貌
第8冊　一七八九年　追求自由的時代
第9冊　一八六一年　改革與試煉的時代
第10冊　一九〇五年　革命的浪潮與團結的夢想
第11冊　一九一九年　邁向現代的摸索

各冊除了每一章的主要敘述外，還收錄了簡短的補充說明「專欄」，開頭也編入概觀全書樣貌的「總論」。除此之外，扉頁設有地圖，書末附有參考文獻，希望能對各位讀者有所幫助。

「歷史的轉換期」叢書監修　木村靖二．岸本美緒．小松久男

出版緣起　陳建守　003
導讀　孔令偉　007
寫在前頭　木村靖二・岸本美緒・小松久男　011

總論　氣候不順與生存危機……木村靖二　021

第一章　中東社會與鼠疫浩劫・自然災害……長谷部史彥　045
1　鼠疫大流行與社會　045
2　自然災害　056
3　農村與城市的社會性危機　064
4　死亡日常化與伊斯蘭信仰的變貌　071

第二章　十四世紀歐洲的鼠疫……井上周平　087
1　歐洲的一三四八年　087
2　天地異變與社會不安　097

3 專家學者們論述鼠疫成因 110
4 防治鼠疫與醫療實踐 125

第三章 蒙古帝國的霸權與瓦解，及其衝擊……四日市康博 141

1 蒙古帝國的歐亞統一與統治結構 141
2 蒙古政權的瓦解及其影響 152
3 十四世紀的長期變動與蒙古霸權的衝擊 183

第四章 元明易代的暗流……井黑 忍 203

1 崩垮的先兆 203
2 開發與挫折 216
3 冬季到來 226
4 未斷絕的水流 238

補論

東南亞的十四世紀與氣候不順……松浦史明 251

1 柬埔寨、吳哥王朝的瓦解與氣候不順 251

2 十四世紀的大變動 256

3 氣候變遷為東南亞帶來了什麼 259

專欄

◆布拉格大學……126

◆黑死病是鼠疫嗎？……138

圖片來源・作者簡介・主要參考文獻

歷史的
轉換期

05

1348年
氣候不順與生存危機
気候不順と生存危機

Turning Points in World History

總論　氣候不順與生存危機

千葉敏之

移動的人群與瘟疫

七四九年的第一賴比爾月初（一三四八年五月三十日），我們在阿勒坡得知加薩（Ghazza）爆發瘟疫，每日的死亡人數已超過千人。我後來到荷姆斯（*Hims*）時，發現瘟疫也蔓延到那裡，光是我抵達那天，死亡人數就達到三百人。我返回大馬士革的那天是星期四，直至那天，居民已齋戒三天。星期五〔黎明〕人們來到足印清真寺參加聚禮*，我們曾在前面描述過這座清真寺。真主使使疫情緩解。那時每天死於瘟疫的人數已提高至兩千四百人。之後我又前往了阿傑隆（Ajloun）以及拜特・阿爾穆克達斯（Bayt al-Maqdis，耶路撒冷），發現那裡的瘟疫已平息下來。

——伊本・巴杜達著，原書引自家島彥一譯注的日文版《伊本・巴杜達遊記》（*Rihlah*）第二十六章〈邁向故鄉馬格里布之旅〉，頁一四六；本處參考苑默文翻譯的中文版第十七章〈從中國到馬格里布，再到西班牙〉（臺灣商務，二〇一六），頁四七七。

＊　即第一章將提到的卡達姆清真寺，是當時大馬士革的聖地，位於城南兩里處，因一塊上面留有伊斯蘭教先知穆薩腳印的石頭而得名。今日該石頭上的足跡被認為來自穆罕默德。

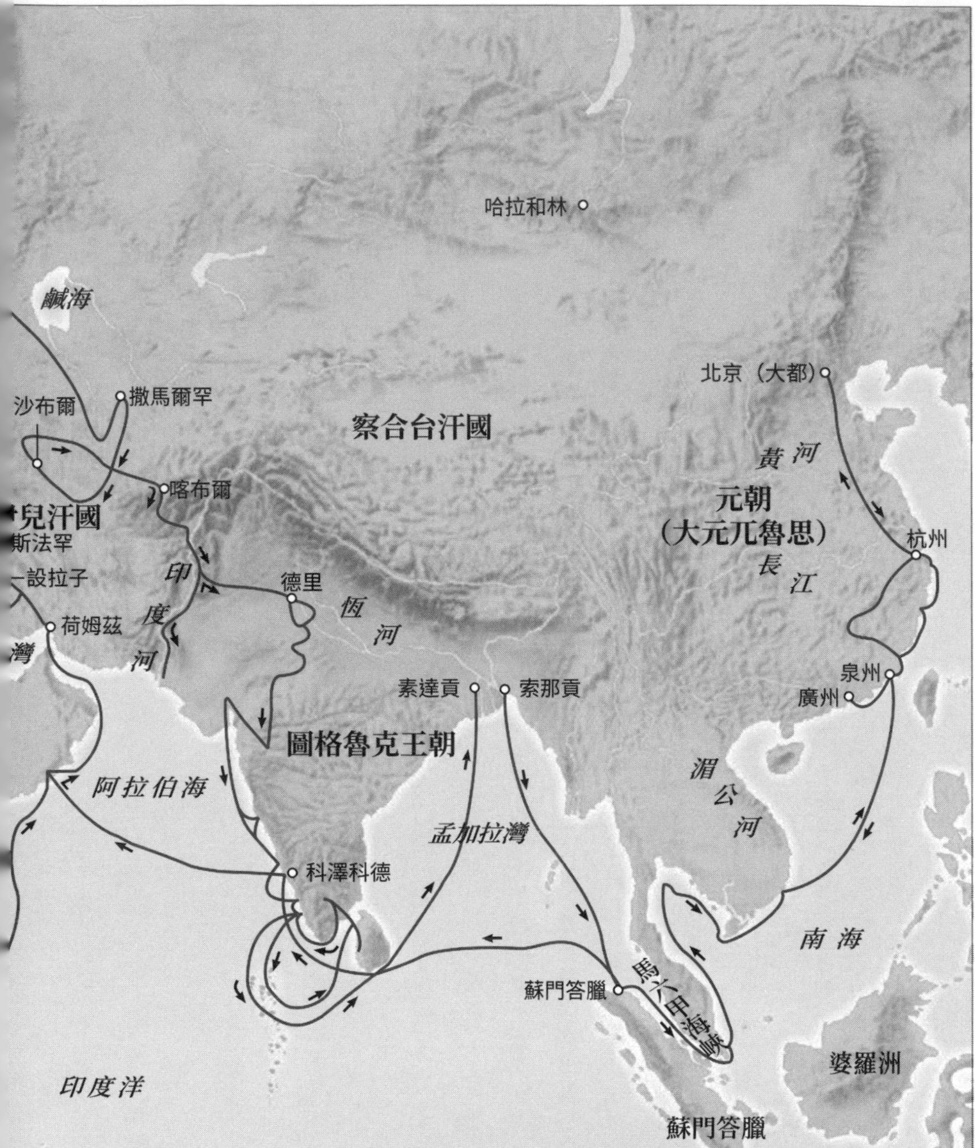
哈拉和林
鹹海
北京（大都）
撒馬爾罕
沙布爾
察合台汗國
黃河
喀布爾
元朝
（大元兀魯思）
兒汗國
斯法罕
杭州
設拉子
印
長
江
德里
恆
荷姆茲
度
河
灣
河
泉州
素達貢
索那貢
廣州
圖格魯克王朝
湄
阿拉伯海
公
孟加拉灣
河
科澤科德
南海
馬六甲海峽
蘇門答臘
婆羅洲
印度洋
蘇門答臘
爪哇

英格蘭王國
波蘭王國
神聖羅馬帝國
法蘭西王國
匈牙利王國
欽察汗國
(金帳汗國)
保加爾
薩萊
裏海
黑海
威尼斯
卡斯提爾
王國
拿波里王國
君士坦丁堡
大不里士
地
格拉納達
直布羅陀
突尼斯
西西里王國
中
海
科尼亞
阿勒坡
巴格達
非斯
大馬士革
耶路撒冷
馬拉喀什
馬林王朝
亞歷山大港
開羅
波
紅
麥地那
麥加
馬木路克政權
海
廷巴圖克
亞丁
馬利
尼
日
河
摩加迪休
剛
果
河
蒙巴薩
基爾瓦
伊本・巴杜達的旅行路線

伊本・巴杜達的旅程

象徵著一三四八年世界的旅行者，伊本・巴杜達（Ibn Battuta，一三〇四年生於摩洛哥的丹吉爾［Tangier］）。長達三十年、從東亞到非洲的浩大旅程中，就在這一年，他從伊朗途經巴格達、敘利亞的大馬士革、埃及的開羅，第二次造訪了麥加。這段期間，黑死病接二連三地侵襲中東各城市，他靠著所到之處獲得的最新情報，繞過瘟疫肆虐的城市，繼續他的旅程。當鼠疫桿菌（Yersinia pestis）附著在商人、船員、朝聖者、移民等「移動人」（Homo Movens）身上散布的同時，也出現為了逃離鼠疫浩劫而往鄉間躲避的新移動人潮。這些人的移動路線時而重疊、時而互相迴避，傳染病也三番兩次在「大流行」(Pandemic）的世界中蔓延。

本書的主題「一三四八年」，是鼠疫從發源地擴散，傳播範圍遠達中東及歐洲，在短時間內造成大量死亡、人口銳減幅度甚鉅的一年。瘟疫在歷史中反覆流行，不管指針停在哪個時間，都能在地球某一處發現某種地區性的流行正在發生。其中足以成為歷史轉捩點的流行，多半是日常地區性流行迅速爆發，範圍廣程度大，加上即時瞬發不容許復原，才造成社會難以承受的壓力。人們大受震撼，情緒激昂，行為脫序。作家卡繆（Albert Camus）認為，傳染病最先帶給人們的打擊是與心愛之人別離，而當瘟疫離開城鎮後，死別會在倖存者的心中留下一生無法抹滅的傷痕。鼠疫的致死率與傳染性不但奪走了許多人的性命，也摧毀了「生產—交換—消費」的循環，讓社會陷入存續危機。這導致了生產力減低、食物供給崩潰，以及饑荒，危機進而複雜化。這些瞬間爆發的事件以幾年、十幾年為單位，影響著人類社會短期的動態經濟活動及社會制度變化，進而以幾十年、幾世紀的單位，牽連到長期的氣候變遷與環境遞嬗。

文明史當中的疫病

一九七六年，世界衛生組織宣布要根除天花，當時醫學界對傳染病的預防與治療深具信心。芝加哥大學歷史學教授威廉・麥克尼爾（William Hardy McNeill，一九一七～二〇一六）在當時寫下了《瘟疫與人》（*Plagues and Peoples*）一書。他在一九九七年增補的新版〈序文〉中指出，人類免疫缺乏病毒（HIV）引發的愛滋病等流行疫病，正不斷向人類襲來。面對這場自二〇二〇年以來的傳染病全球大流行，麥克尼爾的著作帶給我們什麼樣的啟示呢？

自古以來，寄生物（病原菌／傳染病）與人類宿主之間形成一種平衡。然而以根絕為目標、利用科學對付病原菌的做法打亂了這種均衡，甚至加速了病原菌的進化（具抗藥性），麥克尼爾注意到了這一點。人類是地球生態系統的一部分，病原菌的寄生亦不外乎如此。瘧疾、麻疹、結核病、天花、兒童疾病、痢疾、傷寒、霍亂、梅毒、愛滋、流感、血吸蟲病、登革熱、黃熱病，病原菌引起的傳染病反覆肆虐人類社會，帶來人口學規模的罹病與死亡。

麥克尼爾重新定位人類在全球生物系統的食物鏈階層，將生態平衡機制分成人類彼此之間的寄生，即食物征服者（掌權者／統治族群）寄生於被征服者農業生產上的巨寄生（macro），與病原菌寄生於人體身上的微寄生（micro），促使二者達成平衡的動能稱為「文明的動力」。麥克尼爾建立起一個連結極小世界、人類生活及龐大自然界的理論框架。也就是說，他將人類體內病原菌（寄生物）與抗體（免疫）之間的關係，對應至人類社會的共同體與國家，以及內含多個國家的帝國「統治與被統治」之間的關係，認為二者有相同結構。在這套基本理論下，麥克尼爾全面調查和解讀東亞（中國）、西亞、印度、地中海、阿爾卑斯以北（歐洲）、非洲、新大陸等各類學術領域提出的數據，追尋彼此的關聯性，以建立人類史的全貌。

麥克尼爾的世界史論（該觀點於一九六三年《西方的興起》〔*The Rise of the West*〕一書中提出，以追尋近代西歐起源）承襲自十八世紀的啟蒙世界史觀（施勒策，August Ludwig von Schlßzer）、黑格爾的歷史哲學，以及將之擴充為政治經濟學的馬克思、以文明為單位進行比較研究的湯恩比（Arnold Joseph Toynbee）等人描述文明興衰的「文明史」系譜。而在二十一世紀這二十年間確立研究範疇的全球史（global history），也被視為文明史的亞種。全球史的特徵在於從上古（地球起源）到現代盡收囊中，全面考察世界每個角落，建立起往返於微觀事物與宏觀現象的遼闊時空架構。

根據人類學與文化概念來構思文明史的麥克尼爾，將農業生產（生產結構與生產量增減）和與之連動的人口增減視為文明興亡的脈動。他認為，文明與人類都是有機體，擁有如同生命的節奏。大幅度的人口成長在人類史上是例外，而人口密集地的形成、殖民地的形成、帝國出現直至拓展到最大版圖，這些都造成了歷史的轉變——古雅典帝國、迦太基帝國、亞歷山大帝國、羅馬帝國都是如此。但從另一個角度來說，人口暴增會造成暫時性的生態平衡破壞，過剩的人口會因頻繁戰爭、飢餓或饑荒、叛變或政權傾覆等事件而調整。這樣的歷史觀，與立基於非洲研究進而建立世界體系的美國社會學家華勒斯坦（Immanuel Wallerstein）有許多共通點。華勒斯坦主要著作《近代世界體系》（*The Modern World-System*）第一冊出版的一九七四年，麥克尼爾正好發行代表作《世界史》（*A World History*）第二版，同時也正努力撰寫兩年後發表的《瘟疫與人》。兩位的著作皆包含了世界史上幾個強大文明圈與受其翻弄的周邊地區，也都抱持了從世界史當中找尋近代西歐文明起源的問題意識。只不過，華勒斯坦的世界體系理論是以世界經濟的共時性（橫切面）結構為史觀主軸，譬如財富分配或剝削結構等等。這種廣受採納的歷史觀察法，同樣是我們這套「歷史的轉換期」系列的基本概念。

從國家的「瓦解」到對事件的「適應」

選擇一三四八年這一年來探討，還有一個重要的原因。鼠疫的擴展，是建立在這時代有能力參與世界交易體系的人與物的大量移動上。蒙古人在軍事及政治方面稱霸歐亞大陸，將過去被海洋或陸地隔絕的多個亞體系（subsystem，珍妮特・阿布－盧格霍德〔Janet Lippman Abu-Lughod〕）串連起來，建立起巨大的交易網路。十四世紀中期以降，這個統一的蒙古帝國逐漸瓦解成多個政權，而一三四八年正是象徵蒙古帝國解體的一年。近年來，學者們開始關注這個早於華勒斯坦近代世界體系和近世白銀大流通的時代，所謂「蒙古的世紀」的廣域網路成為焦點，世界各地的蒙古史研究者紛紛發表宏大的構想和研究成果。然而他們都將分析重點放在網路的形成過程與全盛期上。對於一三四八年，學者們則是以「結構變動」這個中立視角，來重新評價巨大體系逐漸瓦解的過程。一三四八年的鼠疫浩劫也被定位為瓦解過程中的一個事件。

詹姆斯・斯科特（James C. Scott）在《反穀》（*Against the Grain*）一書中認為，我們給予高度評價的定居和農耕社群，其實是一種對「氣候變遷或疾病、土壤劣化、水源減少、人口壓力」等事件應對能力較脆弱的國家型態，同時他也對「崩潰」概念表達了疑問。「所謂的『崩潰』，是一個較大（但也較脆弱）的政治整體分解成各自較小（但也較穩定）的部分。」國家由一個個獨立可分解的組件（module）所組成，而「崩潰」也只是位居中央的行政中心、因財富集中而生的精英階層，以及因應存在的巨大建築和奢侈品消失罷了；之後將回歸更耐久、更自給自足且穩定的基礎單位。在此我們採用斯科特的史觀，將觀察對象設定為涵蓋多個政治體的地域，來評估地域整體對事件的適應過程。

自然與人類如何連結——古氣候學・災害史・心態史

在巨大體系瓦解的結構變化過程中，爆發了瘟疫大流行。該現象又與氣候變遷這個地球史規模的長周期循環同步。本書書名「氣候不順」與「生存危機」這兩個詞，連結了極大與極小的長期因果關聯。首先，氣候不順的前提，是有一個穩定循環的標準氣候。在地表生活的所有生物——包括人類、動物、作物等，都依循這個標準氣候的節奏。氣候不順即是指節奏變調，打亂了地表生活，引發作物歉收、饑荒，並在這樣的背景下衍生暴動、叛亂等社會動盪。變調的氣候對人類社會造成壓力；壓力超過極限時，人類就會陷入生存危機。當這種氣候變化是出自長期性的氣候變遷時，人類便被迫徹底改變生活形態。

近年，日本史學界的氣候史先驅中塚武研究團隊，將氣候與地表人類生活的連結劃分為幾個層級：氣候環境的變遷、山野河海生態系的變化、農業等生計層級的影響與因應、村落地域社會層級的影響與因應，以及國家層級的影響與因應（《從氣候變遷重新解讀日本史》第一卷第三章第二節）。如果將這些層級的分析置換成對應的學科，就會形成古氣候學 地理學・考古學 農業經濟史・歷史學（文獻史學）這般跨學術領域的連結環。這幾門學科所處理的對應材料，則是氣候變遷數據（樹木年輪寬度、史前絕對年代定年、花粉等沉積物） 地形・景觀・遺跡・出土文物 歷史文獻（記錄災害的日記、莊園法庭紀錄等）。但由於上述取徑與分析日標的差異，時間尺度的不一致（例如變動週期有以世紀為單位的，也有數十年或數年為單位的，還有夏冬等季節性差異），以及操作數據的性質、分析和解釋方法的不同、取得的資訊品質（解析度）的不同，這些都導致各方對氣候觀察互有差異，難以出現定論。不過近年，為了提升對現在災害分析和未來災害的預測，古氣候學已發展到可取得高時間解析度的古氣候資料（以年為單位的氣溫與雨量變動模式），足以掌握各種周期性變化。而在氣候適應歷史研究計畫（地球環境學）、高精度古氣候重建、地球暖化預測研究等科際整合企畫逐漸收到成效的同時，文獻史學方面也由藤木久志等人在二〇〇七年建立了中世紀日本的氣象災害紀錄（古文書對降雨災害的紀錄等）年表，這些都是學者不斷努力的跨領域研究成果。

氣候不順所導致的人類生存危機有很多種。進入二十一世紀，人們越發關注災害；二〇一一年東日本大震災後，為了預防或應對地震、火山爆發、洪水等自然災害，日本更開闢了「災害史」這門研究領域（奧村弘，二〇一五），建立起由自然科學領軍的人文、理科跨學科合作研究。另外在研究災後復興的生活方面，除了傳統的社會經濟史與農業史，歷史學亦發揮所長，從過去紀錄中挖掘出當時人們的生活與心態。而提到生存危機，雖然過去歷史學對叛亂、暴動、戰爭的研究已累積不少成果，卻未曾充分關注從破壞或混亂中回歸日常的「重建」面向。

若要以災後復興為研究視角，在從事鼠疫或其他傳染病等歷史研究時，勢必得與醫學及醫療領域合作。除了鎖定傳染病與分析症狀（第二章）之外，剖析人類身體與心理的心態史研究也開始利用尖端醫療的觀點來分析丹尼爾．狄福（Daniel Defoe）的《大疫年紀事》（*A Journal of the Plague Year*，背景為一六六五年倫敦鼠疫）與卡繆《鼠疫》（*La Peset*，背景設定在一九四七年阿爾吉利亞的奧蘭城）等紀實文學或小說中描述的受災者心態。這些失去親人的人們，只能和境遇相同的友人一同禱告或舉行儀式，從中尋求救贖。他們會參加「嘆息的典禮」（守靈與處理葬儀）、傾聽神父講道（給為親人逝去而哀嘆的人）、與家人或鄰居互相扶持，慢慢克服死亡的悲痛。在後新冠時代，歷史學必須細心撿拾起這些在小小世界中波動的情感。

本書的結構①——海上與陸上的鼠疫浩劫

理解本書問題的由來後，我們來看看本書的結構。

第一章〈中東社會與鼠疫・自然災害〉（長谷部史彥）將以中東地區為主，並納入整個環地中海世界，詳細分析一三四八年在內的十四世紀中葉鼠疫大流行的實際狀態與結構。

本章有幾個重點：第一，依據近年研究成果，鎖定上述地區的鼠疫傳播路線。文中將考量如一三四八年當時的海陸交易路線，海路與陸路裝載貨物與運輸速度的不同、哪個港口與哪個港口連接等因素，來仔細探討這些藏進貨物內的老鼠點狀散播鼠疫的過程。另外也將分析蒙古軍隊的行動、連結亞洲與歐洲的熱那亞交易網的擴大，以及馬木路克政權（Mamluk Sultanate）下的埃及馬木路克（奴隸兵）運輸路徑等等。

第二，探討當時知識分子如何看待鼠疫（包括瘴氣說、傳染說等等）。這部分的敘述若與第二章內容對比，會非常有趣。即使是同屬環地中海世界的伊斯蘭文化圈裡，也可以看到馬木路克政權與安達魯西亞的醫師之間見解互異，從而窺見那個時代智識基礎社會的成形。

第三，是「多重災害」的觀點。諸如冰雹這種常見的小災害、對農業造成長期性影響的氣候寒冷化*（對冬作小麥有害）、日漸潮濕的十四世紀氣候，加上同時遭逢地震與海嘯（十五世紀末的

---

* 又稱小冰期（Little Ice Age），廣義來說地球溫度相對較冷的時期，極端天氣發生的頻率也較高，持續時間約十四世紀中期至十九世紀中期。這段時期植物生長期變短，作物歉收，導致北半球幾個文明頻繁出現饑荒或瘟疫。

《地震之書》有記載）、蝗災（一三四〇年代常見）、水位上升（死海）或大雨導致洪水、河川決堤氾濫的「水災」等等，一旦災害規模升級，人們的生活便會直接曝露在危機中。這些災害在十四世紀前期層層累加，居民營養不良，也讓災情明顯惡化。尤其是水災，從底格里斯河與幼發拉底河的洪水，到麥加卡巴天房淹水等等，西亞全境水災頻仍。一三四八年的鼠疫大流行是在這種多重災害狀況下爆發的，了解這一點十分重要。

第四，是災害與城市社會的連動關係。當大規模災害造成死亡人數增加時，除了城市勞動人口銳減導致熟練工人不足，難民也會從周圍村莊湧入。當糧食供應窘迫，官吏又貪污猖獗時，便會爆發「群眾的道德」(Morality of Crowds)，私刑橫行，進而升級為城市暴動。另一方面，此時人們也會發起慈善濟貧（waqf，又譯為瓦合甫，為伊斯蘭宗教上的捐獻），在君王的主持下興設綜合宗教設施，編撰《恩寵恢復之書》，設法恢復真主恩寵。

第五，是人類精神情感的領域。接二連三的災害與生存危機讓死亡成為日常，人心疲憊，消耗了社會共同體的活力。這時人們會舉辦儀式乞雨，對先知穆罕默德的崇敬與日俱增，越來越多人前往麥加朝聖，或是崇拜能準確預言的「活聖人」等等。這些曾被視為是前近代型的宗教行為，與理性的災害對策形成鮮明對比；但對居民驟減的地域共同體來說，這些卻是強化關係紐帶的重要活動。因此，我們應該重新將之定位成一種修復性的社會共同行為。

至於第二章〈十四世紀歐洲的鼠疫浩劫〉（井上周平），則跟廣泛討論中東世界鼠疫浩劫的第一章相互呼應。本章首先以阿爾卑斯山以北為中心，分析鼠疫在歐洲的傳播路徑。鼠疫主要透過海港間的運輸在地中海擴散，再從海港經河運深入內陸。其中一條路徑便是從海港馬賽上溯到隆河河口附近的亞維儂城，再往法國內陸蔓延。那年正好是一三四八年，教廷已從羅馬遷移到亞維儂將近四十年，擁有成熟的行政能力處理歐洲各地送來的案件。當時的教宗是擁有索邦大學博士頭銜的法國人伯多祿．羅熱爾（Pierre Roger），名為克萊孟六世（Pope Clement VI），在歐洲廣域有政治影響力。鼠疫爆發時，蒙佩利爾大學醫學碩士、首屈一指的外科醫師居伊．德．蕭利亞克（Guy de Chauliac）擔任教宗御醫，留在亞維儂觀察災情，他的著作為這場「巨大的死」留下紀錄。

曾在法國宮廷接受克萊孟六世教導的少年查理，此時已登基掌權，成為神聖羅馬皇帝查理四世（Charles Ⅳ，同時為波希米亞王國卡雷爾一世）。他將布拉格營造為富庶的神聖羅馬帝國首都，將布拉格主教區升格為大主教區，並獲得克萊孟六世允准於一三四八年創立布拉格大學，設立包含醫學系在內的四個學系。醫學系教授斯特拉霍夫的高盧斯（Havel ze Strahova; Gallus de Monte Sion）更兼任國王宮廷的御醫。

這個時代留下的城市編年史，多到可以幾乎精密繪製出鼠疫擴散的時間序列。此外，透過各教區記錄出生與死亡的教區名簿，能夠正確掌握各區鼠疫受害者的人數，並計算出年齡別或職業別的罹患率。除了持續累積特定場所收集資料者留下的紀錄（定點紀錄）外，法國國王派遣的使者也會巡迴各地調查葡萄園缺工和農地棄耕的情況，並記載在提交給國王的報告書中（巡視紀錄）。

一三四八至一三五〇年的歐洲，漢薩商人（Hanse）以呂貝克與漢堡的同盟為主軸強化聯盟體制，積極拓展廣域商業活動；此時也正值「百年戰爭」第一期（一三三七～一三六〇年），金雀花王朝的愛德華三世為爭奪法國王位與瓦盧王朝軍隊開戰。然而，鼠疫浩劫打亂了正處於歷史轉換期的歐洲。人口銳減，農夫、商人、搬運工、零售商、顧客以及戰場上的士兵都大幅減少。往來的國際商人與物資、移動的士兵和糧草，這些應該也都和鼠疫桿菌的擴散息息相關。

對於已遭逢多重災害的歐洲各地來說，鼠疫浩劫宛如雪上加霜。在寒冷化的背景下，歐洲農業危機擴大，饑荒頻繁、農民逃散、田地跟村莊被棄置，大批流民從農村進入城市（人口流入），做為封建生產基礎的領主與農民關係也跟著崩潰（封建危機）。面對名為「巨大的死」的「恐懼」，人們紛紛透過祈禱遊行、朝聖、自我鞭笞*等行為，來表現對天譴的悔改。人們加深對猶太商人和巡迴傳道的托缽修士（亨利．蘇瑟〔Heinrich Seuse〕，十四世紀德意志道明會修士）等移動人群的猜忌，一些宗教狂熱分子甚至開始處死或燒死猶太人。另一方面，城市自治組織設法在城市之間交換資訊，也冷靜掌握情勢防止暴動。教宗克萊孟六世更在這時發揮領導能力，推出保護猶太人、禁止自笞苦修，訂一三五〇年為聖年，鼓勵羅馬朝聖等一系列因應對策。

第二章分析的最大重點，在於醫學家對鼠疫的防治。防治工作從義大利開始，這不僅是因為它是鼠疫最早登陸的地方，也是因為當時最先進的醫學院就在義大利的波隆那及帕多瓦（Padova）。法王菲力六世與英王愛德華三世戰事方酣之際，曾委託巴黎大學醫學系整理醫學家的見解，發表了《疫病意見書》手冊。這份手冊在各地流傳，成為認識和防治鼠疫的準則。至於阿爾卑斯山以北的德國及奧地利地區，曾於巴黎大學求學和授課的梅根堡的康拉德也發表了他個人對鼠疫的分析（地震原因論）。另外，查理四世創立的布拉格大學受到巴黎大學影響，也開始著手撰寫德文版的《疫病意見書》。相對於鼠疫是透過商人與貨物的移動來傳播，在阿爾卑斯山以北的廣大地區，鼠疫防治工作則由設有醫學院或法學院的地方大學為據點，透過各地域的學術集團來傳播。

本書的結構②——巨大帝國瓦解的衝擊

一三四八年，稱霸歐亞大陸的蒙古帝國分裂成宗主國元朝，以及伊兒汗國、察合台汗國、欽察汗國三個汗國，內部權力也更加分化。尤其是元朝，第四章將詳述方國珍在這一年於浙江一帶起叛，這起事件也成為日後漢人起叛的導火線。至於第三章〈蒙古帝國的霸權與瓦解，及其衝擊〉（四日市康博）則聚焦於這個橫跨歐亞的巨大帝國組成結構，剖析其瓦解過程，並深入討論各汗國的具體瓦解狀況。

蒙古帝國的興起，始於族長鐵木真（成吉思汗）統一蒙古高原各部落。鐵木真部落與周圍部落結盟，以武力壓制蒙古高原各遊牧部落和王國，有的部落則自動歸順。除了以強權號令各部落服從統治並建立主從關係外，鐵木真更積極運用先進技術和文化，廣納晉用人才，在統一蒙古高原的過

＊ flagellants，亦被稱為鞭笞派，一種在中世紀後期流行於義大利的極端苦修方式，以自我鞭笞做為修行方式，十四世紀達到高峰。

程中奠定了帝國的軍制與官制。

帝國確立了一個大原則：由成吉思汗認可為繼承人（嫡系）的四個兒子形成王族，共享帝國財產（遊牧封建制，此為歐亞大陸遊牧國家的常態）。*之後由於托雷家族成員之間內戰，爭奪大汗之位，帝國首都因而從哈拉和林遷到中國（大都）。雖然遷都讓帝國有機會靈活運用中國的統治資源（金的官僚體系、稅制、軍制、華北和南宋的經濟力），卻也讓帝國重心不自然地向東傾斜。遙遠的欽察汗國、伊兒汗國形成實質獨立狀態。經歷窩闊台家族的海都造反和忽必烈去世（一二九四年），一三〇五年王族間達成和約，統一的蒙古帝國變質成四個兀魯思（Ulus，遊牧君主的封地）的集合體。

為了有效統治這個疆域超越遊牧圈、橫跨歐亞的遼闊帝國，蒙古人於各地設置統治機構、沿用當地原有國家制度，同時也加以統整適合當地的官僚體系。對元朝而言，江南的糧倉無比重要，輸運米糧的南北漕運是國家的經濟命脈。但是宮廷頻繁權力鬥爭，造成國政混亂，功高震主的權臣跋扈張揚。再加上一二六〇年代後天災不斷，元朝沿襲歷代中國王朝的對策，採取免除稅賦和米粟救濟（賑恤）來因應。但一三二四年左右，大規模地震、豪雨、旱魃、蝗災等多重災害接連襲來，政爭引發的內戰和叛亂更加劇了瘟疫和饑荒盛行。山民與白蓮教徒相繼起事，聯繫南北的大運河與海運路線被截斷，元朝也失去稅糧。明朝成立後，蒙古人捨棄漢地北遷，另立北元（韃靼）殘存政權。

至於統治伊朗及中亞的伊兒汗國，支持王室的埃米爾／那顏等權臣發動奪權，大埃米爾擁有與君主匹敵的權力。一三三〇年代末，統治巴格達與伊拉克的亦魯該（Ilge Noyan）家族札剌亦兒王朝（Jalayirids）與控制大不里士與亞塞拜然的出班（Amir Chupan，又譯楚邦）家族丘班王朝（Chobanids）各自分立。

併吞窩闊台家族勢力的察合台汗國，與元朝、伊兒汗國反覆交戰媾和，但內部勢力也日漸分立，權力分化漸趨嚴重。即使如此，該汗國依然擁立成吉思汗後裔登上汗位做為傀儡，與第一章提到的埃及馬木路克政權對峙。另一方面，中央歐亞北部的欽察汗國（首都薩萊）內部也出現權力分裂的狀況，但號稱「薩萊寶座」的欽察汗位仍然存在，也多次與鄰國莫斯科大公國和立陶宛大公國——第二章的歐洲——進行外交談判。

一三四八年，處於瓦解期的蒙古帝國，包括災害的嚴重程度及影響、鼠疫疫情的有無，內部每個地區都顯著不同。然而有件事可以確定：並不是災害和傳染病加速了汗國瓦解，而是各汗國在瓦解期間經歷了這些災害。躲過鼠疫侵襲的元朝，雖然也面臨多重災害和頻繁民變，但元朝之所以失去中國，主要還是因失去南北貿易路線和政權內部動搖所致。相對地，伊兒汗國內部雖然沒有出現多重災害，可是鼠疫侵襲了亞塞拜然地區。察合台汗國的城市受瘟疫打擊甚大，不過戰亂造成的損失更加嚴重。至於欽察汗國的草原地區也因瘟疫人口驟減，據說鼠疫桿菌就是從當地熱那亞商人的居地卡法（Caffa，克里米亞半島港口）傳進歐洲的。

＊原文為「族長国家体制」，這裡處理成蘇聯歷史學者符拉基米爾佐夫（B. la. Vladimirtsov）提出的「遊牧封建制」，類似氏族社會的家產制（patrimonialism）概念：國家是成吉思汗「黃金家族」（Altan urugh）的共有財產，政府也是王族的延伸，透過血緣、私屬主從關係與建立功勳形成蒙古帝國的統治階層，世享分地與分民。

觀察蒙古帝國的瓦解過程，可以歸納出兩點結論。第一，「遊牧政權具有名為兀魯思的重層社會體系，以及奉君主為中心的左右翼*結構，這反而讓國家容易分裂。」（頁一八〇）。權力反覆分裂和重組，便是上述特性所致。第二，這個曾橫跨全歐亞的強大帝國，其餘緒仍持續規範著各地的政治秩序；即使「成吉思汗原則」（非成吉思汗後裔不得登上汗位的統治原則）已變得形式化、神話化，但它仍被視為君主地位和統治權的根源，賦予如帖木兒、蒙兀兒、鄂圖曼帝國等各地大型政權正統性。

本章一共分成三節，將詳細分析蒙古霸權帶來的短期及長期衝擊。短期部分會討論蒙古帝國的軍事擴張導致周邊各政權滅亡，蒙古侵略促成了地域重組（如東南亞等）。同時，身為征服者與統治者，蒙古帝國本身也透過延攬治下領域人才、吸納在地制度，從一開始單純的遊牧國家轉變為依賴城市和農耕、官僚依租稅籍冊徵收稅賦的「遊牧—定居」複合性國家。再者，由於國家的體質改變，對於自然災害等危機的承受度也變弱了。長期部分則提到，蒙古帝國建立起名為站赤（Jamči，驛站）的安全陸路網，和進行朝貢貿易及轉口貿易的海路網，漢人、穆斯林、突厥各民族因而流散（Diaspora）到帝國各地，中國的瓷器得以外銷，東亞的白銀也流入苦於白銀不足的伊斯蘭市場等等。可以說，這一章承擔了連接本書各章的角色。

本書的結構③——與水災搏鬥

一三四八年，東亞正忙於應付導致元朝衰敗的水災。第四章〈元明易代的暗流〉（井黑忍）將從微觀的角度，來分析第三章蒙古帝國瓦解後的大元兀魯思（元朝）†，同時也從各面向探討多重災害下主要河川（黃河）的改道問題。

黃河是孕育出世界文明的其中一條大河，泥沙多水量少，尤其到了下游更因泥沙堆積形成懸河‡，故而頻繁氾濫且容易改道。因此，歷代政權都會修築堤防，來抵擋對流經地區水文環境影響甚鉅的氾濫。一三四八年，正好就處於金和蒙古治下黃河河道不穩、反覆氾濫的這二百年之間。譬如一三四四年黃河就決口改道，大氾濫長達七年，持續威脅周邊王公貴族的領地。

這裡發生的災害也是連鎖性的。一三四四年黃河氾濫後，水災頻仍，又發生地震，大面積的農作物被破壞殆盡，以致饑民遍地。除了《元史・五行志》中記載的旱災、水災、地裂等自然災害之外，透過解析冰芯、樹木年輪、湖底沉積物等所重建的中國古氣候資料，也揭露了十四世紀的氣候

＊ 即「古列延」（Kurien），漢譯為翼，《蒙古祕史》釋為環狀的營或圈子。源自遊牧民族駐屯時將帳幕圈成環形，首領居中管理。

† 原文「大元ウルス」，是日本學者杉山正明等人的用語，強調元朝是蒙古遊牧民族的「兀魯思」，而非中國的階段「王朝」。正式蒙古語國名為「大元大蒙古國」（Dai Yuwan Yeqe Mongɣul Ulus）。

‡ 河床高出兩岸地面的河流。

狀況。東亞氣候在一三二〇年後急速寒冷化（下降攝氏一．五度），從十二到十四世紀中葉，除了一二八〇至一三三八年例外的濕潤期，總體來說氣候都較乾燥，是一個夏季季風微弱、降雨量稀少的時代。「在氣候環境良好時，人類社會人口增加、生活水準上升，但遇上數十年的周期性氣候變遷、環境承載力下降時，卻無法收束已然膨脹的生活水準。人類面對危機時決策錯誤，引發饑荒、瘟疫、戰爭，導致社會混亂與崩解。」（頁二一五）這般認知符合我們對「面對以數十年為周期的氣候變遷時，人類社會顯得脆弱」的假設。總而言之，所謂元明易代的「暗流」，即是一三〇〇年前後所出現的數十年周期氣候變遷，與人類社會對它的適應、不適應或過度適應，再加上同時期的黃河改道。

一三二〇年代，寒冷化加深造成各地結冰，這段期間大旱不斷，流民四起。據說一三二九年這一年，「陝西諸路饑民百二十三萬四千餘口，諸縣流民又數十萬」。* 一三二〇年代中期連年大澇，到了一三三〇年代初期情況一改，大旱和饑饉襲來，這段期間是蒙古統治時代最長的受災期。一三四三年，農作因日照和多雨歉收，導致冬季饑荒擴大。一三四四年黃河大氾濫，就是基於上述背景下發生的多重災害。私鹽販子（張士誠、方國珍等人）所率領的義軍聲勢大增，再加上地震的打擊，使得饑饉更加嚴重，荒廢的耕地被拋棄，出現了空前的大量流民。元詩〈穎州老翁歌〉以及檢閱官吏（李穀，高麗詩人）都描述了饑民的艱苦。據傳建立明朝的朱元璋就是因饑荒奪走家人性命，才決定出家。

一三四八年，行政機構策劃了災地復興工作，包括遷移官衙、集體遷村、耕地開發等等。另外也設置行都水監來治理水患。大元兀魯思的基本政策在於開發可耕地、水運系統的一元化，以及整建內陸水運（海運）。內陸水運在一二八〇年代以後成為大元兀魯思的經濟命脈，國家因此大力推動運河的開鑿、修改和維護工程，以確保物資、貢品、商人和生活必需品皆能利用水運系統通往首都大都，連結南北的物流與交通。黃河大氾濫時，大元兀魯思派遣行都水監賈魯前往視察，之後他上書皇帝，提出修築與加強決口以下的新河道堤防，或是疏通故河道、讓黃河南流合淮入海等兩個治河方案。本章將檢視行政機構所率領的多重災害復興工作如何進行，並檢驗其功過與歷史。

本書的結構④——適應著氣候變遷的地域世界

最後，補論〈東南亞的十四世紀與氣候不順〉（松浦史明）是作者接續第四冊《一一八七年巨大信仰圈的出現》第三章論述過的東南亞，討論十二世紀末之後的發展。十四世紀的東南亞一般被視為「瓦解與重組的大變動時代」。本章將依據近年的研究提供一個視角，分析氣候異常對當地造成的影響。

＊ 譯文轉引自《元史．卷三十三》。該年（元文宗天曆二年）關中大旱，時任陝西行台中丞張養浩辦理賑災，積勞病卒，留下散曲〈哀流民操〉，內容描述當地饑民慘狀。

若要一一列舉十四世紀吳哥王朝快速衰敗的原因，大概有泰國阿瑜陀耶王朝的軍事威脅；不穩定的王權為了博取有力人士支持，賜予他們捐贈寺廟的土地免稅特權，造成財政窘迫；王都距離海岸過遠不利掌控海上交易；水道與貯水池構成的水利系統被破壞；以及旱澇交替造成農業規模縮小和人口減少等等。

一三四八年的東南亞，不論是大陸東南亞或島嶼東南亞，都處於傳統型政治秩序（國家）經歷混亂、解體，重組成嶄新國家群的十四世紀大動盪中。大陸區的吳哥王朝與蒲甘王國瓦解；至於島嶼區，泰族建立的阿瑜陀耶王朝對外擴張，馬六甲海峽的三佛齊衰微，馬六甲王國（Malacca Sultanate，明史料稱滿剌加）繼而興起。位於爪哇島的滿者伯夷王國（Majapahit）則擴張版圖，進入鼎盛時期。

近年研究指出，即使是氣候溫暖且濕度適宜的東南亞，十四世紀後期也同樣碰上寒冷又乾濕異常的小冰期，導致原本萌生自良好氣候的傳統型國家解體；相對地，能夠承受小冰期和氣候變遷的地區，就有可能形成新興國家。位於大陸區的大越便因饑饉、乾旱及洪水頻仍形成多重災害，促使民眾起義，與東亞典型的局勢發展雷同。然而氣候變遷對島嶼區的影響則有限。因而我們可以發現，各地域的政權興亡多半出於地方性因素，但十四世紀發生在東南亞的這種「共時性」的政治性重組，只能用氣候不順或氣候變遷造成的社會變化來解釋。

氣候變遷曝露出傳統型政治體制結構的脆弱。集權式王權因而倒退，經濟停滯緊縮，社會動盪或叛亂，導致傳統政治秩序出現裂痕。如果我們不將這種現象視為「瓦解」，而是視為一種重組、應對新情勢的整合體制，便有可能將這些現象解釋為「適應」過程，就像前面提到的蒙古帝國的瓦解。東南亞這片地區歷經了種種衝擊——吸納印度文化、伊斯蘭教的傳播、與元朝之間的戰爭與貿易、經商路線或貨物的變動，以及氣候變遷。具備多樣化地理特性的東南亞地區面對各種衝擊，也在試誤中重新自我編整，以尋求最佳解答。若是用這種地域觀來解讀東南亞，就能跳脫出國家興亡史觀，進入一個更柔軟、更有魅力的論述視野。

麥克尼爾所代表的文明史時空框架提供了一個基準，將歷史上許多次的氣候不順和生存危機與人類歷史經驗相互對照，並加以評價。若是缺少了這個基準，我們便無法將蒙古帝國的瓦解過程和小冰期中屢次出現的大範圍多重災害現象通盤納入觀察視野。本書各章的詳細分析，也證明了從多重災害的角度切入，能夠更有效掌握氣候變遷與地表發生事件的因果關係。災害按時間累積，在空間中相互牽連，它動搖經濟活動，更加速試圖推翻政權的叛亂行為。正是在這樣的氣候與社會運動的歷史動力下，才得以開拓跨學科合作的豐富可能，深入探討從氣候變遷到人類情感等各類議題。而在這樣一個跨學科研究的場域，唯有與直接與時代證詞面對面的歷史學，才能將目光投向那些遭逢危機、劫後餘生的復興者們的生活樣貌，將他們的步伐和內心的鼓動，帶上歷史的舞台前方。

而且，也正是曾親身熬過一場劃時代的傳染病大流行的我們，才能從自身的體驗去理解這群熬過歷史轉換期人們的心情，不是嗎？

第一章　中東社會與鼠疫浩劫・自然災害

長谷部史彥

1　鼠疫大流行與社會

十四世紀中葉，鼠疫大幅擴散

一三四八年六月七日（伊斯蘭曆七四九年三月九日），人們聚集在大馬士革最大的禮拜殿——奧米亞大清真寺（Umayyad Mosque，又名大馬士革清真寺），祈禱鼠疫早日平息。大馬士革是馬木路克政權的敘利亞一帶大城市，依據該城著名學者伊本・卡蒂爾（Ibn Kathir，一三七三年歿）的阿拉伯語編年史《開始與結束》（*al-Bidaya wa al-Nihaya*）記載，當時眾人面向奧米亞大清真寺內的「薩哈巴壁龕」*，輪流唸誦古蘭經第七一章〈努哈〉達三千三百六十三次。這是某位市民夢見的先知穆罕默德的指示。《開始與結束》還記載，那個月大馬士革每日死亡人數超過百人，下個月超過二百人，很快又再翻倍，因此大馬士革總督也發布緊急通告。配合公告禁食三日後，伊斯蘭教徒、

＊ Mihrab al-Sahaba，意指（先知穆罕默德）同伴的壁龕，奧米亞大清真寺內四座壁龕（mihrab，又稱米哈拉布）中最古老的一座。壁龕是清真寺禮拜殿內牆的半圓拱凹陷處，該面牆朝向聖城麥加，以表示穆斯林禮拜的正向——基卜拉（qibla）。

圖 1-1　奧米亞大清真寺的薩哈巴壁龕

基督徒、猶太教徒打破宗派藩籬，齊聚卡達姆清真寺（al-Kadam Big Mosque）——穆斯林眼中大先知穆薩（摩西）的足印所在地——舉行大規模祈禱會。

另外，依據阿勒坡城的伊本・瓦爾蒂（Ibn al-Wardi）的編年史，到了一三四八年十月左右，鼠疫也開始在這個敘利亞北部大城蔓延。敘利亞兩大城市大馬士革與阿勒坡相距約三百六十公里，這樣算下來，疫情平均以一天三公里的速度北上。翌年二月，被譽為馬木路克政權「三大百科全書學者」之一的謝哈布・烏馬里（Ahmad ibn Fadlallah al-Umari）在大馬士革感染鼠疫身亡，瓦爾蒂在他的編年史裡寫下這條紀錄後便擱筆；三月，他自己也在阿勒坡猖獗的鼠疫下結束了一生。

敘利亞的疫情只是一三四六年到一三五三年間鼠疫大範圍流行的一小部分。這次流行被定位為紀元後第二次鼠疫大流行的第一波。附帶一提，紀元後第一次鼠疫大流行始於五四一年，疫情主要在環地中海圈間歇爆發，一直綿延到八世紀中葉，也就是知名的「查士丁尼瘟疫」（Plague of Justinian）。該次鼠疫的起源地是非洲衣索比亞以南或葉門一帶，從埃及尼羅河三角洲東端的商港貝魯西亞（Pelusium，現為法拉瑪〔al-Farama〕）擴散到地中海圈、歐洲，也向東蔓延到薩珊王朝領土，對安那托利亞（小亞細亞）和埃及的打擊尤其嚴重。

相對於此，第二次大流行始於十四世紀中葉，一路間歇持續到十九世紀初，最早於一三四六年欽察汗國首都薩萊與周邊窩瓦河下游流域爆發疫情。伊本・瓦爾蒂曾記載：「這場瘟疫自那時（一三四八年）的十五年前，於茲爾麥特（漆黑）傳播開來」，茲爾麥特應是泛指亞洲內陸一帶，但這只能算是一種缺乏具體事例的「採集傳說」。另外，過去傾向把鼠疫大流行解釋為十三世紀蒙古帝國的驚人擴張，人與物資的大範圍頻繁交流，導致瘟疫經由絲路從東方的中國或亞洲內陸傳播到西方。然而，這只是一種囿於成見而生的臆測，把第二次鼠疫及鼠疫桿菌的起源地，過度簡單地劃同為始於一八九四年的第三次鼠疫大流行起源地。出版過探討十四世紀中葉大流行的學術書作

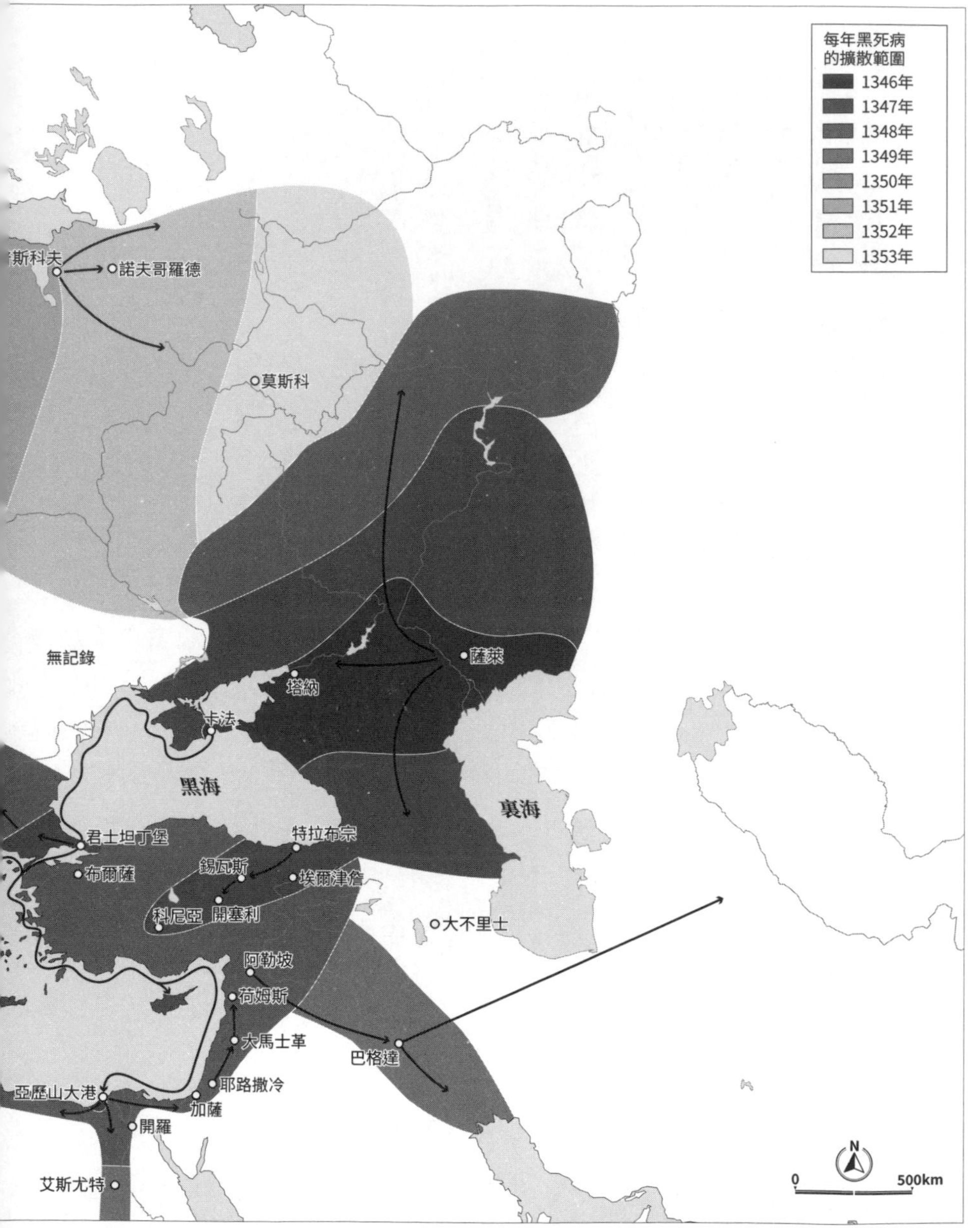
每年黑死病
的擴散範圍
1346年
1347年
1348年
1349年
1350年
1351年
1352年
1353年
斯科夫
諾夫哥羅德
莫斯科
無記錄
薩萊
塔納
卡法
黑海
裏海
君士坦丁堡
特拉布宗
布爾薩
錫瓦斯
埃爾津詹
科尼亞
開塞利
大不里士
阿勒坡
荷姆斯
大馬士革
巴格達
耶路撒冷
亞歷山大港
加薩
開羅
艾斯尤特
N
0
500km

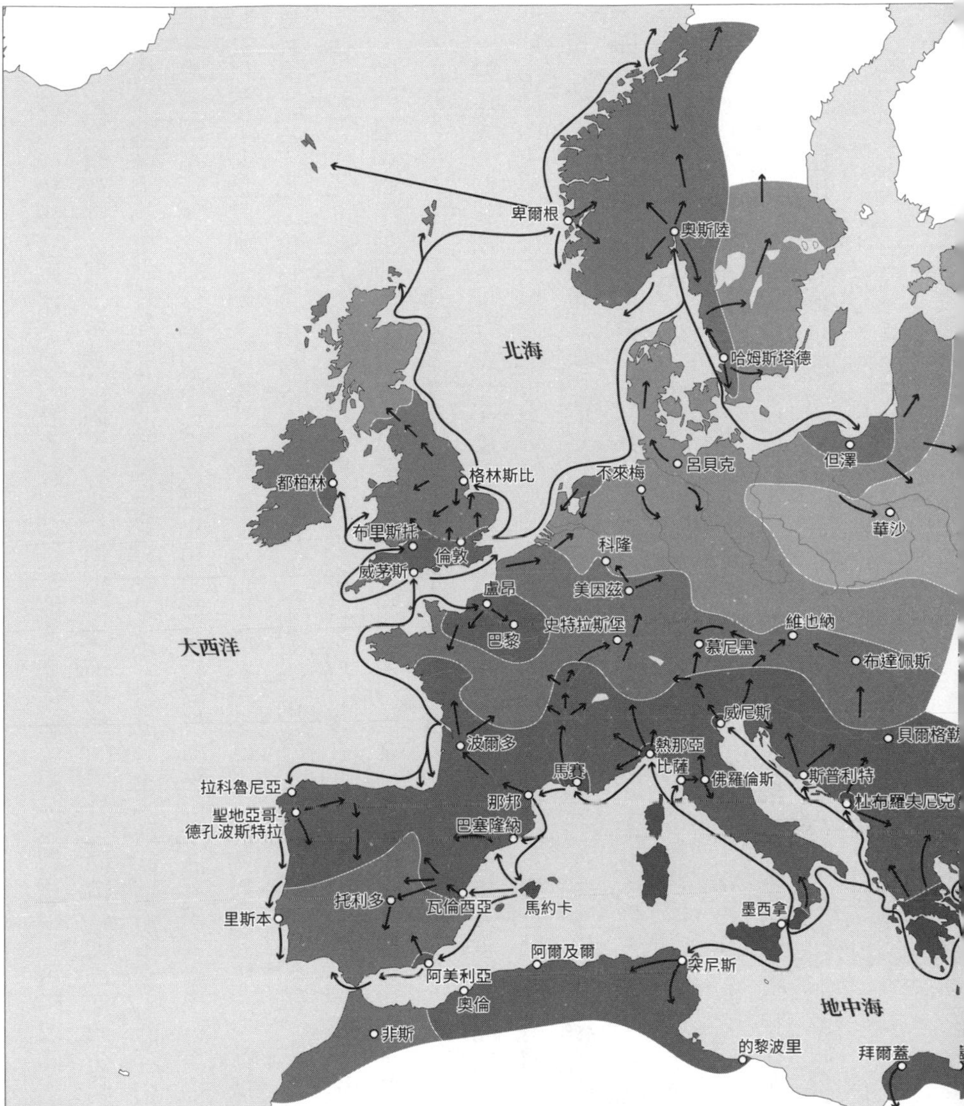

出處：作者依 Benedictow, Ole, J., *The Black Death, 1346-1353: The Complete History*. Woodbridge, Suffolk: Boydell Press, 2004 折頁地圖為藍本製作

鼠疫的擴散（1346 ～ 1353 年）

者、挪威鼠疫史學者歐雷・班乃狄克托（Ole Jørgen Benedictow）也曾指出，現階段尚未發現任何史料能夠佐證在窩瓦河下游感染擴大前有其他疫情傳播情形。另外，同時代的波斯語史料則記載了亞塞拜然地區大不里士曾在一三四六年爆發過「瘟疫大流行」。也許鼠疫是經由裏海蔓延到該地。

一三四六年，欽察汗國的蒙古軍攻打克里米亞半島的黑海港口卡法。學者指出，該場戰役讓鼠疫趁機傳入這個熱那亞商人的重要據點，鼠疫很可能就是透過卡法的熱那亞商船，一路抵達拜占庭首都君士坦丁堡。鼠疫大流行的「主角」——腺鼠疫*的疫情通常會在冬季趨緩，初春時節再次升溫。一三四七年七月，再度回溫的腺鼠疫便從首都或直接在愛琴海沿岸各島，如賽普勒斯、克里特、西西里和薩丁尼亞等地中海大島陸續爆發。也就是說，在一三四七年，鼠疫以熱那亞、威尼斯等南歐商人勢力的貿易運輸據點為中心，呈現點狀擴散流行。

馬木路克政權所屬的埃及很早就出現疫情，亞歷山大港在一三四七年入秋後便開始流行。此時期地中海的主要港口與黑海一帶透過熱那亞及威尼斯商船而緊密連結，帶有鼠疫桿菌的黑鼠，以及人鼠之間的媒介印度鼠蚤，很可能是與船艙裡的穀物一起被運進來；而馬木路克政權的統治階層、亦即黑海北方欽察突厥部落的奴隸兵†主要也是透過熱那亞的船隻來往兩地。因此，埃及可說必然會成為大流行初期的爆發地。事實上，船隻在鼠疫傳播上扮演了重要角色。依據班乃狄克托的試算，鼠疫在陸上的傳播速度平均為每日〇・七至三・五公里，但在海上卻可達到每日四十公里。

到了一三四八年，疫情從上述南歐的港口大幅往環地中海的內陸地區擴散。伊比利半島的疫情最早是經由巴利亞利群島的馬約卡島（Mallorca）傳入。同年六月，半島伊斯蘭政權納斯爾朝

（The Nasrids，一二三二～一四九二年，又稱格拉那達酋長國〔Emirate of Granada〕）的阿美利亞港（Almería）爆發流行，半島南部的格拉納達和塞維利亞也遭受波及。但是，半島西北部的基督教重要聖地——聖地牙哥－德孔波斯特拉（Santiago de Compostela）的疫情，卻是從南法馬賽港、那邦到波爾多，再沿著大西洋的比斯開灣航線向南傳入的。以波爾多為起點，鼠疫也向北往不列顛群島、以及塞納河流域的盧昂及巴黎等地傳播，並在該年年中經英格蘭傳往北歐的港口奧斯陸。

另一方面，馬格里布（Maghreb，北非地區）的鼠疫則是從西西里島傳入。一開始先傳入哈夫斯王朝（Hafsid，一二二九～一五七四年）首都突尼斯，同年往西擴散到奧蘭港（Oran）和學術重鎮特萊姆森（Tlemcen），往東到現在利比亞的黎波里。至於利比亞東部的拜爾蓋（Barqah，昔蘭尼加地區），早在的黎波里之前就遭到來自亞歷山大港的一波疫情侵襲。此外，鼠疫也蔓延至馬格里布最西側（摩洛哥）大旅行家伊本・巴杜達的故鄉，奪走了他母親的性命，讓這對母子分離四分之一世紀後沒能再次重逢。

＊ bubonic plague，一開始感染鼠疫的症狀，是鼠蹊部等淋巴結腫脹發炎，故稱腺鼠疫，未治療的話致死率高達一半以上。

† 這裡指的是巴赫里馬木路克（Bahri Mamluks），又稱第一期馬木路克政權，跟之後以高加索地區切爾克斯人為首建立的布爾吉馬木路克政權屬不同支系。

圖 1-2　亞歷山大港

在西亞北部的安納托利亞，雖也可見疫情從君士坦丁堡傳向亞洲，但根據努奇特．瓦爾利克（Nükhet Varlik）的最新研究，其他傳染路線影響更大。也就是從卡法經海路或陸路南下，在一三四七年九月到達黑海南岸的特拉布宗港（Trabzon），經埃爾津詹、錫瓦斯、開塞利等海拔超過一千公尺的高地城市，傳至卡拉曼侯國（Karamanids，一二五六～一四八七年）治下的科尼亞（Konya）。當時鄂圖曼帝國的首都布爾薩（Bursa）在一三四八年蒙受鼠疫侵襲，但疫情並非源自距離較近的君士坦丁堡，而是經上述路線從科尼亞傳來的。

鼠疫在一三四九年到一三五一年間幾乎蔓延歐洲全境，但並沒有到達冰島。這是因為一三四九年，從挪威西部漢薩城市卑爾根駛向冰島的船隻在出港前，船員就全數染疫而死。另外也有緊閉城門、成功捱過這場大流行的例外城市，如米蘭。一三五二年以後，又出現一波向東傳播的疫情，一三五三年抵達莫斯科。班乃迪克托收集了較準確的各地死亡數據，經過綜合探討，估計歐洲全境在這次大流行的死亡率約有六成。近年研究更統計出了殘酷的歷史現實：一三四八年前後，這片廣大的區域裡約有半數人口因感染鼠疫而喪命。

對鼠疫疫情的因應與病因論

如同前述，一三四七年秋天，腺鼠疫便已開始在亞歷山大港流行，但尼羅河三角洲的疫情卻在冬季疫情停滯期過後，到了翌年四月才爆發。之後，流行的浪潮抵達馬木路克政權首都開羅，人口超過三十萬人，是當時伊斯蘭世界首屈一指的大城市，根據馬克里齊（Ali al-Maqrizi，一四四二年歿）編年史的記錄，疫情巔峰時，該城每日有一萬到二萬人失去生命。這位在大災難發生約十五年後出生的歷史學者，將猖獗的鼠疫景況記述如下：

> 開羅與福斯塔特（Fustat）的瘟疫，是從婦女、兒童及零售商開始流行的。不久後死亡人數增加，因此，蘇丹騎馬到〔皇家修道場所在的北郊〕希爾雅庫斯（Siryaqus），在那裡從〔伊斯蘭

曆〕七月一日停留到二十日。後來他想返回開羅，但〔周圍的人〕建議還是留在希爾雅庫斯，在這裡舉行九月的齋戒月斷食。（中略）〔自由身分的〕哈爾卡騎兵（Ajnad al-Halqa）的伊克塔（Iqtaʿ，封地徵稅權）不到一星期便轉手六人〔因為持有者相繼死亡〕。人們因此開始樂善好施，也紛紛懷疑自己是否已是行尸走肉。

這位馬木路克政權的蘇丹名叫納西爾・哈桑（An-Nasir Hasan，一三四七～一三五一、一三五四～一三六一年在位）。在非常時期，統治者前往安全處避難實屬不得已，但在當時的整個社會，少年蘇丹哈桑和宮廷官員們的行為並非特例。

在這場大流行及後續疫情爆發的期間，逃離疫區緊急避難已是伊斯蘭世界各地不問貴賤、隨處可見之事。但有許多伊斯蘭法學者勸說人們不應逃離疫區，也不應從其他地方進入疫區。一三六二年到一三六四年間，敘利亞經歷了兩波流行，當時出身北敘利亞、撰寫《關於鼠疫的報告》（*Fi Akhbar at-taun*）的罕百里學派（Hanbali）法學者曼比季（al-Manbiji，一三八三年歿）也抱持同樣主張。他認為鼠疫是「真主的恩寵」，因此，以消滅瘟疫為目標的禮拜是忌諱，人們應甘受真主的恩賜。在曼比季的論述中，穆斯林若因罹患鼠疫而死去，會與殉教者同樣得到進入迦那（Jannah，天堂）的承諾；相反地，對異教徒來說則是天懲。曼比季還表示，鼠疫是鎮尼（Genie，精靈）奉真主之命帶來人間的。

這種解釋很大一部分是當時許多順尼派法學者的共識。十五世紀的著名法學家、馬木路克政權沙斐儀派（Shafi'i）的主席法官伊本・哈吉爾（Ibn Hajar al-Asqalani，一四四九年歿）在論鼠疫的《瘟疫的優點》（*Bazl al-Ma`un fi Fadl al-Taun*）一書中也提出相同見解。有趣的是，關於鼠疫的原因，與曼比季同期（一三六二年）的伊本・阿比・哈加拉（Ibn Abi Hajala）曾在開羅寫下《不幸的驅逐》，哈吉爾對裡頭提出的瘴氣說表示懷疑。這位出身特萊姆森的文人於一三五七年染疫身亡，他斷定鼠疫是腐敗的大氣所致。這個傳承自希波克拉底（Hippocrates，西元前三七七年歿）、蓋倫（Galen，一九九年左右歿）到伊本・西納（Ibn Sina，一〇三七年歿），以及人稱「伊本・西納第二」的馬木路克時代早期名醫伊本・納菲斯（Ibn al-Nafis，一二八八年歿）等學者的病因論點，是當時伊斯蘭醫學者的主流看法。伊本・哈勒敦（Ibn Khaldun，一四〇六年歿）在《歷史緒論》（*al-Muqaddimah*）論及政權衰敗原因時，也支持瘴氣說。

伊本・哈吉爾對瘴氣說的疑問是：當引起鼠疫的瘴氣侵襲某個家庭時，為什麼某些鄰居卻能免於受害；而同樣處於瘴氣籠罩下，為什麼某些同居的家人卻能免於患病？然而這些疑問尚不足以推翻瘴氣說。至於鼠疫會不會人傳人，伊本・哈吉爾則援引聖訓（hadith，穆罕默德的言行錄）加以否定。

另外有一些安達魯斯*的穆斯林醫學者討論過鼠疫的傳染方式。出身阿美利亞、目睹一三四八年大流行的伊本・哈蒂馬（Ibn Khatima，一三六九年歿）注意到，在阿美利亞港市場販賣的患者衣物及寢具造成了疫情擴大流行，他將這些記在自己的鼠疫論著作《達成目標查明鼠疫》（*Tahsil*

＊ Al-Ándalus，穆斯林對伊比利半島的稱呼，指中世紀由穆斯林統治的半島地區。

gharad al-qasid fi-tafsil al-marad al-wafid）中。然而，儘管他已觀察到這些事實，最後還是沒能提出人傳人的傳染觀點，而是抱持和曼比季或伊本・哈吉爾相同的看法。反之，他的好友、納斯爾朝高級官員伊本・海提布（Ibn al-Khatib，一三七五年歿）則提出了類似人傳人的看法。他的著作《對提問者有益的醫療》（*Mugni'at al-Sa'il 'an al-Marad al-Ha'il*）以故鄉格拉納達的鼠疫為例，提出來往盛行地區者引發流行、塞維利亞的囚犯無人罹患等證據，堅定主張這種疫病會人傳人。伊本・海提布曾親眼目睹一三四八年到一三四九年間肺鼠疫*在格拉納達和阿美利亞的猖獗慘狀，特徵為人傳人直接感染、猝死和高死亡率，因此他才能夠提出這種新看法。此外也必須留意，十四世紀後期到十五世紀間中東地區的特徵，就是頻繁爆發的肺鼠疫疫情。

2 自然災害

十三世紀末的大災難

關於鼠疫大流行之前的氣候，學界認為當時北半球大致上處於寒冷化時期。一二八〇年到一三四〇年代，正當是太陽活動低潮「沃夫極小期」。†年鑑學派（École des Annales）第三代學者勒華拉杜里（Emmanuel Bernard Le Roy Ladurie）在著作《氣候的歷史》（*Histoire du climat depuis l'an mil*）中指出必須留意地域性差異，但提到前述的鼠疫疫區時，首先令人關注的是十三世紀末饑荒與瘟疫的多重災害。舉例來說，向來以豐饒農業為傲的埃及，自一二九四年起連續兩年的尼羅河夏季水位漲得不夠高導致灌溉不足，再加上政府儲備穀物不足及商人囤貨等人為因素影響，小麥價格在一二九五年十一月暴漲為平時的十幾倍。不久後發生饑荒，西邊因蝗害逃離昔蘭尼加的難民，紀錄人數約有五萬人以上。這些難民不斷湧入尼羅河三角洲和開羅，導致糧食危機嚴重瀕臨極限，甚至出現人吃人的情形。大量難民因此開始逃往敘利亞。馬木路克政府也採取緊急對策，從巴勒斯坦北部采法特（Safed）的儲備穀倉緊急運送小麥到埃及。同一年，敘利亞南部也發生旱災，部分地區饑荒盛行，大馬士革因此反覆舉辦集體祈雨儀式。此外，高度仰賴埃及與敘利亞農業、伊斯蘭兩大聖地所在處的漢志（Hejaz）地區穀價亦暴漲。也是從這一年年底開始，埃及抵抗力較差的居民爆出了死亡率頗高的不明傳染病，紀錄顯示單月死亡人數高達十二萬七千人。

整理過數冊阿拉伯文編年史的資訊後，可以明確斷定，相較於十三世紀，十四世紀前期埃及、敘利亞及周邊地區的自然災害更加頻繁，堪稱鼠疫這場大災難的先驅（參照第一章末表）。

＊ 當腺鼠疫感到肺部造成肺炎時，即稱肺鼠疫（pneumonic plague），這時會透過飛沫傳染。

† Wolf minimum（一二八二～一三四二年），西方歷史上觀測到的太陽黑子低值期之一。

寒冷化・冰雹・水災

首先映入眼簾的，是層出不窮的冰雹災害紀錄。像是支撐大馬士革穀物經濟的浩蘭地區（Hauran），許多作物都慘遭雹災（一三一七年四月）；大馬士革盛行郊區農業的古塔地區（Ghouta），產自「古塔森林」的特產杏桃等水果也蒙害（一三二五年四月）；又如尼羅河三角洲的例子，大如橘子的冰雹從天而降，造成多處村莊作物大範圍受害（一三三八年三月）。農業或畜產業遭受打擊的例子所在多有。一旦將這些紀錄綜合看待，我們或許可以將冰雹視為頻繁發生的「小災害」。

另一項必須注意的長期性影響，則是大量史料裡頭描述的嚴寒冬季紀錄。尤其是鼠疫大流行的十年前，冬季更是寒冷。在埃及，記錄顯示一三三七年底出現了「史無前例的寒冬」，之後大馬士革發生兩次「應該不長」的大雪（一三四五年初）、上埃及（埃及南部）有人凍死（一三四四年冬）、大馬士革附近山區出現不合時宜的大量積雪（一三四七年九月末）、敘利亞和埃及大雪（一三四七年冬）、加薩大雪（一三五三年初）、幼發拉底河上游結冰（一三六一年冬）等。與從前相比，各種史料多次出現氣候寒冷的紀載。這對經濟上具備高度重要性的冬作小麥影響甚大。

越來越潮濕的氣候也是關注焦點。以色列考古學家凱特・拉斐爾（Kate Raphael）嘗試整理伊斯蘭各政權與十字軍國家雙方的史料，計算這些地區旱災與饑荒發生的件數。據她最近的研究指出，十二世紀共有旱災十六件、饑荒八件，十三世紀共有旱災十一件、饑荒六件，十四世紀共有旱

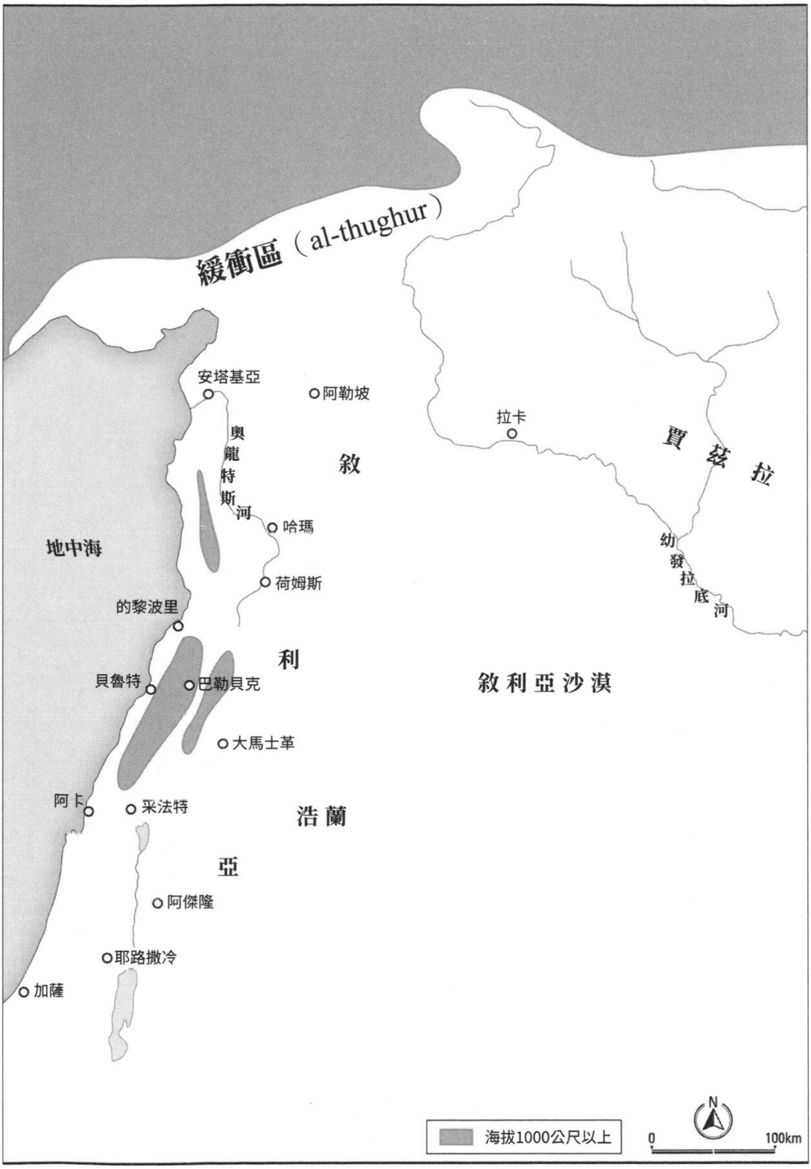

馬木路克政權時期的敘利亞及周邊地區

災八件、饑荒三件。十四世紀的旱災比起前兩世紀有減少的傾向。這是因為十四世紀氣候濕潤化所致。古氣候學家研究敘利亞南部死海的水位變化，亦發現十一世紀中葉後死海水位節節降低，但十四世紀初期又因降雨量增加而有回升趨勢。

事實上，如第一章末表所列內容，可以看出十四世紀發生了多起大雨、洪水、河川潰堤氾濫的事件。一三一七年五月，貝卡谷地（Bekaa Valley）的巴勒貝克（Baalbek，海拔一一七〇公尺的高地城市）由於伴隨雷電的豪雨引發大洪水，嚴重破壞了牆壁、清真寺、市場、公共浴池、民宅等等，犧牲者超過一千五百人。一三二五年四月底，底格里斯河氾濫，紀錄顯示巴格達城淪為孤島，市場、宗教建築都蒙受損害。西岸住宅有五千六百戶荒廢，漂流木更造成大量死傷。馬木路克政權的官員努懷利（al-Nuwayri，一三三三年歿）則在相當於文官守則的百科全書著作《文化智慧的極致》（*Nihayat al-Arab fi Funun al-Ada*）裡的編年史部分，記載了現在約旦北部山城阿傑隆一三二八年遭逢洪災的情形：

> （伊斯蘭曆）七二八年十一月二十二日（西元一三二八年九月二十八日），阿拉（Allah）挾其威力與意志，賜予阿傑隆城強風。祂刺激了厚重的雲層，帶來轟聲的滂沱大雨與暴風。大雨不停，雷電交加。雷鳴響徹群山和峽谷，震裂人心。人們都以為最後的審判日到了。（中略）然後，突然間，大洪水襲捲眾人。

接下來，努懷利詳細羅列了被水淹沒的市區建築：民宅、市場（qaysariya，指露天市場）、製粉廠、麵包廠、穀物交易所、皮革・綿織品・毛氈帽・金銀工藝・食用肉・舊衣市集、屠宰場、伊斯蘭學校（madrasa）、集會清真寺、慈善布施所、公共浴池、果樹菜園等。除了提到民眾受災程度之嚴重，他也估計這場洪災造成的損失總額在五十萬枚銀幣以上。

此外，一三三一年十月，敘利亞內陸城市荷姆斯也被洪水襲擊，當時人們為了新娘而聚集在市內的公共浴場，洪水造成約二百名婦孺死亡。城內的商館也遭受波及，人們逃到較高樓層倖免於難，但留在一樓的家畜全部淹死。一三三七年年底，聖地麥加也遇上大洪水，卡巴天房泡在水中。第二年春天，幼發拉底河高漲，敘利亞和伊拉克大片地區作物都遭受極大損害。由此可見，自一三三〇年代末期之後，西亞各地由於大量降雨或短時間的大豪雨，使得水災頻率明顯增加。

地震與蝗害

除了上述災害外，這個時期必須注意的自然災害，還有地震與蝗害。

蘇尤蒂（Jalal al-Din al-Suyuti，一五〇五年歿）的著作《地震之書》（*Kashf al-salsala 'an wasf al-zalzala*）是該地區地震史的基本史料。他曾在一四八一年的埃及親身體驗過地震，因此對地震展開具體而多面向的考察，並將注意力延伸到伊斯蘭教成立前，寫成本書。這位博聞強記的學者，認為唯一真神阿拉才是發動地震的根源，把地震解釋為真主對聖法（即伊斯蘭教法 Shari'a）明文禁止——賺取利息致富、說謊、賣春等行為的「警告」，或是「末日預兆」。蘇尤蒂在書中花了很大篇幅，仔細描寫一三〇三年八月八日侵襲埃及與敘利亞的大地震。拜巴爾・曼速利（Baybars al-Mansuri，一三二五年歿）是馬木路克政權的高級軍官，也是撰寫編年史的「學者馬木路克」，他對自己身歷其境的這場地震有以下的描寫：

早晨，開羅與福斯塔特、埃及全境發生大地震，特別是亞歷山大港一帶，規模極大。牆垮、山崩、建築倒塌、岩石碎裂、地底噴出水泉，大地激烈搖晃著地表，居民與住屋隨波起伏，牆壁與石柱倒成一片。尖叫聲此起彼落，婦女們裸身衝到路上。（中略）亞歷山大港和（尼羅河三角洲的）加爾比亞一帶影響甚巨。在這個港（亞歷山大港），震動摧毀許多高塔和城牆，港灣的大部分地區受到直接侵襲，海水溢上陸地。大水發出轟鳴前進，浸濕了縮絨工人的布，擊壞船夫的小船，打斷法蘭克人的船錨，把一切悉數沖向城牆或深淵。港口有人目擊到海況狂暴、燈塔毀損、宣禮塔和城牆崩塌、牆上碎石剝落、樓房高柱塌下，人們倉惶亂跑，從錫德拉門（Sidra Gate）逃出城外。

這是地中海第一大貿易港被海嘯侵襲的珍貴紀錄。紀錄後段還詳述開羅的牛奶商人因店鋪倒塌被埋在瓦礫下三天三夜，靠著飲用幸運沒破的壺中牛奶維生，在意識清楚的狀態下被救出。

敘利亞受害程度雖然較小，但像內陸城市哈瑪（Hama）也有部分城牆崩落。對敘利亞打擊較大的是一三四四年一月發生在敘利亞北部的地震。當時阿勒坡的大清真寺出現龜裂現象，阿勒坡的城塔也崩塌。依據史料，可以確定以阿拉伯板塊與非洲板塊之間的死海轉形斷層上眾多的活斷層帶為中心，敘利亞自一〇三三年到一四五八年，整整四百二十五年之間約發生過五十次有感地震。一一三八年占賈（Ganja，位於現今亞塞拜然）與阿勒坡的大地震更帶來了巨大深刻的災難，紀錄顯示因該場地震犧牲的人數高達二十三萬人。此外，一一一四年、一一五七年、一一七〇年、一二〇二年、一二六九年、一二九三年也發生過強烈地震。總之，中世紀的十二至十三世紀是敘利亞大地震的頻發期。十四世紀留下紀錄的有感地震次數只有十三世紀的一半，從對社會的影響面來看，可以說十四世紀不太值得特別注意。

至於蝗害，直到現在，被阿拉伯人稱為「加拉德」（al-jarad）的沙漠蝗蟲（Desert locust）仍是該地區的害蟲。在雨水不足導致地表乾燥等因素下，蝗蟲的數量經過幾世代繁殖而密度過高，從不遷移的散居型變成群居遷徙的型態，這時數量龐大的蝗蟲群就會順風飛行（飛蝗），有時會吃光一整片土地上的多種植物，造成農作物巨大損失。根據拉斐爾的觀察，在氣候漸趨濕潤的十四世紀，蝗害發生次數比起十二、十三世紀雖有減少的傾向，但我們不能忽略在進入一三四〇年代後，一三四二年（春天在敘利亞和埃及造成小災害，夏天在伊拉克和伊朗造成大災害）、一三四六年初夏（敘利亞）、一三四七年夏（貝卡谷地）又出現短期的飛蝗災情。也就是說，在鼠疫大流行之前，西亞也正逢蝗害的短期好發期。居民的營養狀態是瘟疫橫行的其中一個前提，考量其關連性，蝗害這種自然災害實在不可忽視。

3 農村與城市的社會性危機

農業危機

大馬士革周邊的古塔綠地得益於源自外黎巴嫩山脈（Anti-Lebanon）的巴拉達河七條支流，是富饒的近郊農業區，供應著中世紀敘利亞核心城市的飲食。據伊本・沙達德（Ibn Shaddad，一二八五年歿）的《敘利亞・阿拉伯地理志》（*al-A'laq al-Khatira fi Dhikr Umara'al-Sham wa'l-Jazira*）記載，海拔六百至七百公尺的古塔地區，有五千三百四十五座果樹園和五百五十座葡萄園。再根據馬木路克官員扎希里（Ibn Shahin al-Zahiri，一四六八／六九年歿）的記述，當地有三百餘個村落。而古塔綠地東側到敘利亞沙漠之間是一大片名為邁爾季（Marj）的草原，主要從事畜牧業。大馬士革歷史學者賈扎里（Shams al-Din, al-Jazari，一三三八年歿）在編年史《時代的事件與消息》中屢屢提及該時期古塔發生的農業災害，一三二〇年代後期到一三三〇年代間更是頻繁。

一三二七年二月，大馬士革與古塔一帶降下大雪；四月，古塔部分地區發生霜害，葡萄園損失尤甚。一三二九年三月，古塔的胡桃、蘋果、杏仁和杏桃都遭霜害，寒風連續颳了好幾天。同年十月，葡萄和茄子也受霜，農民血本無歸。葡萄損害總額高達迪拉姆銀幣（diham）二十萬枚。翌年，一三三〇年九月末葡萄、胡瓜等蔬果受霜。一三三一年四月中旬，葡萄、杏桃、桑葚、胡桃部分受霜。一三三三年六月，幾天內落下巨大冰雹和大量雨水，「天氣冷得人們紛紛穿上毛皮」。同年十月末，蔬菜受霜，損害總額達十萬迪拉姆。一三三四年十一月葡萄和蔬菜受霜。一三三五年十一月大馬士革下雪，葡萄霜害。一三三八年一月，大馬士革與近郊因下雨和大雪導致許多民宅荒廢，古塔多棵樹木傾倒。從上面這些紀錄中可以注意到，除了冬季降雪與寒害，當時古塔一再出現的春季晚霜與秋季早霜都讓蔬果生產受損。有時損失總額頗高，一再打擊農業生產。

進入十四世紀後，寒冷化、洪水、地震、蝗害等對農業的打擊，再加上十四世紀中葉的鼠疫和再三捲土重來的疫情讓西亞和北非農村人口遽減，這些都對農業生產造成了重大的負面影響。根據歷史學者博爾什（Stuart J. Borsch）的估算，一五一七年埃及從馬木路克政權改朝換代到鄂圖曼帝國時，其農業總產量與一三一五年蘇丹納西爾・穆罕默德（Al-Nasir Muhammad）實施土地丈量時相比，大約減少了六成。雖然一五一七年基本數據的準確度尚有疑問，但仍值得參考。另外，依據歷史學者阿許特（Eliyahu Ashtor）的研究，阿尤布朝時期的一二一〇年埃及村莊有二千零七十一座，之後逐漸增加，在馬木路克蘇丹納西爾任內的一三一五年達到二千四百五十四座。但鼠疫大流行後逐漸下降，一三七五年時為二千三百二十二座，到了一四三四年只剩二千一百二十二座。這場農業危機不只是由於十四世紀中葉後埃及境內的鼠疫疫情周期明顯比歐洲短促反覆，造成大量農民染疫死亡，還包括農民避難或遷居到大中型規模的城市，特別是連結印度洋與地中海遠程貿易的開羅，造成農村勞動力下降，這也是主要原因。而這些狀況也導致仰賴農村稅收的軍人統治階級不穩。進入十五世紀後，尼羅河灌溉系統失修（譬如蘇丹權力下滑致使灌溉堤防維護不周）情形更加顯著，讓埃及農村社會更趨艱困。

遊牧民族的叛亂

另一方面，十四世紀中葉以後的埃及和敘利亞，遊牧和半農半牧阿拉伯部落主導的地方叛亂頻傳，對此必須就村落農民等地方社會的苦境進行分析。馬克里齊如此總結蘇丹納西爾·哈桑的第一次統治時期（一三四七～一三五一年）：

統治期間十分動盪。各地損傷眾多，尼羅河流域多數領地荒廢，夸西拉和福斯塔特的許多地方付之一炬。而且，阿德族（al-'Ayid）和塔拉巴族（Tha'laba）等烏爾班（'Urban）人、敘利亞的阿西爾（'Ashir）人、上埃及的阿拉伯人都不再服從。他們的惡性變本加厲，發動多起打劫。另外還有空前的死亡（鼠疫）、土地連續缺水、灌溉堤防荒廢，以及上埃及的阿夫達布（al-Ahdab）的起事，都讓王國無計可施。

這裡的「烏爾班」、「阿西爾」、「阿拉伯」都是指阿拉伯部落。在這則紀錄中，除了提及大災難降臨時農業生產的困境外，也強調不服從馬木路克政權的阿拉伯遊牧部落勢力的「活躍」，更特別提到阿夫達布所領導的叛亂團體行動。上埃及是主要糧食小麥的產地，也是王國統治的重點地區，接下來就讓我們來關注動搖王國統治的這場上埃及動亂。

阿夫達布是阿拉克族（'Arak）族長穆罕默德·伊本·瓦西爾（Muhammad Ibn Wasil al-Ahdab）的綽號，意為「駝背者」。編年史記載一三五一年春天，馬木路克政權的上埃及派軍征討阿夫達布失敗，此為最早記錄阿夫達布行蹤的史料。之後，以阿拉伯遊牧民族為首的上埃及動亂逐漸擴大，該地特產砂糖及穀物盡遭掠奪。同年九月上埃及監察官發動攻勢，以箭雨擊退阿夫達布率領的大軍。第二年春天，上埃及各地與阿夫達布關係不明的阿拉伯遊牧民族聯合反抗蘇丹統治。在此值得注意的是，「曼費盧特（Manfalut）的民眾」向地方總督扔石頭（Rajm），這是定居該地的民眾（市民和農民）遵循「制裁惡人」的一種傳統石罰儀式，表達對統治者的抗議。

一三五三年夏天，阿夫達布被身邊的支持者奉為埃米爾。他攻擊上埃及的瑪拉威，殺害約三百人，搶奪製糖廠。根據史料記載，此後阿夫達布持續作亂，直到一三五四年初馬木路克政權派出大規模遠征軍鎮壓後才停止。在叛亂末期，阿夫達布自稱蘇丹，對農民下命令，呈現出一幅上埃及農民亦牽連其中的「革命樣貌」。農民們也出力合作，建立新的政治體制。叛亂勢力以阿夫達布所屬的阿拉克族為中心，再集結南阿拉伯的卡爾伯族（Banu Kalb）和久哈那族（Juhayna）等強大的阿拉伯部落，組成一萬騎以上的武裝集團。但是，遠征軍最後將叛亂勢力逼至埃及最南端，阿夫達布逃走隱遁。據紀錄戰死者總數在一萬人以上。

一個月後，在穆斯林聖人塔哈威「調解」下，阿夫達布向馬木路克蘇丹表明歸順，蘇丹也接受了。阿夫達布與這位聖人一同現身首都開羅，蘇丹甚至還授與他們徵稅權。「活聖人」的政治性功能自不必說，能如此俐落地安撫大型叛亂首謀者，其中的處理方式值得留意。我們必須了解馬木路克政權在鼠疫大流行後，為了維持動蕩的地方統治是如何煞費苦心。

支持鼠疫傳染說的學者、前述安達魯斯的伊本・哈蒂馬指出，遊牧勢力比較不容易受鼠疫影響，在此時也越發活躍。雖然不可用游牧二字一概而論，但對於在近代之前遊牧勢力興盛的中東地區，鼠疫的流行與遊牧民族的關係，至今依然是重要課題。在埃及實行專制統治的蘇丹納西爾・穆罕默德（一二九三～一二九四、一二九九～一三〇九、一三一〇～一三四一年在位）第三次統治末期的一三四〇年代，可能受前述嚴峻的自然環境影響，遊牧民族的叛亂更為顯著。另外如前所述，經過第二次世界性大流行的第一波鼠疫疫情後，可以明顯看見阿拉伯遊牧民族的勢力也擴大了。說得極端點，我們可以將一三四八這一年視為分水嶺：相對於城市定居社會，遊牧部落社會在該地區的重要性顯著提升。

另外在一三八九年，中斷布爾吉馬木路克＊創始者巴爾庫格（Barquq，一三八二～一三八九年、一三九〇～一三九九年在位）統治的一場大型內亂，也能看見上述遊牧勢力在政治及軍事上的重要性。這場內亂的名稱來自領導叛亂的馬木路克總督，被稱為「雅爾布格（Yalbogha al-Nasiri）與明塔什（Mintash）之亂」。當時敘利亞族長努埃爾率領法德族（Al-Fadl）強大的遊牧兵力，甚至曾一度推翻巴爾庫格。出身西恩納（Siena）的商人貝川多・明納內利（Bertrando de Mignanelli，一三七〇～一四五五年）在敘利亞以拉丁語撰寫《巴爾庫格傳》（*Ascensus Barcoch*），他就將這場內亂稱為「雅爾布格、明塔什與努埃爾之亂」，特別強調努埃爾與法德族所扮演的角色。值得一提的還有這位明納內利。他是托斯卡尼地區以地方城市普拉多為據點，在環地中海各地建立商業網路的富商佛蘭切斯科・達迪尼（Francesco di Marco Datini）商會的外派員。年輕時長住大馬士革的他熟諳阿拉伯語，被後人譽為「第一位東方學者」，是個不可輕忽的「地中海跨境者」。

城市的糧食風波

對城市的手工業來說，勞動人口減少是個嚴重的問題。尤其專業工人數量不足，更是巨大打擊。亞歷山大港是以埃及特產亞麻織成的亞麻布及絲製品的重要製造中心，在鼠疫大流行前，共有一萬二千到一萬四千台紡織機在運轉。然而這個數量卻在十四世紀後期縮減，到了一四三四年只剩下不到八百台，慘不忍睹。不只如此，敘利亞在地中海貿易的重要出口商品，如玻璃、紙、金屬工藝、橄欖肥皂等各城市的製造業也都呈現衰退；而由於技術轉移至歐洲，敘利亞反而需要逆向進口北義大利慕拉諾島（Murano，又稱玻璃島）產的玻璃、法布里亞諾（Fabriano）產的紙、以及伊比利半島和亞德里亞海北部產的肥皂等。

另外在馬木路克政權首都開羅，迪納爾金幣標示的小麥價格從十三世紀到十四世紀前期，雖然長期都處於緩慢下降的趨勢，但也算維持穩定。而十四世紀後期到十五世紀的小麥價格，在人口和產量都減少的狀況下，長期來看迪納爾金幣標示的糧價亦顯示穩定。然而在流通性更高的迪拉姆銀幣或費爾斯銅幣（Fals）的標價上，由於歐洲白銀產量下降，進口量減少，小麥價格則呈現上升傾向。此外，小麥短期價格頻繁上漲和供應量不足，使得人民消費困窘。造成此狀況的主因在於軍人領主的農村稅收減少，因此希望能高價賣出抵稅所得的小麥，於是與穀物商同樣操作投機性交易。

＊ Burji Mamluk，一三八二～一五一七年，又稱切爾克斯馬木路克或第二期馬木路克政權，出切爾克斯人的奴隸兵統治。

尤其是夏天尼羅河汛期，屢屢可見城市的穀物商放出水位「異常」消息或謠言，誘使小麥價格上升。於是，一三七〇年代以後的開羅，民眾不滿小麥或麵包價格飛漲，頻頻發動抗議。他們認為問題在於王國經濟政策不健全，會向市場監督官（Muhtasib，穆赫塔希布）扔石頭，向蘇丹請命罷免官吏，並聚集在王城下的中央廣場翻開《古蘭經》齊聲念誦。

在敘利亞的大城市裡也可看到同樣的騷動。十四世紀末大馬士革民眾群情激憤，最後對中盤商伊本・納休發動私刑，他被視為穀價高漲的元凶。伊本・納休從一個庶民街分篩小麥的工人，變成富裕的穀物中盤商，並受大馬士革總督青睞，身為工商階級卻獲得軍官和貨幣鍛造廠監督官等職位，是穀類市場的首要人物。依據伊本・薩斯拉（Ibn Sasra）的編年史《發光的珍珠》（*Al-Durra al-Mudi'a fi'l-Dawla al-Zahiriyya*）記載，一三九三年麵包價格飛漲時，伊本・納休干涉公定價格，差一點被憤怒的民眾丟石頭抗議。到了一三九七年，旱災導致流入城內的巴拉達河乾涸，穀價暴漲，西郊米札一帶舉行大規模祈雨儀式，而伊本・納休在儀式當天遭群眾殺害。馬木路克政權期間的糧食風波很少發展到如此激烈的程度。但以十四世紀中葉的轉換期為分界，掌握主要糧食、追求私利的富人與一般民眾之間的糾葛浮上檯面，確實成為馬木路克政權城市社會的一大問題。

4 死亡日常化與伊斯蘭信仰的變貌

慈善濟貧的活絡

鼠疫與大量死亡接踵而來，死亡隨處可見，人們被迫活在絕望中。這就是所謂「死亡日常化」的殘酷現實。在此背景下，十四世紀後半到十五世紀的歐洲開始流行「死亡之舞」（Danse Macabre）或《死亡的勝利》（*The Triumph of Death*）等「死亡象徵」*題材，成為後世學者研究的對象。相對於此，中世紀末期的伊斯蘭藝術可能是人物畫數量太少，因此至今仍少有針對「死亡日常化」時代的研究。但若從該角度切入，來分析伊比利半島的納斯爾朝穆罕默德五世（在位一三五四～一三五九、一三六二～一三九一年）修建的阿爾罕布拉宮「獅子庭院」和周圍的建築群，我們可以解讀出什麼呢？「兩姊妹廳」（Sala de Dos Hermanas）的天花板是中世紀鐘乳石拱頂（muqarnas）設計最極致的例子之一，從纖細美麗的建築細節和整體，可以感受到死亡陰影逼近，以及對樂園（天堂）真切冀求的時代印記。

至於活下來的人，則擴大並活化慈善濟貧（瓦合甫）的範圍，這種社會現象也可視為是在

＊ Memento mori，拉丁文的意思為「勿忘人終有一死」，中世紀基督教的一種思想觀念，提醒世人反思塵世的虛幻，並追求死後的靈魂救贖。

一三四八年前後出現的災難性局面所帶來的其中一個結果。

前面提到，曾在鼠疫大流行時前往開羅郊外避難的馬木路克蘇丹納西爾・哈桑，他在第二次統治時期於開羅城下的中央廣場興設了蘇丹哈桑清真寺（Mosque-Madrasa of Sultan Hasan）。它占地面積七千九百零六平方公尺，建築本體高度三十七・五公尺，宣禮塔則高達八十一公尺，耗費了三年以上的時間建成，工程一天平均要花上二萬迪拉姆。它的鐘乳石拱頂設計可與同時期的阿爾罕布拉宮媲美，是一棟足堪代表中世紀伊斯蘭世界的巨型石造建築。它是由(1)四所實施順尼派四大法學派教育的伊斯蘭學校、(2)集會清真寺、(3)設立者哈桑的王陵、(4)收容孤兒的小學校（maktab）、(5)供水處組合起來的綜合宗教設施。王宮指定埃及村莊農地，以及包含古塔地區在內的敘利亞各區農地、果樹菜園、葡萄園等瓦合甫捐贈租金，做為維持這座設施的營運財源。設施最初設有教職員三百一十人、學生五百零六人、孤兒二百人，共計一千零一十六人，除了給他們的津貼外，包括維持修繕、供水、照明、日用品、焚香及救助貧弱的相關費用，皆被列為該設施的瓦合甫支出項目。

伊斯蘭式的慈善也包含了初等、高等教育和宗教禮儀相關的各種活動，所以整座蘇丹哈桑清真寺都可以視為是「慈善設施」。但該設施的特點在於，這些相當於現代社會福利的濟貧活動，規模大得出奇。從瓦合甫證書的紀錄可匯總概要如下。

每週五前夕，準備麵包（約六百公斤）、羊肉（約一百五十公斤）、米、糖蜜、食用油和辛香料加以烹調。將做好的菜和麵包分成二等份，將一份免費提供給教職員、孤兒等設施居民，另一份給設施周圍的貧民。每年穆哈蘭月（一月）十日的阿舒拉日，用羊肉（約三百公斤）、芝麻油（約六

圖 1-3　兩姊妹廳（右）
圖 1-4　拱頂（上）

圖 1-5　蘇丹哈桑清真寺

公斤）、辛香料類做成料理，和約一・二噸的麵包，同樣也是分成二等份，一份給教職員、寄宿學生、孤兒，另一份給附近的貧民和窮困者。而在賴買丹月（九月），則每天準備前述週五前夕兩倍的麵包和料理，半數分給教職員、寄宿學生、孤兒，半數分給附近的貧民。都爾黑哲月（十二月）的宰牲節（Eid al-Adha）會宰殺兩頭駱駝、二十頭牛和十頭羊，肉類分成兩等份，一份給教職員與寄宿學生，另一份給孤兒和附近的貧民。除此之外，每年還會有一次分送多件衣服、圓帽和鞋子給所有人。

此外，如果在瓦合甫規定的支出外還有剩餘時，則先從中挪出二十萬迪拉姆做為儲蓄，剩餘款項則購買埃及或敘利亞的農地做為瓦合甫營運財源，再使用其收益支應(1)釋放債務囚犯，(2)償還一般債務人的負債，(3)支付穆斯林俘虜的贖金，(4)援助未履行麥加朝聖者，(5)埋葬路倒的穆斯林，(6)供給貧民、孤兒、寡婦、無收入者、慢性病患、身體障礙者、流浪者食物等等。

上述慈善濟貧活動無論在質或量上，都遠遠超過這座設施建立前各城市宗教設施的濟貧活動。一三六〇年建立的蘇丹哈桑清真寺在濟貧這點上，可說是劃時代的慈善宗教設施。它呼應了承受大災難折磨的社會對於救濟的強烈渴望，也是蘇丹權力的一大彰顯。換個角度來看，我們可以說，由於生存危機，人們深切渴望來世進入天堂（Jannah），並為此強化慈善活動。蘇丹哈桑清真寺的大型濟貧事業就是在這種時代趨勢下，身為國王的蘇丹的一種極致形式之展現。

恢復恩寵的指南

著名的順尼派法學者塔加汀・史普基（Taj al-Din al-Subki）在一三七〇年，四十五歲之際感染鼠疫，於大馬士革近郊奈拉伯村的家中過世，他留下了一本耐人尋味的倫理書《恢復恩寵之書》（*Kitab Mu'id an-Ni'am wa-Mubid an-Niqam*）。書中能看見黑暗時代落下的陰影。該書於一三六〇年前後寫成，主題是在宗教上或現世失去真主恩寵的人該如何恢復恩寵。堪稱是一本寫給在大災難衝擊中掙扎復原的社會指南，教導人們以「正確的工作方式」找回真主恩寵。

史普基首先指出，最重要的事情有三點：(1)了解失去恩寵的原因並戒除它，(2)認識到真主藉由喪失所給予的試煉亦有益處，要放寬心胸面對，(3)祈求真主的恩惠「舒克爾」(Shukr)，即「感謝」。而(3)又分成誠心的感謝，口舌（語言）上的感謝，行為的感謝三種，並特別就舉出一百一十四例詳論之。一百一十四是刻意吻合《古蘭經》總章數。其中的一百一十二例是解說每種職業向真主表達感謝的方法。包括哈里發、蘇丹以下的馬木路克政權各官職，法官(Qadi)、宣教師、修道所長或蘇非學者等職位，建築業者、石匠、製書業者、理髮師、紡織工、裁縫、兌換錢幣商、紙店等工商業者，以及「農地和林木的持有者」、漁夫、駱駝夫、門房、清掃夫、清洗屍體者、「路邊乞丐」等。以下是說書人的例子。

這是在路邊或坐或立，講述聖典古蘭經章節、聖訓、先賢行誼故事的人。此外，說書人宜避免述說除了百姓理解的故事，或對禮拜、斷食齋戒、規定與任意喜捨行為等喚起百姓分享意願之外的故事。另外也不宜講述宗教原理、信仰信條、和真主屬性相關的傳承，以免引導民眾做不必要的事。

有不少說書人會把一些脫離規範的內容說得生動有趣。而這本指南是順尼派法學精英規範市井說書人自由活潑的言行，要求他們只教導百姓伊斯蘭教的基本重要行為。

下面再舉另一個例子。關於中間商部分的前半提到：

中間商裡頭的書籍中間商，正確的工作方式應是不販售伊斯蘭宗教書籍給會弄丟的人，或是會吹毛求疵中傷他人的人。另外，也絕對不賣邪道或異端者的書、占星術師的書、安塔拉傳*等虛假的書。另外，也不允許販賣古蘭經、聖訓或法學書給不信者。

這些是從順尼派法學家的立場，提醒書商應注意書籍販賣的對象，並限制「有害書籍」的流通。這部滿載法學家指導生活內容的《恢復恩寵之書》，近似於伊本・哈吉（Ibn al-Hajj）的《聖法入門》、圖爾克馬尼（al-Turkmani）的《閃光之書》（十四世紀末），還帶了一點「反比多亞（bid'a）之書」的特性。比多亞意為「偏離」順尼（Sunni，先知穆罕默德的言行）及其指示的正道。「反比多亞之書」是一種中世紀伊斯蘭書籍類別，內容是要求遵守嚴格伊斯蘭法的順尼派學者就形形色色偏離正道行為所做的瑣碎提醒。若將《恢復恩寵之書》視為該類書籍，那麼它的獨特之處即在於按照各行各業，給予符合伊斯蘭法規範的行動方針。但我們不該因此把史普基單純視為一個嘮叨的頑固學者。正如該書開宗明義的，人民來詢問恢復恩寵的方法，作者才以書籍的方式詳盡解答。那些試圖克服悲傷恐懼的市井小民，向伊斯蘭法學者請教如何於在世時獲得真主恩寵。這才是重點：一位具備完整伊斯蘭知識的著名學者，為了回應經歷災難的社會在不安瀰漫下對他的期待，故而創作新的作品。

* Sirat 'Antar，阿拉伯地方古代流傳的英雄故事。

穆罕默德崇拜的興盛

另外，人們對先知穆罕默德的崇拜情緒呈現飛躍性的興盛。我們也應將此現象視為轉換期的課題，探討其歷史脈絡。十三世紀以後，受到蘇非主義和聖人崇拜擴展的相互影響，人們對「眾先知的封印」＊對穆罕默德的強烈崇拜，以及相信他會向真主求情的熱切信心，在伊斯蘭世界各地漸漸以新的形式展現，熱度緩緩攀升，在十四世紀後期以後轉化為豐富多樣的全面性宗教實踐。若要具體列舉的話，有(1)各地開始慶祝穆罕默德生日（聖紀節），(2)包括讚美穆罕默德的詩歌、吟唱往胡紏拉（Hujra，房間之意，指麥地那的先知清真寺，穆罕默德陵墓所在地）和勞達（Rawdah，胡紏拉旁的神聖庭園）的詩歌等等，穆罕默德相關文學作品增加，(3)順尼派學者版的「正宗穆罕默德傳」與被認為出自神祕作者巴克利的神祕主義「民間穆罕默德傳」的流傳與口傳，傳遍了社會各階層，(4)對先知穆罕默德遺物（與穆罕默德相關的物品）的信仰發展，(5)將睡夢中或清醒時可與穆罕默德「對話」的人物神聖化等各種社會現象。

除了上述幾個例子外，還有一個現象也值得一提。該時期的人民變得更積極踴躍前往麥地那朝聖。我們可以從人們在前往卡巴天房所在地的伊斯蘭第一聖地麥加途中順路造訪的聖地變化看出端倪，以先知清真寺為中心的第二聖地麥地那的朝聖熱潮邁入了新階段。在伊斯蘭三大聖地的清真寺和周邊等聖域長期逗留、勤勉從事伊斯蘭的宗教實踐和學問、過著專心信仰生活的穆斯林稱為穆賈維爾（mujawir），有關他們的紀錄在傳記或編年史等同時代史料中遞增，顯示在聖地麥地那這類聖域滯留者的數量急速增加。

麥地那朝聖的流行風潮，也擴及馬木路克政權的軍人和官吏等統治階層。尤其是統治後期的蘇丹們都熱心透過伊斯蘭式的善行直接投入，像是對麥地那的先知清真寺提供瓦合甫，或是宣講壇、油燈等用品。其中最熱心的是在馬木路克政權末期長期執政的卡伊特拜（Qaitbay，一四六八～一四九六年在位）。這位蘇丹投入莫大資金在先知清真寺附近建設由伊斯蘭學校、朝聖旅社(Ribat)、圖書館、供水亭、孤兒小學校組成的綜合宗教設施，城內也建立分配去殼小麥粥的施粥所和公共浴池，規劃大規模的瓦合甫。這位切爾克斯人蘇丹更親自造訪麥地那，特地在城牆大門下馬，徒步拜謁先知清真寺，表現恭順之意。

＊ Khatam al-Nabiyyin，《古蘭經》中給穆罕默德的頭銜，意指真主派遣的最後一位先知，因此也常譯為「最後的先知」。

活躍的瑪祖布

經過十四世紀的大災難後，人們對伊斯蘭聖人的崇拜越加強烈。十二世紀是分水嶺，各種蘇非教團興起，蘇非主義開始走向社會化；十三世紀之後，與此環環相扣的聖人崇拜傳播到社會各階層，並在十四世紀後期形成熱潮，擴大至各種層面，甚至出現信仰「活聖人」的狂熱宗教現象。我們必須將它與「死亡日常化」等社會的危機現實共同看待，才能加以解讀。

瑪祖布（Majdhub）這種類型的「活聖人」增加，人民對他們的信仰更加虔誠，這是一項值得注意的伊斯蘭文化新發展。瑪祖布指的是經歷「加茲巴（jadhba，與真主的連結）」強烈體驗而被賜與靈力的人，是行為與言談異常的「活聖人」。與藉由主動努力修行接近真主的蘇非聖人相比，瑪祖布可算是「被動的聖人」。在沒有官方聖人認定制度的伊斯蘭世界，「聖人瑪祖布」和「需要被治療的瑪吉努（Majnun，被精靈附身的精神病人）」的界線十分模糊，因為他們都不是正常人，社會評價兩極。但十四世紀以後，史料裡被認定為瑪祖布型的聖人大幅增加。

瑪祖布不但吸引人民和名流崇拜，也是當政者的精神支柱。前述的巴爾庫格就是一位與數名瑪祖布維持親密關係的馬木路克蘇丹。舉例來說，出身馬格里布、被首都居民虔誠信仰的瑪祖布塔爾哈（一三九二年歿），雖以會不時攻擊來客的狂暴個性聞名，但巴爾庫格卻讓這位「活聖人」葬在自己墓地的旁邊。他為了塔爾哈這位「死聖人」向真主求情，並將他葬在身邊。另外，學者阿布・巴克爾（一三九五年歿）自今日阿爾及利亞東北部的貝賈亞（Béjaïa）搬到開羅，一心向學。某次有了「加茲巴」的體驗後成為瑪祖布，隱居在愛資哈爾清真寺（Al-Azhar Mosque）附近，成為民眾熱烈尊崇的「活聖人」。據記載，他的葬禮比伊斯蘭兩大節日和祈求河水豐沛的儀式更盛大。這位聖人也被埋葬在巴爾庫格的陵墓旁。

另外，從東方移居大馬士革的阿赫瑪德・祖赫利（Ahmad Zuhuri，一三九八年歿）是以言行破碎著名的瑪祖布。巴爾庫格還是軍官時就曾在大馬士革遇到這位聖人。傳說當時這位聖人準確說中巴爾庫格的夢境——吃掉化成圓麵包的月亮，並預言他會成為蘇丹。後來預言實現，巴爾庫格也對祖赫利的神聖性堅信不移。他將祖赫利招攬至開羅王城，讓他出席宮廷會議，甚至允許他自由出入後宮，「即使把口水吐在王的臉上或是惡意詆毀，巴爾庫格也未改變對他的想法」。除了蘇丹之外，聖人祖赫利也廣受信仰，原因就是他準確的預言能力。

如上所述，社會各階層對瑪祖布聖人的崇拜之情已超乎常理，言行脫軌的他們成為精神導師活躍於世間，該現象不只在埃及，也可以在西亞、北非等各地觀察到。它成為中世紀末期到近世之間此地區信仰世界的特色。這種瑪祖布崇拜的興盛，也算是在危機時代社會的救濟願望中衍生出來的一種新景象吧。

西元	災區・疫區	受災情形
1300年 9月—1301年 9月	大馬士革	伊斯蘭曆700年，這年非常寒冷。大雨日夜不停下了四十天。因為泥濘運輸中止，物價高漲，連麥稈價格也居高不下。
1301年 9—10月	哈瑪～騎士堡	降下「人形或猴形」冰雹。
1301年11月中旬	哈瑪西南方的巴林	降下「各種動物或女子形狀」的大冰雹。
1303年 8月8日	埃及、敘利亞	清晨大地震。人們驚惶失措，以為末日降臨。開羅的哈基姆清真寺宣禮塔和許多建築崩塌。上埃及的明亞亦有災情。亞歷山大港發生海嘯。敘利亞的受害相對較小，但哈瑪城牆部分崩落。
1304年 8月—1305年 7月	敘利亞南部	伊斯蘭曆704年，約旦河谷到埃及一帶旱災、缺水。705年雨量大。
1307年 4～5月	埃及	收穫期遇乾風，無法收成。小麥價格每1伊爾達布（irdabb，穀物單位，1伊爾達布小麥相當於69.6公斤）漲到90迪拉姆。
1316年 4月17日	開羅和郊外、尼羅河三角洲	閃電、雷擊、豪雨、下雹。比勒拜斯（Bilbeis）的建築因豪雨而毀損。
1316年 4月底—5月初	巴勒貝克、荷姆斯、哈瑪、阿勒坡、耶路撒冷與周邊村落	大雨。降下橘子般大的冰雹。山區大洪水。巴勒貝克144人死亡，約600幢民宅和店鋪荒廢。賈斯馬爾村僅5人生還。土耳其、阿拉伯遊牧民的住所被沖走，人和家畜死亡。
1317年 4月 6日	浩蘭地方	降下大冰雹。許多農作物受害。
1317年 5月11日	巴勒貝克	雷電交加，大雨引發大洪水。城牆、清真寺、市場、公共浴池、民宅倒塌。埋葬者數1500人。
1317年 5月26日	阿勒坡地區	強風、雷擊、大雨、下雹。10個村荒廢。瓦迪・阿爾阿薩爾大洪水。
1317年 7月24日	埃及	河水快速暴漲。之後，過多河水造成福斯塔特、羅達島民宅淹水。甘蔗、果樹受害。蘇丹下令向各運河排水以因應。
1317年 3月—1318年 3月	亞斯文、安泰普	伊斯蘭曆717年風災。亞斯文死者眾多。
1318年 4月 5日	朱恩（黎巴嫩舒夫地區）	海上吹起的強風造成民宅損害。阿拉伯遊牧民的住屋、駱駝受害。大量家畜死亡。約24個村的農作因下雹和大雨而受損害。

十四世紀前期埃及・敘利亞・漢志與周邊地區的自然災害

西元	災區・疫區	受災情形
1317 年 9 月—1318 年 11 月	迪亞巴克爾、摩蘇爾、艾比爾、馬爾丁、賈茲拉・烏瑪利亞、邁亞法里勤、辛賈爾、巴格達等地	物價高漲、逃難、荒廢、販賣兒童。馬爾丁出現饑荒，多人死亡。人吃人。賈茲拉・烏瑪利亞因饑餓和瘟疫 4 個月內死了 1 萬 5 千人。摩蘇爾受災程度較邁亞法里勤嚴重，艾比爾降雪，寒害。
1318 年 10—11 月	塞萊米耶、紹巴克	大洪水。
1319 年 2 月 22 日	大馬士革	強風成災。許多民眾在清真寺祈禱。
1319 年 3 月底	大馬士革	降雨不足，民眾到奧米亞大清真寺舉行祈雨禮拜，朗誦布哈里聖訓集。卡達姆清真寺也有祈雨禮拜。第二天果然下雨，民眾歡天喜地。
1319 年 10 月 20 日	大馬士革周邊	大雨、洪水。
1324 年 8 月 1 日	埃及	尼羅河暴漲，淹沒甘蔗與果樹菜園。各地河岸淹水。
1325 年 4 月 14 日	大馬士革、古塔、邁爾季等大馬士革地區	大雨。下大冰雹，大部分冰雹落在哈拉斯塔村，小波及巴爾札村、拜特・拉弗亞村、薩特爾村。杏桃等水果受災。邁爾季的甘蔗也受損
1325 年 4 月 30 日	巴格達	底格里斯河氾濫。巴格達成為孤島。市場街、宗教設施受災嚴重。西岸地區 5 千 6 百戶住宅荒廢。漂流木造成人命喪失。
1325 年 4 月下旬	開羅、埃及	前所未見的大豪雨。尼羅河也不合時宜的暴漲。
1326 年 12 月末	埃及	名為「拉達許」的疾病流行。
1327 年 2 月 7 日	大馬士革	正午前短暫地震。
1327 年 2 月 8 日	大馬士革	從前一週起斷續下雪。這一天下起大雪。城內和古塔地區的森林與山巒一片銀白。
1327 年 3 月 7—11 日	開羅、福斯塔特	東方吹來熱風，高溫。之後，氣溫大幅波動。雷擊。
1327 年 4 月 29 日	大馬士革近郊	部分古塔地區遭霜害。葡萄園受害。
1327 年 5 月 6 日	大馬士革近郊	古塔的艾伊・薩爾瑪；卡弗羅・巴托納、薩克巴、亨穆利亞各村遇蝗群來襲。第二天離去。
1327 年 10—11 月	麥地那	許多農作物遭遇蝗災。小麥價格居高不下。
1328 年 9 月 28 日	阿傑隆	暴風、雷鳴。大洪水導致民宅、商館、市場、公寓、製粉廠、清真寺、學校、果樹菜園受害，也有死亡。估算災損總額光是市區就達 50 萬迪拉姆以上。

西元	災區・疫區	受災情形
1329 年 3 月 14 日	大馬士革近郊	古塔地區大部分胡桃、蘋果、樹木等的花，以及部分杏仁、杏桃受霜害。之後寒風仍持續多日。
1329 年 10 月 10 日	大馬士革近郊	古塔葡萄和茄子霜害。果實全部泡湯。葡萄災損總額 20 萬迪拉姆。之後的 2 天極度寒冷。
1330 年 9 月 25 日	大馬士革近郊	古塔葡萄、胡瓜、青菜霜害。橄欖發生蟲害。
1331 年 4 月中旬	大馬士革近郊	古塔部分葡萄、杏桃、桑、胡桃霜害。
1331 年 5 月 18 日	大馬士革	冰雹大如鴿蛋，尤其集中在卡松山及米薩等西郊地區。強風造成樹木和外牆受損。寒冷到應穿著毛皮的程度。
1331 年 10 月 12 日	荷姆斯	大洪水多人死亡。公共浴池旁，新娘身邊約 200 名婦女死亡。商館的人逃到高樓層，1 樓家畜死亡。
1332 年 4 月 28 日	拉赫巴	幼發拉底河水氾濫，戴爾・巴希爾河堤潰堤。損失三分之二農作物。
1332 年 7—8 月	埃及	尼羅河暴漲嚴重，淹水。甘蔗受害。
1332 年 9 月	漢志	麥加東郊，吉達、塔伊夫等各地有人遭雷擊死亡。椰棗也受害。發生大洪水。
1333 年 6 月 2 日	大馬士革	連續數天大冰雹和豪雨。天候寒冷人們穿上毛皮。
1333 年 10 月 28 日	大馬士革近郊	古塔的葡萄、茄子、青菜霜害。災損 10 萬迪拉姆。
1333 年 12 月 12 日	大馬士革周邊	前往馬市場的道路因洪水中斷。羊市場的隔壁民宅受害。
1334 年 3—4 月	麥地那	阿奇克河谷氾濫，哈姆札陵被水淹。市內也受害。駱駝、馬、椰棗受害。
1334 年 11 月 9 日	大馬士革近郊	古塔葡萄和青菜霜害。
1335 年 11 月 12 日	大馬士革	白天持續降雪，強風。
1335 年 11 月 13 日	大馬士革近郊	古塔葡萄霜害。
1336 年 5 月 17 日	開羅	正午和下午的禮拜之間發生地震，多人死亡。
1337 年 10 月 19 日	埃及	強風後有胡桃大的冰雹和雷電。
1337 年 12 月 4 日	麥加	大雨。大洪水。30 戶以上民宅荒廢。清真寺大門被破壞。卡巴天房也浸水。多名穆賈維爾死亡。

西元	災區・疫區	受災情形
1338 年 1 月 23 日	大馬士革及近郊	大雨 5 至 6 日後大雪。之後雨雪交加。多戶民宅荒廢。古塔樹倒多數。道路斷絕。
1338 年 3 月 23 日	開羅與福斯塔特	大雨從山丘引發洪水。老舊民宅陸續崩塌。強風。伊斯蘭曆 738 年，埃及經歷前所未有的寒冬。
1338 年 3 月 29 日	尼羅河三角洲	布海拉與加爾比亞大冰雹。布海拉 19 個村莊、加爾比亞 43 個村莊農業受損。
1338 年 3 月下旬	加爾比亞	強風吹倒多戶民宅。大大小小的黑色冰雹。尼羅河三角洲中部卡林地區也降下橘子大的冰雹。農業、家畜受害。
1338 年 3—4 月	上埃及	古斯夜空變化成紅、黑、白色，前所未見的大雨。亞斯文地區強風造成民宅、椰棗受害。曼費盧特地方出現大量鼠群，收穫和穀倉受害。鼠害使蘇丹失去該地約 6 萬伊爾達布的蠶豆。
1338 年 4—5 月	敘利亞、伊拉克	幼發拉底河暴漲，大水氾濫。農作物受災甚大。多戶民宅、製粉廠荒廢。如果水位再高 2 腕尺，大水可能淹到大馬士革。
1338 年 8—9 月	埃及	尼羅河水位上昇不足，多片土地無法灌溉。
1339 年 1—2 月	的黎波里	發生地震，60 人死亡。
1339 年 9—10 月	尼羅河三角洲	布海拉與加爾比亞大雨和大冰雹。農地、家畜受災嚴重。強風吹倒椰棗樹。
1339 年 7 月—1340 年 6 月	敘利亞	的黎波里地區山地颳起熱風，墜下流星。雷鳴的同時，朱恩地方的森林、民宅燒毀。大馬士革的費賈村同樣也有木造房屋與民宅 3 棟燒毀。
1340 年 12 月	亞歷山大港、 尼羅河三角洲	海面颳來強風，將多棵椰棗連根拔起。多戶民宅倒塌。接下來的豪雨造成家畜大量死亡。尼羅河 21 艘船沉沒。
1341 年 5 月 18 日	尼羅河三角洲	布海拉、加爾比亞、代蓋赫利耶、穆拉塔西亞在大雨後落下極大冰雹。尤其是代蓋赫利耶的落雹較多，在此之前開羅也有大雨和雷電。
1342 年 3—4 月	敘利亞、埃及	蝗蟲大舉入侵，但受害甚微。
1342 年 7—8 月	摩蘇爾、巴格達、 伊斯法罕等東方地區	物價高漲。人吃人。緊接著大群蝗蟲來襲。樹林無一倖免。蝗害擴大到阿勒坡、大馬士革、耶路撒冷、加薩。

西元	災區・疫區	受災情形
1343 年 7—8 月	上埃及、尼羅河三角洲	尼羅河暴漲，灌溉河堤一一被沖垮。甘蔗、藍靛、芋頭等夏季作物和倉庫受害。
1344 年 1 月 2 日	敘利亞、埃及	大馬士革等地大範圍地震。阿勒坡的大清真寺龜裂。阿勒坡城的塔也崩垮。曼比季受害甚大
1345 年 1 月 11 日	大馬士革	大雪。積雪嚴重影響都市生活。
1345 年 1—2 月	的黎波里、哈瑪、夏薩爾	的黎波里大洪水有人溺死。奧龍特斯河水位暴增，民宅、果樹菜園破敗。
1345 年 2 月 5 日	大馬士革	因大雪無法外出，民眾在各自家中舉行開齋節的禮拜。
1344 年 5 月—1345 年 5 月	埃及	伊斯蘭曆 745 年，落雹、強風、大雨等異常天候。氣候寒冷到上埃及也有人凍死。尼羅河三角洲的曼札拉湖和布魯盧斯湖等漁獲量減少。
1346 年 4—5 月	阿勒坡	大群蝗蟲自東方來襲。雖然不安擴散，但受害輕微。
1346 年 6 月 22 日	大馬士革、敘利亞南部	蝗害擴大，大麥等農作物受害。
1347 年 6—7 月	敘利亞北部	蝗害從巴爾貝格擴大到巴爾卡，敘利亞全境物價高漲。
1347 年 6—7 月	埃及	尼羅河水位過低，船隻無法運送穀物。
1347 年 10 月初	大馬士革	因乾旱物價高漲。缺乏用水。大馬士革周邊山區在此季節已出現大量積雪。
1347 年 12 月 8 日	開羅	2 次地震。
1347—1348 年冬	敘利亞、埃及	物價居高後下雨和大雪。
1350 年 8 月	埃及	尼羅河水位達 17 腕尺，水量充足，但因為鼠疫造成大量死亡，農民缺乏，第 3 年的灌溉不足。

第二章　十四世紀歐洲的鼠疫

井上周平

1　歐洲的一三四八年

黑死病

一三四八年，在日後被稱為「黑死病」的鼠疫從義大利翻越阿爾卑斯山脈，進入歐洲北部。布拉格的弗朗西斯（Franz von Prag，一三六二年歿）的《布拉格編年史》（*Cronicae Pragensis libri III*）記錄了一群自義大利北上返鄉的學生，沿途目睹的嚴重災難：

而死也來到奧地利，開始支配波希米亞王國……這時，從波隆那前往波希米亞的幾個學生，看到城鎮和村莊僅寥寥數人存活，其他幾個地方的人皆死盡。還有許多家庭裡逃過死劫的人們被疾病壓垮，連給予他人一杯水，或是勉強分給食物都做不到，在沉重的痛苦和不安中死去……。許多地方受到污染的空氣又被再次污染。污染的空氣比污染的食物危害更大。污染來自屍體腐敗，這也是因為沒有任何能活著埋葬死者的人。前面提到的學生只有一個人回到波希米亞。他的朋友們全都死在了路上。

十四世紀中期，尚未設立大學的神聖羅馬帝國居民若是想追求學問，就必須向南到義大利的波隆那或帕多瓦，或往西前往法國巴黎或英格蘭的牛津大學學習。從這本編年史的記述可看出，在義大利的大學因鼠疫肆虐而關閉。當學生返回故鄉波希米亞時，鼠疫也已經北上，死者多到甚至已無人能夠埋葬他們。而經過疫區的學生們也不幸染病，只餘一人生還。

這裡先解釋一下名詞的使用。當時人們對這場流行瘟疫只單稱其為「死」（拉丁文：mortalitas、德：Sterben），有時會加上代表「巨大」的形容詞（拉丁文：tanta mortalitas / mortalitas magna，德：das große / großte sterben，引申為「大量死亡」）。我們所使用的「黑死病」（the black death、丹麥語：den sorte død）一詞，最早是由後來十六世紀斯勘地納維亞的編年史作者使用。至於如今被稱為「鼠疫」的拉丁文名詞「pestilentia」或「pestis」，原本是用來泛指所有的傳染病。*

記錄當時教宗克萊孟六世（一三四二～一三五二年在位）事蹟的《克萊孟六世傳》，將十四世紀的鼠疫記為「巨大的死」（magna mortalitas）：

> 主後一三四八年，如此巨大的死，幾乎同樣發生在全世界各地。這種事以前從未聽聞。

對親眼目睹的人來說，十四世紀中期這場慘絕人寰的瘟疫，的的確確就是死亡本身。

許多研究皆曾提及鼠疫帶來的衝擊，而本章將把目光轉向阿爾卑斯山以北。我們會分析黑死病是在什麼樣的脈絡下被描述，同時也關注當時的人們是以什麼態度面對這前所未見的事件，藉此從歐洲鼠疫大流行來解讀轉換期的特性。本章中的「鼠疫」一詞，意指「當時被視為鼠疫的事物」，亦即以鼠疫桿菌造成的傳染病為首，廣義涵括當時其他種類的傳染病，以及歸因於它的諸多現象。至於「黑死病」，則是指一三四七、一三四八到一三五〇年間的第一波鼠疫大流行。

黑死病在歐洲的傳染路徑──阿爾卑斯山以北

鼠疫沿著當時漸趨興盛的東方貿易路線，從地中海傳往義大利，短短數年內幾乎席捲了歐洲全境，帶來莫大的災害。一三四七年十月，鼠疫從黑海北岸克里米亞半島的熱那亞殖民城市卡法傳入西西里島的墨西拿，接著從熱那亞、比薩、威尼斯等港口城市擴散到義大利內陸。然後經過北部的倫巴底亞平原，到達特倫托，再蔓延到阿爾卑斯山脈以東和奧地利一帶。

德語圈最早的黑死病記錄，是一三四八年，神聖羅馬帝國東南部的帝國城市米爾多夫（Mühldorf）† 的瘟疫大流行。一三四九年傳到維也納。因此《布拉格編年史》中，鼠疫在一三四八年時便已侵襲維也納以北的波希米亞的記載，尚有疑點。

＊第三節作者會再提及名詞使用問題。這裡要注意，雖然內文都把「ペスト」譯為「鼠疫」，但當時的人們並不知道這種瘟疫是透過老鼠傳染。後面提及當時的瘟疫史料時，要特別注意這個區別。

† 帝國城市（Reichsstadt）為神聖羅馬帝國皇帝直轄的行政區，不受貴族管轄，有自治權。

雖然，幾乎沒有留下鼠疫如何從帝國東南部傳開的紀錄，就算有也多半只是簡單幾句，尚有許多不詳之處。米爾多夫的編年史也只簡單記載「主後一三四八年，大量死亡在聖保羅歸信之日發生」。當時，威尼斯已可經由布倫納山口（Brennerpass）與因斯布魯克（Innsbruck）、奧古斯堡（Augsburg）、紐倫堡、萊比錫等地相連。此外，考慮到歐洲的商業活動都以河川做為主要的交通手段，鼠疫很可能也跟著從各大通商路線傳播。尤其是帝國東南部出產的鹽，都會經由薩爾察赫河、因河、多瑙河運往帝國北部和西部。但也有城市沒有明顯的受災紀錄，如波希米亞的布拉格、弗蘭肯地區的紐倫堡、烏茲堡（Würzburg）等。

另一方面在阿爾卑斯山西側，鼠疫已在一三四七年時從義大利經海路傳到南法的地中海港口城市馬賽，再沿著隆河擴散到艾克斯、亞爾、亞維儂等法國內陸城市。羅馬教廷於一三〇九年遷至南法的亞維儂，教宗御醫居伊．德．蕭利亞克（一三六八年歿）也在《大外科術》（一三六三年）一書中記錄了一三四八年一月侵襲亞維儂的鼠疫：

> 前述的死從一月開始在我們身邊發生，持續了七個月。死有兩種狀態，第一種持續了兩個月，伴隨常態性發燒和咯血。人們會在三天內死亡。其餘時間發生的是第二種，伴隨常態性發燒、體表腫脹及潰瘍，尤其是腋窩和鼠蹊部。人們會在五天內死亡。這種死非常容易傳染……不只是待在患者身邊，即使是與他們對視也會得病……人們在無人陪伴下死去，沒有聖職人員舉行葬禮便被埋葬。父親見不到兒子，兒子也不能看望父親。博愛（caritas）被死包圍，希望也一蹶不振。

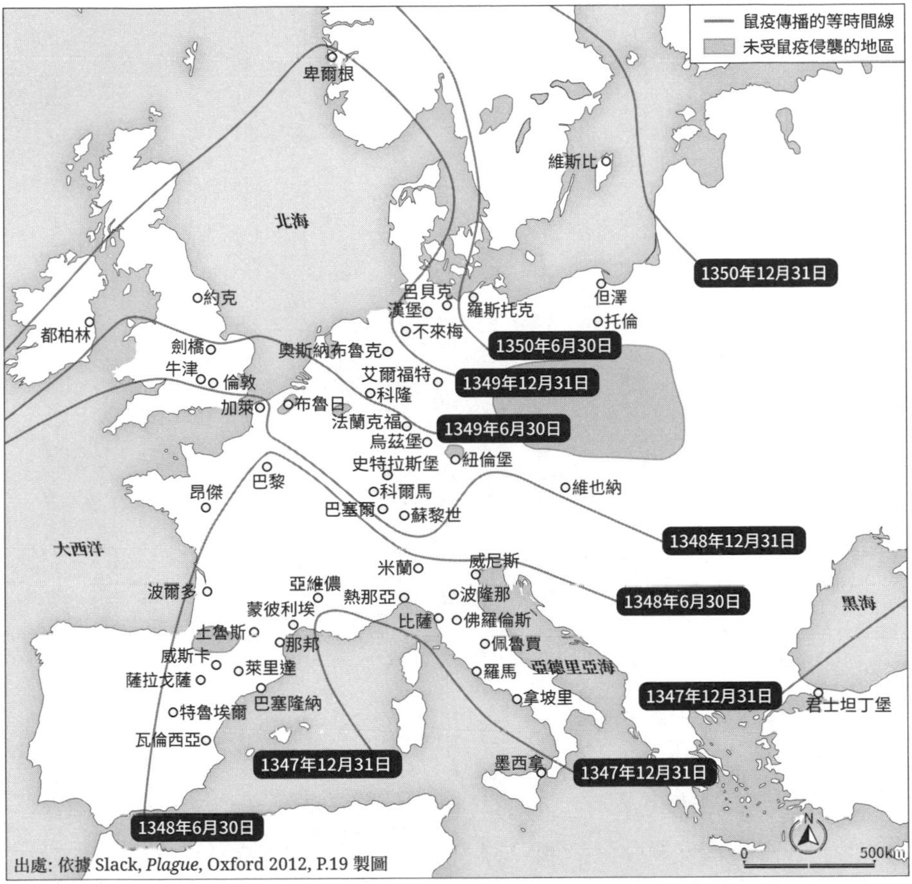

歐洲的鼠疫傳播

（推測圖之一。與內文及第一章地圖略有出入）

之後鼠疫從里昂向北，沿索恩河經沙隆，抵達巴黎和法國北部。往西則經朗格多克地區到土魯斯（Toulouse），又沿加隆河傳至大西洋沿岸的波爾多。

從里昂出發，沿著隆河上溯可通往瑞士；而十三世紀末開通的聖哥達山口（Gotthardpass）也將阿爾卑斯山脈兩側的義大利北部和萊因河上游連接起來，因此鼠疫得以穿越神聖羅馬帝國西部，快速入侵西北歐。萊因河連結北法低地的法蘭德斯與義大利，是義大利商人從事法蘭德斯毛織品與伊斯蘭各國辛香料等「東方產品」貿易的重要路線。一三四九年，黑死病侵襲巴塞爾、康士坦茲（Konstanz）、史特拉斯堡等萊因河上游城市。

至於由東注入萊因河的美因河，美茵茲一帶的沿岸城市法蘭克福在一三三〇年獲得皇帝特許，每年舉行兩次大集市，吸引外地商人前來。交易的商品除了周邊地區的農作物、鐵、布料、北方的鯡魚，還包括南方的辛香料等奢侈品。因此鼠疫也透過以法蘭克福為樞紐的商業網路，向帝國中部傳播。

鼠疫在萊因河下游流域的傳播軌跡究竟是順流而下，還是從法蘭德斯溯河而上，目前仍不清楚。但不管是哪一種，鼠疫最晚在一三五〇年十二月到達萊因河下游的大城市科隆。然而此地留下的紀錄大多都十分簡潔。科隆的編年史只記載了「主後一三五〇年，有人因淋巴腺腫而死亡」。

在歐洲北部的鼠疫疫情，海上航線扮演了重要的角色。由於伊比利半島興起的收復失地運動在十三世紀時已有大幅進展，基督徒再次掌控了直布羅陀海峽，因此義大利商人得以經由伊比利半島直接來往於地中海與英格蘭、法蘭德斯地區，甚至到達北海；從大西洋沿岸的波爾多出發，也可通往諾曼第、英格蘭進行貿易。而英格蘭也透過與挪威貿易，和斯堪地納維亞緊密連繫。因此，相對

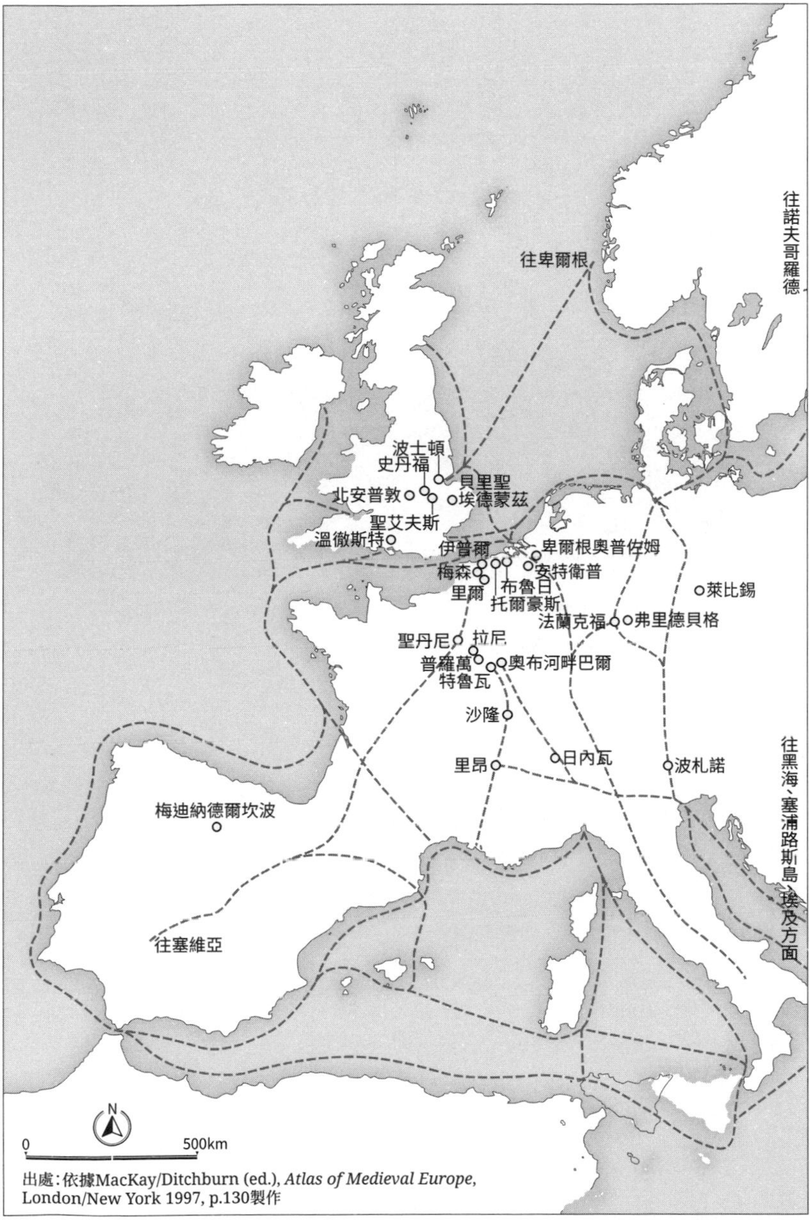

出處：依據MacKay/Ditchburn (ed.), *Atlas of Medieval Europe*, London/New York 1997, p.130製作

十四世紀歐洲的通商路線

圖 2-1　埋葬黑死病的死者

（引自吉爾・里・繆西的大編年史，圖爾奈，十四世紀）

於德國北部直到一三五〇年才出現黑死病的紀錄，斯堪地納維亞半島在一三四九年就已可看到黑死病的流行。

受災的程度

在僅僅幾年間就蔓延全歐洲的鼠疫，造成了重大災情。根據一三五〇年北海及波羅的海方面的紀錄顯示，當時死亡率非常高。在漢堡，城內三十五名麵包店店主中死亡十二人（約三十五%），四十名肉鋪老闆死亡十八人（四十五%）、三十七名吏員（Beamte）死亡二十一人（約五十七%）。根據推算，漢堡漢薩自由市（Freie und Hansestadt Hamburg）的死亡率高達五十%到六十六%；而日德蘭半島另一側，波羅的海的呂貝克漢薩自由市（Freie und Hansestadt Lübeck）也有四分之一的市議員（Ratsherrn）死亡。

當然，如同德國歷史學者瓦索爾特（Manfred Vasold）所指出的，將特定職業別的死亡率計算方式直接套用在所有人口的計算上，是有問題的。例如城市的吏員或市議員，在職務上與不特定多數人頻繁來往，感染風險相對較高。麵包店或肉鋪等與食品相關職業，接觸老鼠的機率也比較高。如同後述，現代醫學已知鼠疫桿菌的媒介跳蚤以老鼠為宿主，這類職業的感染風險當然較高。

當然，我們不能否認黑死病在某些地區造成大量死亡。一般推估在德語圈城市，艾福特（Erfurt）的死亡人數為一萬二千人，明斯特（Münster）為一萬一千人，美因茲六千人。但考量到當時的大城市人口約在一萬到一萬五千人左右，這些死於黑死病的估計人數可能偏高。在幾個留下完整紀錄的稀有例子裡，顯示出實際上約三分之一到一半左右的居民死亡。例如，從法國勃艮第地區日夫里村的教區簿冊可知，在一三四八年七月起鼠疫侵襲的四個月間，該村失去了三分之一居民；而在一三四八年這一年有六百四十九人死亡，相當於前十三年內死亡人數總和的二倍。另外，神聖羅馬帝國東北部城市不來梅（Bremen）四個教區的死者人數也留下了紀錄。依據一三六四年編撰的紀錄，一三五〇年鼠疫流行時「聖母教會區一千八百一十六人，聖馬爾蒂尼教區一千四百一十五人，安斯格里教區一千九百二十二人、史蒂芬尼教區一千八百一十三人」，總計六千九百六十六人死亡。若加上教區名簿沒有記錄的底層人民，該城人口可能有半數以上都死於黑死病。然而最近的研究傾向把死亡率估得比過去高。全面調查歐洲黑死病疫情的班乃迪克托認為，全歐洲的死亡率達六十%，但石坂尚武以批判角度考察該研究成果，認為西歐死亡率約在五十到六十%之間。

不論數字如何，可以確定的是，當時的人們會發現身邊人陸續死去，只有少數存活下來。圖爾奈（Tournai）的本篤會修道院長吉爾・里・繆西（Gilles Le Muisit，一三五二年歿）就在《大編年史》（Chronicon majus）中記載了被法國國王派往亞拉岡王國處的使者，在穿越法國國土返回王城時的經歷：

許多村莊、街道、集落，本來的二萬人裡只剩不到二千人活下來。多個村莊或平原，原有的一千五百人只剩百人。許多地方的葡萄園和田地都盡數荒廢。

2 天地異變與社會不安

自然災害與人口增減

十四世紀的歐洲被喻為危機的時代。上一節提到，黑死病帶來莫大的災難，造成大量人口死亡。但這場瘟疫的流行並不是唯一的災難。目前為止的研究成果闡明，歐洲的人口在瘟疫爆發前就已開始下降，而且許多地區的人口是在進入十五世紀後才降至低點。接下來先讓我們就此進行探討。

經過十一世紀左右到十三世紀前期的溫暖期後，歐洲氣候自十三世紀後期起開始轉為寒冷。這個變化雖是十六世紀末氣溫下滑至最低的小冰河期前兆，不過在十四世紀時已經造成天候惡化，以及農作物慢性歉收的情形。眾所周知，一三一四年至一三一五年歐洲西北部歉收，導致了大規模饑荒。

氣候異常和自然災害吸引了同時代人的強烈關注。根據羅伯特・黑尼格（Robert Hoeniger）整理一三三〇年到一三七〇年間的編年史紀錄，奧地利的史料留下了許多地震、蝗蟲、饑荒、嚴冬、暖冬、瘟疫等紀錄。黑死病前後四十年間發生了三次地震、三次日蝕或月蝕，遭遇過三次蝗災、三次非季節性降雪，史料中還提到了至少五次該年冬季異常嚴寒。此外，也有冷夏、暖冬或炎冬的描述。

即使是當時的編年史作者，也被迫接受自然環境已經失衡，情況異常。例如奧地利南部的克洛斯特新堡（Klosterneuburg）編年史，就對一三四二年的「四大混亂」作了以下紀錄：

全世界在不同時期發生過四大混亂。事實上，許多城市和農場都因火災化為灰燼，超級強風破壞了樹木、田地和建物。種種課稅因河川氾濫而生，多處發生地震。

所謂四大混亂，指的是構成世界的四大元素（火、水、風、土）產生混亂，引起各式各樣的自然災害。尤其是地震，在黑死病來襲的一三四八年初曾發生過大規模地震：

聖誕節之後，克恩頓（Kärnten）發生大地震。菲拉赫（Villach）鎮建築全部倒塌。城牆直到今日都還埋在城壕裡。那天是保羅的歸信日（一月二十五日），風和日麗。……某座山崩塌了，落入深湖中，那座湖（溢出的水）吞噬了大約七個村莊。這場災難發生在白天，當時村民們都聚集在圓頂的教堂聆聽布道。村民全數溺死。

不僅自然災害頻傳，重大政治事件也讓十四世紀的歐洲經歷了巨大變化，造成人口的增減。尤其是法國王位因卡佩王朝絕嗣而改由瓦盧瓦家族繼承，衍生英法兩國為了王位繼承權和英法二王的主從關係，以及法蘭德斯地區的歸屬問題等，自一三三九年起展開了百年戰爭。經歷一三四六年的克雷西會戰（Battle of Crécy）和次年的加萊戰役（Battle of Calais），雙方在黑死病流行期間簽訂了休戰協定，但淪為戰場的城鎮和村莊已悉數荒廢。一三四〇年，當時的教宗本篤十二世就曾命令法國北部盧昂的主教對戰火荒廢地區的居民施以援手。

年份	事件
1330	地震（2 月）
1332	嚴冬
1335	傳染病
1338	蝗害
1339	日蝕（7 月），蝗害
1340	聖誕節後酷熱，2 月嚴寒
1341	2 月底前冬季氣候穩定，之後到 5 月嚴寒
1342	四大混亂（火災、強陣風、洪水、地震）
1343	物價高漲與饑饉
1344	日蝕，以及其他天文現象
1345	暖冬，夏季氣候穩定
1347	冷夏，多雨
1348	鼠疫（黑死病）
1349	地震（2 月），霧冬，日蝕與月蝕，驟雨
1350	霜
1352—1353	嚴冬
1353	雪與冰（5 月）
1354	嚴冬（10 月～四旬節），盛夏雷雨
1356	冬季乾燥、四旬節氣候暖和，春雪（4 月，6 月）
1357	葡萄酒收獲，品質優良但量少
1359	鼠疫
1360	森林火災，大地乾燥
1361	流星（3 月）
1366	蝗害
1368	雪（9 月）
1369	鼠疫
1370	鼠疫

十四世紀奧地利的自然災害

出處：根據 Hoeniger, R., *Der Schwarze Tod in Deutschland*, Berlin, 1882, S. 141-148 製成表格。

恐懼與信仰——鞭笞派苦修者

在這個危機的時代，黑死病在短期內造成大量死亡，而其爆發原因不明這點又顯得十分異常。鼠疫造成了大量死者，引發了各式各樣的社會反應。此處再次引《克萊孟六世傳》為例：

生者埋葬死者幾乎都草草了事，也可能早就厭倦了。如此巨大的恐怖幾乎襲捲所有人，鼠蹊部或腋下多處出現潰瘍或腫脹的人們也已放棄向身邊親人求助。父親把兒子、兒子把父親棄置在簡陋的床板上。若家中有人衰弱，最後死去，其他人都將受到污染，快速跟著死去。這很常見。不僅如此，連貓或狗，公雞與母雞，不管是什麼，只要待在那裡，其他動物也（都同樣立刻死去），實在駭人聽聞。以至於最後，健康的人都驚恐逃離。

所以，十四世紀社會對黑死病的普遍反應，就是恐懼。當然，這些對瘟疫的描寫，如保羅・史萊克（Paul Slack）所提醒的，也可能是套用了自古以來的說法。埋葬速度永遠趕不上死亡人數的增加、病患連親人都見死不救，這類文字，一再地出現在瘟疫流行情形的敘述中。從西元前五世紀修昔底德描述古雅典的瘟疫起，到七世紀的吠陀及八世紀保羅執事（Paulus Diaconus）的史著，還有薄伽丘《十日談》（*Decameron*）開頭描寫佛羅倫斯黑死病疫情的部分敘述，都可見到。前面引用的《布拉格編年史》或肖利亞克的描述，應也有部分是出自於這種傳統的延續。

儘管如此，在這段黑死病流行期間各地人們因恐懼舉辦祈禱遊行，向神或聖人祈求救贖，或組織大規模朝聖，也是事實。教宗克萊孟六世面對黑死病的流行時，更將一三五〇年定為聖年，恩赦人民，並掀起一波羅馬朝聖的熱潮。

其中一種極端的宗教行為，是出現在該時期的鞭笞派運動（Flagellant Movement）。鞭笞派苦修者認為，眼前的危機是神對人類的罪和不義所給予的天罰。基於這種想法，他們藉由施以己身痛楚來體驗基督受難，以求得神的恩赦。他們集體巡行各地，在城鎮公共廣場用末端紮上棘或釘的鞭子自我鞭笞，呼籲民眾贖罪。赫福德的海因里希（Heinrich von Herford，一三七〇年歿）如下描寫一三四九年突然出現在德意志地區的鞭笞派苦修者：

> 稱他們鞭笞派是因為鞭子，人們目睹他們藉著鞭打懺悔。他們拿的鞭子有棍柄，末端垂著三條綁著大繩結的繩子。繩結兩側插入兩根十字交叉的鐵棘，在繩結外留下約麥粒大小的突起。他們赤裸身體，以那條鞭子用力抽打自己，讓身上充滿瘀青紅腫，血不斷流下或噴濺出來，灑在附近的牆上。有時那鐵棘嵌進肉體，深到拉扯一或二次仍拔不出來。

但是，這種自我鞭笞的苦修方式並不是因為黑死病才出現的。早在一二六〇年，義大利已經出現同樣的自笞者。史特拉斯堡編年史的作者柯尼希斯霍芬（Jakob Twinger von Königshofen，一四二〇年歿）記述一二六一年「在羅馬和倫巴底集結的」自我鞭笞者走上街頭，人數增加到一千五百人。到了一二九六年，也有二十八人的小型集團來到史特拉斯堡，「在鎮上的教堂自笞」。黑死病流行時的鞭笞派苦修者是過去已經存在的某種傳統，但以更大規模的形式出現。

圖 2-2　鞭笞派苦修者

（引自吉爾・里・繆西的大編年史，圖爾奈，十四世紀）

隨著黑死病的流行，自我鞭笞的苦修方式在各地急速興盛，但卻脫離了教會的控制，成為一大問題。這是因為，藉由鞭打苦修來寬恕罪行，這種主張本身就否定了教會聖禮的救贖功能。

因此，他們在各地的紀錄裡被描述成負面形象。而對鞭笞派流傳最廣泛的指控，是他們殺害猶太人。巴黎大學神學者讓・德斐（Jean de Fayt，一三九五年歿）一三四九年十月五日在亞維儂的教宗面前講道時，就控訴鞭笞派苦修者在各地殺害猶太人。教宗克萊孟六世已在同一年七月五日、九月二十六日、十月一日三次下令保護猶太人，並在十月二十日發布通諭，禁止自我鞭笞的苦修。依據紐恩堡的馬提亞斯（Matthias of Neuenburg，一三六四／七〇年歿）的記載，該通諭經過神聖羅馬帝國皇帝查理四世（Karl IV）的同意，由此可看出帝國轄內也將鞭笞派苦修者視為問題。舉例來說，札爾巴哈的海因里希（Heinrich Taube von Selbach，一三六四年歿）的《皇帝・教宗編年史》就記載班貝格（Bamberg）約有十四名鞭笞派苦修者殺了猶太人。而法蘭克福的編年史作者卡斯柏・卡門茲（一五八三年歿）在十六世紀所彙總的紀錄中，也將一三四九年該市發生的猶太人虐殺事件記載為外地鞭笞派苦修者的惡行。

謠言與虐殺猶太人

有些人認為，黑死病是猶太人下毒傳播所致，因此在這段流行期間，各地的確發生過虐殺事件。雖然編年史作者們表示下手的是鞭笞派苦修者，但這種說法缺乏直接證據；多數時候，各地的

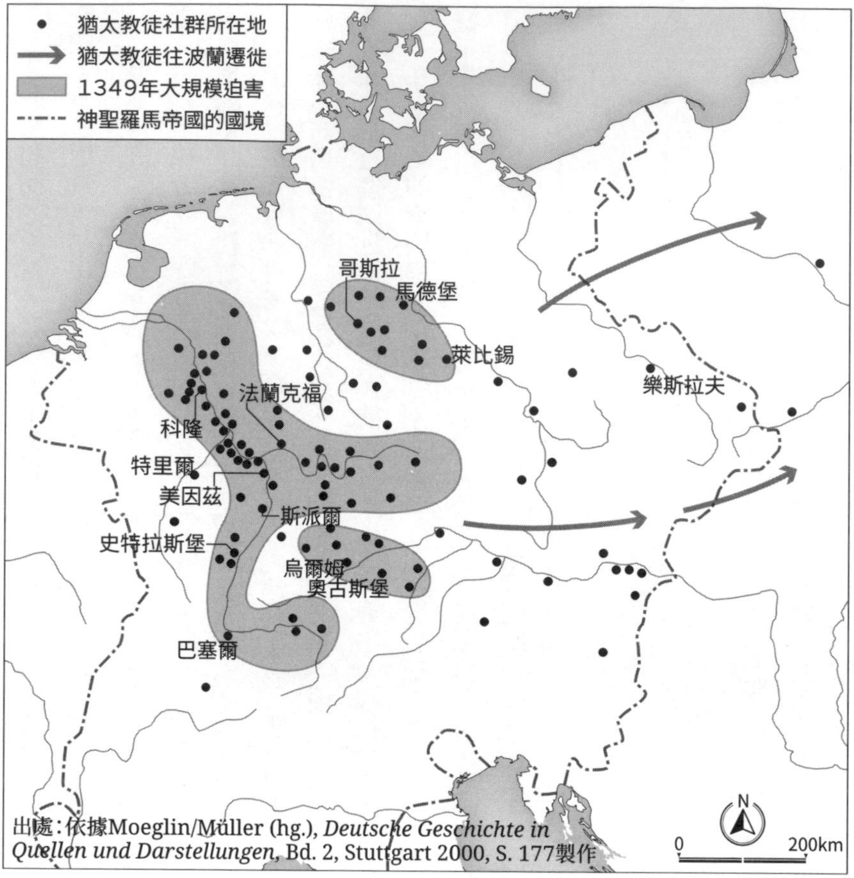
猶太教徒社群所在地
猶太教徒往波蘭遷徙
1349年大規模迫害
神聖羅馬帝國的國境
哥斯拉
馬德堡
萊比錫
法蘭克福
科隆
特里爾
美因茲
斯派爾
史特拉斯堡
烏爾姆
奧古斯堡
巴塞爾
樂斯拉夫
N
0
200km
出處：依據Moeglin/Müller (hg.), *Deutsche Geschichte in Quellen und Darstellungen*, Bd. 2, Stuttgart 2000, S. 177製作

猶太人被迫害的情形

猶太人在鞭笞派到來前就已經遭到屠殺。而在班貝格與法蘭克福這兩個例子中，一再出現市民保護猶太人以防遭遇鞭笞派苦修者毒手的描述；但這也可以解釋成是為了撇清民眾屠殺猶太人的責任，而把兇手之名安在外來者身上。

此外，迫害猶太人也不是黑死病流行期間獨有的事。在此之前便不時發生集體屠殺事件。從十二世紀開始就流傳著猶太人以活人獻祭（ritual murder）的傳聞，當十三世紀第四次拉特朗大公會議正式承認變質說＊後，他們又成為褻瀆聖體（hostia，聖餐餅）的主角。換言之，人們認為猶太人為了褻瀆基督的受難與復活，會在復活節綁架並謀殺基督徒兒童，取血舉行儀式；或者偷走、買走代表聖體的聖餐餅，再加以毀損。

舉例來說，一二三四年巴登—符騰堡（Baden-Württemberg）的勞達（Lauda），和一二三五年黑森（Hessen）的福達（Fulda），都出現猶太人因涉嫌活人獻祭而遭迫害的事件。一二八七年，萊因河畔的巴哈拉（Bacharach）發現少年遺體，此事成為導火線，之後萊因河和摩塞爾河流域大規模迫害猶太人。至於跨地域規模的迫害例子，有一二九八年自弗蘭肯地區向外擴大的林特弗萊施屠殺（Rindfleisch massacres），與一三三六年到一三三八年間以阿爾薩斯地區為中心所展開的阿姆萊德迫害（Armleder Persecutions）。一三二〇年，法國更出現「牧羊人」十字軍屠殺猶太人事件（Shepherds' Crusade），翌年又以「痲瘋病患」與猶太人串通投毒為由加以迫害。

＊ Transubstantiation，或稱化質說，認為麵包和葡萄酒可以通過聖餐禮轉化為基督的聖體和寶血，也是天主教與新教主要的分歧之一。

在黑死病期間發生的猶太屠殺事件裡，最引人注目之處在於，即使鼠疫實際上並未流行，屠殺也會發生，另外則是城市間的情報交流。其中萊因河上游帝國城市史特拉斯堡爆發的猶太人屠殺事件不僅規模龐大，也反映出當時這類猶太人謠言所造成的影響。編年史作者克羅塞納（Fritsche Closener，一三七二／一三九六年間歿）對於這場屠殺的記載如下：

> 一三四九年，史特拉斯堡的猶太人被綁在他們墓地的木台上燒死。那天是聖瓦倫丁節（二月十四日），在這一年正巧是星期六。這一年萊因河畔所有城市……（猶太人）都被燒死，理由是他們在井裡或其他水源投毒。有幾個城市的猶太人經審判後燒死，其他城市的猶太人則是在家中點火自焚。

上述文字記載，史特拉斯堡在一三四九年二月發生了猶太人屠殺事件。但這份編年史紀錄鞭笞派苦修者與鼠疫到達該地的時間，卻是同一年的六月以後。因此，並不是鼠疫爆發才引發猶太人屠殺。這種情況在其他城市也能看見。鼠疫在德語圈的流行，幾乎都是在一三四九年以後，然而猶太人屠殺卻是始於一三四八年十一月。另外像紐倫堡或烏茲堡（Würzburg）等一三四〇年代末受黑死病荼毒的城市，也發生過屠殺。可以說，這種現象並非鼠疫帶來的直接傷害，而是因瘟疫消息導致人們的不安，進而讓潛藏社會問題浮上檯面。

依據克羅塞納的紀錄，一三四九年的猶太人屠殺遍及全萊因河流域。開端似乎是一三四八年史特拉斯堡六名猶太人因下毒獲罪被處以火刑，風聞這件事的科隆，在一三四八年八月向史特拉斯堡要求查證事實與報告狀況。史特拉斯堡很可能為了合理化自己的處置，於是向周邊城市詢問是否有同樣案例，並在同年十一月得到洛桑和伯恩（Bern）的報告。伯恩的報告提到鄰近的索洛圖恩（Solothurn）有猶太人在井內下毒而遭制裁。

伯恩報告的畢竟只是傳聞，但消息被轉送到科隆。科隆在十二月十九日再次發文詢問史特拉斯堡，表示根據伯恩方面的消息，基督教世界裡到處都有猶太人下毒，科隆市內也是謠言四起真相不明，想問問有沒有新的情報。

因此，史特拉斯堡再次收集情報，一三四八年底得到幾個城市的回應。祖芬根（Zofingen）於十二月二十三日的回覆中表示，確實在猶太人的住處搜出毒物：

> 我們發現城裡的猶太人將毒藥鎖住藏起來。將此毒試用在狗、豬、雞身上，全都中毒死亡。另外，您的使者也看到了，我們以正確的判斷和智慧，將猶太人三男一女判處輪刑。＊

接著到十二月底，科爾馬（Colmar）、明辛根（Münsingen）、希永城主（Château de Chillon，薩伏依伯爵領地）、弗萊堡（Freiburg）與瓦爾德基希（Waldkirch）、奧貝爾奈（Obernai）、肯欽根（Kenzigen）、布萊薩赫（Breisach）等周邊地區都傳來猶太人將毒物投入井水的口供消息。

＊中世紀歐洲酷刑，一般是將犯人固定於輪上折斷四肢及軀幹後展示至死，也有按罪行輕重依序以車輪擊打頸部或手足者。

從這裡可以看到，在黑死病節節進逼下，城市間透過情報交換，不斷擴大猶太人投毒的謠言。在互相確認的過程中，原本的傳聞在他們心中逐漸落實，甚至互相提供彼此「證據」。史特拉斯堡在十一月接到的洛桑回覆，言及薩伏依伯爵領地有同樣的例子，並表示已將口供筆錄送到伯恩及弗萊堡。這個地區都會共享猶太人的「犯罪」情報。

上述的「犯罪」，也就是以毒藥污染水源，明顯被認為與鼠疫的流行有關。薩伏依伯爵領地的口供筆錄裡將猶太人醫生的認知——毒藥是引發疾病之物，且該疾病會經由人與人傳染——做為證詞陳述：

> 前述的巴拉維尼是名外科醫生，他這麼告訴我們：若有人因為這種毒而生病且又與其他人接觸，當（前者）他因生病而流汗，那個人（接觸者）就很容易因為毒而陷入困境。此外，也可能透過他人的呼吸被這種病污染。

而前述的科隆之所以向史特拉斯堡發出詢問，也是由於有關鼠疫的謠言四處擴散。一三四八年底，猶太人的口供在萊因河上游城市之間交換流傳，位於下游的科隆則在一三四九年一月十二日給史特拉斯堡書信中寫下，切勿憑謠言實行迫害。文中提到，疫情「是泉水或井水被污染所致，下毒的猶太人應對此負責。這種謠言已宛如佩上了重重的羽翼般」擴散開來。

面對這種情況，科隆認為如果容許迫害猶太人，會間接導致民眾暴動，故而設法防範。科隆主張鼠疫的流行無非是神的懲罰，猶太人必須受到保護。儘管科隆方面如此懇求，但如同前述，二月十四日史特拉斯堡還是發生了猶太大屠殺。此外，當保護猶太人的科隆主教於同年八月十五日過世後，即使是曾呼籲防止迫害的科隆也在二十四日發生了屠殺。

當然，此時保護與迫害猶太人的緊張關係背後，與實際利益息息相關。保護猶太人意味著確保稅收，而殺害從事金融業的猶太人，則可一筆勾消積欠他們的債務。然而屠殺在黑死病節節進逼的當下大範圍且大規模地發生，其意義就不能只歸因於實際利益。

再者，投毒的嫌疑對象有時不只限於猶太人。肖利亞克就描述過這時期的民眾經常杯弓蛇影，尋求代罪羔羊：

> 有幾個地方的人們相信猶太人在全世界撒毒，於是殺害他們。在別的地方（投毒的）則是殘疾的貧民，人們驅除他們。其他地方（做這種事的）則是貴族。貴族因而閉門不出。到最後城市或村莊由守衛警戒，若非本地人誰也不允許進入。要是發現有人攜帶粉末或軟膏，便會擔心那是毒藥，因而要攜帶者把它吃掉。

實際上，南法城市納博訥（Narbonne）一三四八年四月十七日給伊比利半島東北部赫羅納（Gerona）的書信中就寫著，納博訥、卡爾卡松（Carcassonne）、格拉斯（Grasse）都有乞丐利用粉藥散布瘟疫遭處刑的報告。巡迴各地宣道的托缽修士也同樣被懷疑。知名的神祕思想家道明會修士海因里希・蘇瑟（Heinrich Seuse，一三六六年歿）便寫下自己曾在旅行時，被萊因河畔的村莊懷疑在井中下毒。

雖然鞭笞派苦修者或猶太大屠殺早就存在，卻因黑死病的流行而大規模爆發。這既為這場空前的瘟疫流行尋找可以歸咎的對象，也是情報透過在中世紀全盛期建立的商業與城市網路四處擴散，所呈現的一種社會不安反應。這樣看來，黑死病突顯了過去社會潛藏的扭曲問題；毋寧說它是一種契機，去強迫人們面對這些問題。

3 專家學者論述鼠疫成因

對未知瘟疫的爭論

前文提到，黑死病迫使人們尋求代罪羔羊，承擔引發瘟疫的責任。同時，這又與既存的衝突和各種利害關係連結在一起。

當社會出現這些反應的同時，醫學家等知識階層又是如何看待這場瘟疫呢？黑死病流行時，當時的知識階層立刻明白這是一種新疾病。同時代的許多紀錄都強調這種瘟疫會伴隨鼠蹊部或腋窩腫脹，一旦染病死亡率很高。除了前面引用的肖里亞克之外，薄伽丘在《十日談》中的描寫亦膾炙人口。此外，德語圈的編年史也因其症狀特徵，稱它為「淋巴腺腫（Beulen; Buboes）導致的死亡」。

當時醫界已大略了解，鼠疫是一種「鼠蹊部或腋窩產生腫脹的致死性傳染病」。現在我們知道，鼠疫是由鼠疫桿菌引起，宿主為齧齒類動物，透過跳蚤傳染給人類。不過一直要到一八九四年，這種病菌才由亞歷山大・耶爾森（Alexandre Yersin）首度成功分離和確定；一八九八年，保羅－路易・西蒙（Paul-Louis Simond）則進一步證明了以跳蚤為媒介的傳染途徑。

話雖如此，十四世紀鼠疫剛開始流行時，歐洲醫學界也對它的起因和防治做了一番討論，尤其是最先遭到黑死病侵襲的義大利。秦提利・達・福利格諾（Gentile da Foligno）、托馬索・迪爾・加波（Tommaso del Garbo）等大學醫學教授立刻撰寫了好幾篇論文。而這些討論在黑死病較晚爆發的阿爾卑斯山以北的歐洲也廣受認可。

巴黎大學疫病意見書

在這些黑死病相關的討論中，一三四八年由巴黎大學醫學院提出的《疫病意見書》（*Compendium de epidemia*，以下簡稱《意見書》）*，在阿爾卑斯山以北的歐洲影響力最大。《意

＊完整標題為《巴黎大學醫學院編纂的疫病摘要》（*Compendium de epidemia per collegium facultatis medicorum Parisius ordinatum*）。

見書》序文中提到，該書是應當時法國國王腓力六世（Philippe VI de Valois）的請求而編纂，但內容並不是巴黎大學醫學院的獨特見解，而是彙整既有主流意見而成的「摘要」：

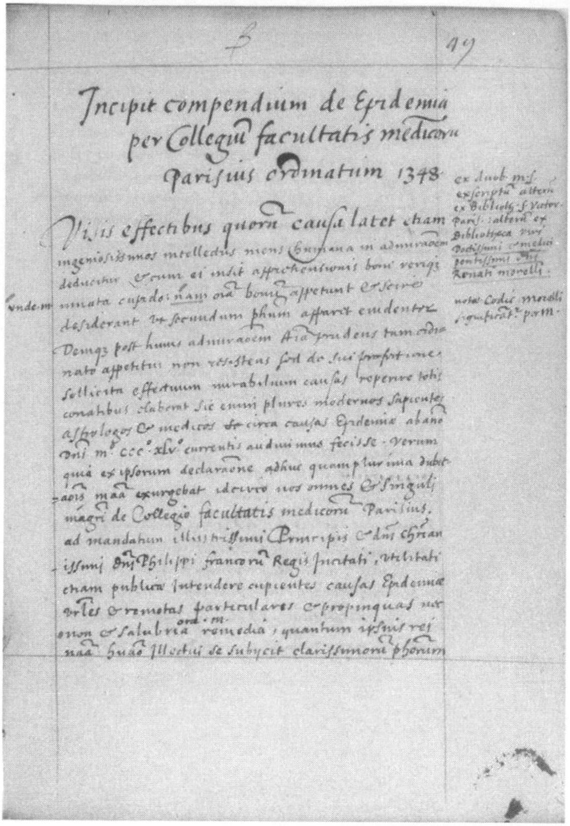
Incipit compendium de Epidemia per Collegiu facultatis medicoru Parisius ordinatum 1348

圖 2-3　巴黎大學《疫病意見書》抄本（十六世紀）
法國國立圖書館藏

我等巴黎醫學院全體教師的每一個人，受到名聲顯赫的君王、我們最尊貴的主人法國國王腓力六世的命令，與我們自己希望取得知識造就公共利益的欲求所鼓舞，決定依據耀眼的古代先哲和現代專家、天文學家和醫學家們的意見，在神的幫助下，將這種瘟疫可藉人類智慧所理解的普遍性遠因與個別近因，以及維持健康的治療方法，整理成簡潔的摘要。

當然，即使序文如此表示，其中仍可能包含新的觀點。但根據克勞斯・貝爾格多特（Klaus Bergdolt）等學者的研究，《意見書》所提到的理論和治療方法，分別是以福利格諾的《對瘟疫的建言》（*Consilium contra pestilentiam*）和皮耶・塔穆吉（Pierre de Damouzy）的《疫病論》（*Tractatus de epidemia*）等一三四八年義大利人撰寫的論文為基本依據。

再者，他們對鼠疫的理解是根據希波克拉底、蓋倫，或者阿維森納（Avicenna，歐洲人對伊斯蘭學者伊本・西納的稱呼）等古典時期與中世紀權威醫學家的學說，認為神創造的自然世界是由四種元素——火、水、風、土四大元素——所構成，這些元素按照熱與冷、濕與乾二種對立性質來區分，分別具有熱濕（風）、冷濕（水）、熱乾（火）、冷乾（土）的特性。天體、星座、方位、季節等自然現象皆可以此四個範疇分類，同範疇的事物會相互呼應。

人體也是自然的一部分，因此人體也是由對應這四大元素的四種體液構成，即血液（風）、黏液（水）、黃膽汁（火）、黑膽汁（土）。四種體液保持平衡就是健康，失去平衡便會生病。

重點在於，該理論認為人類不能干涉「自然法則」(les naturalis)，即自然體系本身。人類只能理解自然的原理，並控制屬於「非自然事物」(Les non naturalis) 的人類生活與運動，來保持四種體液的平衡。可控制的非自然包括運動、飲食、睡眠、排泄，還有喜怒哀樂等情緒，以及通風。

巴黎大學《意見書》的結構如下。全書分成二部，第一部探討鼠疫發生的原因，第二部解說防治方法；各部又細分成幾章。第一部由三章構成，第一章論「天上的遠因」，第二章論「地上的近因」，第三章則是有關前二章的「前兆與徵象」。第二部由兩篇論文構成。第一篇論文〈生活上的預防〉探討生活各方面的規則，全文對應前述的「非自然事物」，分別討論「空氣」、「運動與洗澡」、「飲食」、「睡眠與清醒、空腹與飽食、情緒」。第二篇論文則就「藉由醫藥進行治療與預防」分三章探討，分別是〈一般性處置〉、〈個別處置〉和〈解毒劑〉。

從第一部的結構可知，這本《意見書》認為鼠疫是由「普遍性遠因」(Causa universale et remota) 與「個別性近因」(Causa particulier et propinqua) 等雙重原因造成。分別以鼠疫這個未知瘟疫從何而來，以及鼠疫在體內如何發作兩點來討論。

首先是「普遍性遠因」，該書從一三四五年、鼠疫開始流行的兩年前發生的天體「合」(conjunction) 中尋找原因。

這場瘟疫第一個遠因，是天上星星的位置，現在也是如此。一三四五年三月二十日午後一小時，三顆行星在寶瓶宮會合。……火星合木星，為大氣造成重大的瘟疫。如同一三四五年，尤

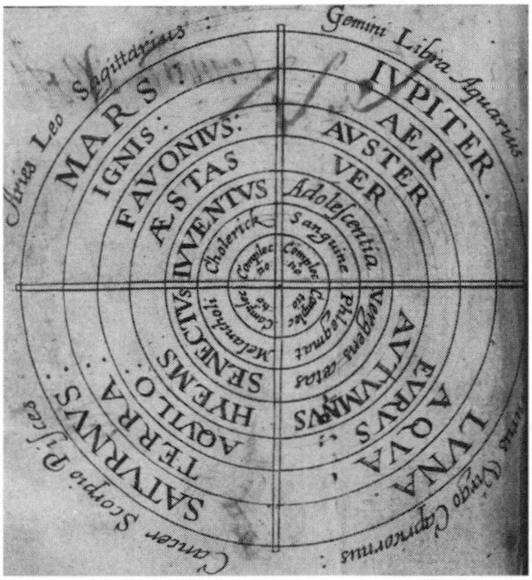

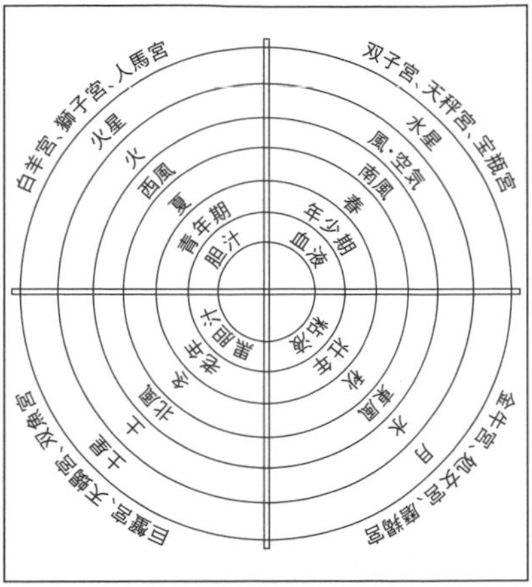

圖 2-4　四大元素與自然的呼應關係（摘自十七世紀的英國體液學說書籍）
美國國立醫學圖書館藏

圖 2-5　七個天體與四大元素
摘自《博物誌》抄本（阿格諾〔Haguenau〕，十五世紀中葉）

其這個合出現在熱濕的星座上。木星熱濕，從大地引出有害的蒸氣，火星過度熱乾使蒸氣升溫。最後大氣中就產生閃電、火花、瘴氣和火。

從引文中可見，由於觀測到木星、火星、土星三個行星同時出現在黃道十二宮之一的寶瓶宮，因此認為地上將有重大事件發生，其中關鍵在於寶瓶宮與木星和火星的特性。前面提到過，當時的世界認為整個自然都由四大元素組成，而行星或星宮也依熱與冷、濕與乾等兩個對立的特性分類。其中寶瓶宮與木星的特性是熱濕，火星則是熱乾。寶瓶宮與木星的雙重熱濕特性再加上火星的熱，導致學者認為這會讓有毒的蒸氣在大氣中蔓延。

這種大氣中的濕熱瘴氣，就是「個別性近因」。人類一旦將瘴氣吸入體內，就會讓組成人體的體液腐敗，產生疾病。

值得注意的是，這本意見書在論述瘟疫起因時並未提及天罰。當然，若要追根究底，轉動天體或規定它如何移動的終究是造物主，也就是神，但至少在《意見書》中，沒有直接提到神的發怒與對人類的懲罰。這裡刻意排除神學上的原因論，只在醫學理論的框架下解釋這種史無前例的傳染病，由此可以領略到巴黎大學醫學院的意圖。

再者，如德國醫學史學者凱爾（Gundolf Keil）指出，從「希望造就公共利益」這句話可看出當時法學院與醫學院相互爭奪地位的時代背景。在中世紀，阿爾卑斯山以北的大學皆以文學院為主，上置神學院、法學院、醫學院等高級學院。三個高級學院當中神學院位階最高，但自十四世紀以降，法學院與醫學院的定位爭議不斷。當時法學院因教授《教會法》而獲得比照神學院的對待，此外在世俗案件上，這門學問更重視公共領域而非個人，所以地位經常高於醫學院。醫學的對象是人類的身體，也就是個人領域，甚至有人將其視為一門類似手工業的學問。從《意見書》的行文可以看出，在這種狀況下，巴黎大學醫學院強調自身的公共性；黑死病的流行，也是巴黎大學醫學院重新面對自身問題的機會。

圖 2-6　梅根堡的康拉德《博物誌》（奧古斯堡，1499 年）的書名頁

梅根堡的康拉德

巴黎大學的《意見書》，是當時醫學標準論述的彙總。當然，醫學家之間在細節上也有意見相左之處。例如，肖利亞克和巴黎大學醫學院同樣將黑死病歸因於一三四五年行星的合，但他認為合並非經由腐敗大氣間接引發人類的瘟疫，而是像「磁石驅動鐵」般直接對人的體液產生作用，在體內製造膿腫。

研究這種新瘟疫的不只醫學家。當時知識界也有其他學者試圖以自然作用解釋黑死病的流行。其中，梅根堡的康拉德（Konrad von Megenberg，一三七四年歿）便提出了不同於醫學家的詮釋觀點，而為人所知。

康拉德是神聖羅馬帝國中部弗蘭肯的梅根堡（現在的梅奔堡〔Mäbenberg〕）人，生於貧窮屬臣（Ministeriale）家庭的他不論是在艾福特受教育，還是後來留學巴黎大學，都是靠自己賺取生活費。他在巴黎取得文學院碩士學位，一三三四至一三四二年間在此執教。一三三七年與支持奧坎學說*的教師激烈對立，最後被剝奪了教授資格。後來他獲得校內英格蘭與德意志同鄉會的支持，同年前往亞維儂教廷請求恢復地位。當時康拉德向副主教呈上著作，希望得到聖職俸祿，最後雖未能如願以償，但他在第二年春天恢復了教授資格。康拉德重新回到巴黎工作，他加強了對奧坎學說的抨擊，積極協助文學院禁止講授奧坎著作。另一方面，他也請同鄉會向奧地利公爵發出推薦信，試圖加入雷根斯堡（Regensburg）教士團。他自一三四二年開始擔任維也納大教堂附屬學校校長，後來為了躲避一三四八年的瘟疫而搬至雷根斯堡，加入主教座堂教士團，後任聖烏爾利希大教堂主任司鐸。

康拉德一生留下多本拉丁文與德文著作，光是確認為其本人所著的就有二十五本，主題從聖徒傳到神學、教會政治、教會法、國家學，自然學皆有，尤其是關於自然學的著作，至今仍廣為人知。其中，他的代表作是以十三世紀坎蒂普雷的托馬（Thomas de Cantimpré，一二六三年歿）著作為藍本撰寫的《博物誌》（Buch der Natur）。康拉德對自然學抱持強烈的關注，企圖在教會組織內站穩腳步，在此過程中也會利用自己的著作。我們就從這一點來看看他對黑死病的流行有著什麼樣的見解。

康拉德的地震原因論

康拉德於一三五〇年以拉丁文寫下《關於德國的死》（*De mortalite in Alemannia*，以下簡稱《關於死》），該書立基於他兩年前完成的德文著作《博物誌》。身為文學院碩士的康拉德，以經院哲學†的方式重新撰文，依問題列出各種不同的見解，再分別反駁，最後提出解決之道。康拉德提出就其所知關於黑死病成因的各種解釋——即猶太人的陰謀、占星術中的行星合、天罰等三種論點，

＊ Ockhamism，又譯奧康學說，由十四世紀方濟會修士奧坎（William of Ockham）及其弟子所發展的哲學和神學學說，為經院哲學的一派，中世紀後期唯名論的代表。

† scholasticus，也譯為士林哲學，重視邏輯和辯證法。

並一一加以駁斥。

對於第一種猶太人陰謀論，他以維也納和雷根斯堡都有猶太人因瘟疫死亡的事實否定。教宗克萊孟六世於一三四八年十月一日頒布猶太人保護敕令時，也曾以鼠疫同樣造成猶太人死亡做為反論。兩年後所寫的這部《關於死》裡，康拉德更進一步舉出幾個根據，完全否定陰謀論。例如，多瑙河或其他河畔城市曾避開水井，改引河流供水，但還是有人死亡。另外，雖然有報告稱發現猶太人投入井中的毒，而經動物測試也確實死亡，但卻未曾發現有動物與人類飲用相同水源而死亡。再者，包括紐倫堡等在黑死病尚未來襲時便屠殺猶太人、或將其全數驅逐出境的城市，如今也屈服於「巨大的死」之下。

第二種行星的合讓大氣腐敗、引發瘟疫的說法，康拉德則引用瘟疫長期持續流行的事實來加以否定：特定天體停留在特定星宮的時間最多不超過一年，但鼠疫已經流行了一年以上；即使是天體的合產生瘴氣，當合結束後，瘴氣也應該被正常的大氣取代。雖然後面會敘述，康拉德並沒有完全否定天體的影響，但在此他以與瘟疫實際流行狀況不符為由，駁斥了天體的直接影響。

至於第三種的天罰原因論，他則態度慎重，承認當時人們的確有墮落和罪惡的傾向。他在這裡特別批判了各學問領域中的墮落與罪惡，包括形而上學、自然學、倫理學、文法、邏輯學、修辭學、數學，以及音樂。而且既然神是一切現象的根源，要追溯鼠疫的起點，就無法否認它源自於神。但康拉德更進一步提出，人類無從得知是神任由鼠疫發生，或是祂將鼠疫賦予人類。如果是神任由鼠疫發生，那麼就可以用自然法則來解釋；如果是神賦予人類，那麼就不容許任何人評論神意。

逐一反駁上述論點後，康拉德提出的黑死病原因，是地震。事實上，康拉德在這本《關於死》之前的《博物誌》時，就曾推測是地震造成瘟疫流行。

首先，康拉德認為地震是「大地的蒸氣聚集在洞穴或高山內，當蒸氣量過多，無法停留在內部」才產生。而「大地的蒸氣」之所以增加，跟天體作用有關，尤其是火星、木星、土星的合。康拉德將當時以占星術詮釋鼠疫起源的主流論點改頭換面，僅應用在對地底蒸氣的影響上。

康拉德認為，這些蒸氣停留在地底時會腐敗，變成有毒的瘴氣；當它們透過地震噴出地表，便會造成鼠疫流行。地震原因論的構想，似乎來自於康拉德的自身經驗。例如，康拉德便舉一三四八年一月二十五日的菲拉赫地震——前面克洛斯特新堡編年史的引文中也有提到——為例，來具體討論之：

> 地震在晚課時發生，極強，極大，（其晃動）……甚至遠及雷根斯堡，持續四十天以上。總之在第一次搖晃之後，幾天或者幾星期內不斷發生較輕微的晃動。第二年的聖斯德望日，同樣的山區也發生顯著地震。……巨大的死在這一年和翌年到來……威尼斯和馬賽等沿岸城市以及亞維儂死了許多人。……同年，山區數座城市有多人死亡，第二年維也納也有很多人死亡。……死擴大到巴伐利亞，甚至帕薩和更遠處。

康拉德把一三四八至一三四九年侵襲帝國東南部的「巨大的死」歸咎於這次菲拉赫地震噴發出的瘴氣。他提出的根據有四個。首先，因為地底的腐敗蒸氣變成瘴氣自山區噴發，海岸一帶則由於沉澱在海上的空氣提高了瘴氣濃度，所以山區和沿岸成為最早出現死者的地方。其次，鼠疫患者的腋窩會出現腫脹，那是吸進瘴氣後，身體試圖將它排出體外的作用表現。在當時的身體觀中，心臟是一個接受肺臟吸入的空氣、將其與體液混合、製造精氣（pneuma）的器官。所以當有害心臟的物質進入體內後，就會從靠近心臟的腋窩處排出。而且，維也納在地震隔年仍出現死，這正好證明鼠疫為地底釋放的瘴氣所造成。瘴氣比一般的空氣重，一旦因地震從地底釋出，就會從山頂逐漸下沉到平地。最後一點根據則是地震第二年的秋冬都起了濃霧，而且霧氣的味道非常臭。康拉德認為，這是因為混入了地底的瘴氣。

康拉德與十四世紀的歐洲

一如巴黎大學的《意見書》歸納了當時醫學界的主流見解，康拉德的著作也與當時的先進權威學說不無關係。他的《關於死》是以《博物誌》為底稿，而這部《博物誌》是以坎蒂普雷的托馬為基礎，進而繼承大阿爾伯特（Albertus Magnus，一二八〇年歿）與阿維森納（一〇三七年歿）的著作內容。但康拉德以寫書前或撰寫中發生的菲拉赫地震為例，說明他的地震原因論並非純粹挪用權威學說，而是加入自己在一三四八年前後的經歷和學術上的探討，提出更具體的分析。

康拉德的親身經歷也反映在他對天罰論的論述上。如同前述，他在書中舉出各學問領域中的墮落，在倫理學方面他舉出帕多瓦的馬西略（Marsiglio da Padova，一三四三年歿）與若丹的約翰（Johannes von Jandun，一三二八年歿）二人。在神聖羅馬帝國皇帝路易四世（Ludwig IV der Bayern，一三二八～一三四七年在位）與亞維儂教廷對立時期，這兩人皆是路易四世的支持者。

一三一三年，神聖羅馬皇帝亨利七世（Heinrich VII）病逝，帝國經過二輪的國王選舉，路易四世擊敗對立國王（Anti-King）*獲得統治權。但當時的教宗若望二十二世並未承認這次結果，更於一三二四年將路易四世開除教籍。做為反擊，帝國選帝侯於一三三八年發布〈倫斯宣言〉（Declaration of Rhense），繼而發表《帝國法》（*Licet iuris*），宣告皇帝選舉不需經教宗承認，讓教權與王權的對立更加尖銳。

一三五〇年，康拉德在書寫《關於死》時，教宗支持的查理四世（一三四八～一三七八年在位）已登上帝位。雖然時局更易，但對康拉德來說，藉由此書來批評與教宗敵對的勢力十分重要。他將書稿呈給教宗克萊孟六世的姪子，樞機主教博福爾的伯多祿．羅熱爾（Pierre Roger de Beaufort，即後來的教宗格列哥里十一世，一三七〇～一三七八年在位）。所以有人指出，康拉德販賣自身學識以期獲得聖職奉祿，使這部著作帶有表功色彩。

＊ 神聖羅馬帝國的特殊現象，若當選的國王未被所有貴族擁護，其他貴族便會另外選出一位國王與之對抗。

這件事與康拉德在巴黎大學任教時嚴厲譴責奧坎學說，頗有異曲同工之處。奧坎（William of Ockham，一三四七年歿），是在牛津大學執教的方濟會神學家。他批評十三世紀以來多瑪斯・阿奎那（Thomas Aquinas）的傳統教義，提倡區分信仰與認知。奧坎因此遭告發為異端，一三二四年被囚禁在亞維儂教廷，後來與方濟會總會長切塞納的邁克爾（Michael of Cesena，一三四二年歿）和貝加摩的波拿格拉蒂亞（Bonagratia of Bergamo，一三四〇年歿）一同逃獄，前往巴伐利亞依附神聖羅馬皇帝路易四世。當時教宗若望二十二世也介入方濟會的清貧爭議，抨擊嚴守會規、拒絕服從教廷的邁克爾（Michael of Cesena）等嚴格派。然而奧坎的學說頗受巴黎大學文學院部分教師歡迎，因而與教宗屢屢發生衝突。對於把獲得聖職奉祿視為重要目標的康拉德而言，教宗認定為異端的學說及其信奉者，自然是應當彈劾的對象。

不過在這些動機之外，康拉德親眼所見的聖職者和貴族等上流階層的墮落，更是必須議論的大問題。先前完成的《博物誌》中曾提及匈牙利國王拉約什一世（Anjou I Lajos，一三四二～一三八二年在位），他為了替遭暗殺的弟弟復仇而發動戰爭。康拉德認為，雖然天罰沒有降臨，但這種行為必須受到譴責。身為知識分子的康拉德，對同時代的危機狀況憂心忡忡。

同上所述，康拉德要面對的問題雖然是黑死病，但同時也是面對自己收入來源和知識分子處世之道的問題。從這點來說，黑死病的流行不只是造成時代的新危機，更有突顯時代固有危機的作用。

4 防治鼠疫與醫療實踐

疫病意見書的傳播——布拉格

如前節所述，黑死病爆發後不久，專家學者紛紛對其成因提出各種看法。特別是在阿爾卑斯山以北的歐洲，巴黎大學的《意見書》在此地區出現形式上的變化，在整個中世紀時期都發揮影響力。

對於德語圈接納《意見書》一事，神聖羅馬皇帝查理四世的根據地布拉格扮演了重要的角色。當時的布拉格在查理四世主導下，逐漸成為帝國的學術中心，帝國第一所大學——布拉格大學（查理大學）也在一三四八年左右誕生。布拉格大學的設立原因很多，以下舉出其中二個：一個是查理的自身經歷，另一個則是查理當時面對的政治局勢。

查理四世的父親來自盧森堡家族，母親出身波希米亞王國普熱米斯爾（Přemysl）家族。他從七歲開始到十四歲都待在法國宮廷，後來迎娶法國國王腓力六世的異母妹妹布蘭卡（Blanche of Valois）為第一任王妃，更在法國生活的期間亦受教於伯多祿．羅熱爾主教（之後的教宗克萊孟六世）。查理除了在神聖羅馬帝國的國王選舉期間與教廷訂下密約，也在取締前述的鞭笞派苦修者時和教宗密切合作。結束法國生活後，十五歲的查理前往北義大利，代理父親統治該地兩年（一三三一～一三三三年）。

◆ COLUMN ◆

布拉格大學

在中世紀形成的「疾病」觀念，即使到了近代仍具影響力。而該觀念在德語圈的普及，布拉格扮演了重大角色，此後也不斷刺激著帝國的知識環境發展。首先，一三四八年創立的布拉格大學，成為日後德語圈更多大學的先鋒。先是一三六五年的維也納大學，接著海德堡大學在一三八六年、科隆在一三八八年、艾福特在一三九二年皆陸續創立。受巴黎和布拉格的影響，每所學校都設立了文學院，與神學、法學、醫學等三種高級學院。而「德意志」地區諸大學的設立，也為布拉格大學帶來變化。舉例來說，一三八〇年代，德意志出身的神學家因天主教會大分裂（Western Schism）從巴黎大學轉往布拉格大學後，立刻被維也納和海德堡大學延攬。而進入十五世紀後，原本由薩克森、西里西亞、巴伐利亞、波希米亞四個同鄉團組成的布拉格大學則因學生人數減少，波希米亞同鄉團的勢力大增，導致其他同鄉團的學生離開布拉格，前往萊比錫等地另設大學。

另外，布拉格大學也強化與巴黎和牛津大學的聯繫。出身波希米亞的巴黎大學教授阿道貝托斯．朗寇尼斯（Adalbertus Ranconis）於一三八八年過世時留下了一筆錢，讓波希米亞的學生能到巴黎和牛津求學。這讓布拉格大學前往巴黎和牛津學習的學生大幅增加。十四世紀後期就讀牛津大學的學生，就把約翰·威克里夫的著作帶回布拉格，刺激了日後楊·胡斯發起的改革運動。*

* 約翰·威克里夫（John Wycliffe）是英國神父，英格蘭宗教改革的先驅。他是首位將拉丁文聖經翻譯成英文的人，提倡直接閱讀聖經，無須透過教會。楊·胡斯（Jan Hus）曾任布拉格大學校長，深受威克里夫的思想影響，否定教宗權威，後被教會開除教籍，處以火刑。

有了法國與北義大利的生活經驗，據說查理很早就希望在自己的國家設立大學，一所可與巴黎大學和波隆那大學比肩的大學。根據教宗克萊孟六世於一三四七年一月二十六日發出的詔書內容，查理以波希米亞及周邊地區沒有大學為由，懇求教宗許可設立布拉格大學。一三四七年九月二日繼承父親王位成為波希米亞國王的查理，於隔年一三四八年四月七日發出的證書上表明，他將設立布拉格大學，保障其享有「如同巴黎或波隆那的大學博士和學生，不受國王權力管轄」的特權。

至於查理當時面對的政治局勢，路易四世皇帝與亞維儂教廷的對立日益強烈，有一派勢力擁立親近教宗的查理為對立國王。前面提過，教宗發出設立大學許可是在一三四七年初，而查理是在前一年、一三四六年七月十一日被選為對立國王，十一月二十六日於波恩（Bonn）加冕。然而，查理在意的不只是與路易對抗，他更在意如何強化對國內波希米亞貴族階級的君王權力，這也是重要課題。

與查理對立的路易四世，以庇護許多知識分子而聞名。如前節提到的，奧坎為首的方濟會修士、帕多瓦的馬西略與若丹的約翰等等，許多與亞維儂教廷對立的知識分子都逃到巴伐利亞，請求路易庇護，也因此產生出不少以理論支持皇帝權力的著作。事實上，馬西略與約翰都在一三二〇年代過世，巧的是在查理被選為對立國王的第二年，路易與奧坎也相繼過世。然而對查理而言，在對手路易庇護下形成的知識環境對提高王權所做的努力，想必也別具意義。

但查理與路易不同，他透過與教廷聯手——譬如申請大學的承認與許可，來建構布拉格的知識環境。布拉格大學的模仿對象是以神學聞名的巴黎大學和以法學聞名的波隆那大學，但實際上受巴黎大學的影響較大。這可能和他與法國人為主的亞維儂教廷間的淵源有關。以波隆那為原型的法學院甚至在一三七八年脫離了布拉格大學。

《布拉格書簡》與《普勞恩書信》

受巴黎大學的影響，布拉格大學建立了知識環境，吸收並傳播鼠疫相關知識。巴黎大學的《意見書》以拉丁文書寫，而布拉格大學在一三五〇年左右以德文寫成篇幅較短的《巴黎名聲顯赫的碩士們對淋巴腺腫致死的意見書》，已知有近百部抄本流傳後世。

這份德文版的《意見書》共有十一段，全文可收錄為四摺版的一頁，與巴黎大學的原版相比精簡許多。內文基本上列舉了鼠疫的預防方法，以及淋巴腺腫出現時的處理方式。它推薦的預防方法是服用當時一種名為底里亞迦（Theriak）的萬靈丹，和對鼠疫有效的藥丸、芸香、苦艾（Artemisia absinthium）、胡桃、醋，並倡導使用浸醋的海綿，或是鼠尾草和接骨木的藥湯預防體液腐敗。萬一出現代表感染鼠疫的淋巴腺腫時，則先塗上芥子油讓腫脹化膿破裂，或是立刻放血。

這部德文版《意見書》之後被許多德語圈的鼠疫防治書採用，甚至變成書信形式的養生指南。其中最具代表性的是一三七一年的《布拉格書簡》（*Prager Sendbrief Missum imperatori*），以及應成書於一三八二年以後的《給普勞恩貴婦人的書信》（*Brief an die Frau von Plauen*，以下稱《普勞恩書信》。）

《布拉格書簡》應是出自查理四世宮廷御醫、史特拉霍夫的賈洛斯（Gallus von Strahov，又稱布拉格的賈洛斯，一三七八年後歿）之手，至少留下了三十四冊拉丁文版、五十冊以上的德文版抄本。波希米亞出身的賈洛斯從一三四九年起成為皇帝的御醫，也侍奉下一任的波希米亞國王文采爾一世（Wenzel I）。當時剛創立的布拉格大學正從巴黎大學等處招攬教授，而醫學院直到一四〇〇年為止都還沒有正規的講師，起初相關課程就在文學院由皇帝的御醫講授。據推測，賈洛斯自一三五七年到一三七一年在大學任教。

《布拉格書簡》應是一三七一年鼠疫侵襲布拉格時編寫，根據蓋倫、阿維森納和希波克拉底的學說，以書信形式列出八條規則，上呈給皇帝。與德語版《意見書》不同，《布拉格書簡》開篇就是關於放血（Aderlass）的指示，依照身體因鼠疫而腫脹的位置（腋窩、耳後、鼠蹊部）來指定放血的血管。

其他的七項規則大略可分成三大類。第一是躲避感染的風險，包括應避開疫區和與病患接觸（第二項），以及不去公共浴池（第五項）。第二類是整理居住空間和體內環境，包括每週以月桂樹和杜松的果實、乾燥苦艾燻蒸臥室數次（第三項），以及節制生活、每日先入口的應是石榴等帶酸味的食物（第四項）。在預防上則應攝取洗淨的芸香、鹽和胡桃（第八項）。與《意見書》相同，攝取酸味是為了防止體液腐敗。第三類則與精神面有關，包括保持心情快樂平穩（第六項）、避開鼠疫相關話題（第七項）都很重要。這部分德文版的《意見書》並未提及，但相當於巴黎大學版本裡提到的情緒控制。

至於《普勞恩書信》，也是寫信人設定為「皇帝御醫」的德文版養生方針。收信人是「普勞恩的貴婦人」，但不確定具體對象是誰。普勞恩是橫跨薩克森與弗蘭肯地區的福格特蘭郡中心，也是連結波希米亞與弗蘭肯、圖林根（Thüringen）等地的交通樞紐。一三五六年查理四世將普勞恩分封給波希米亞國王後，該地與波希米亞關係日益密切，而這點確實是這份書信編寫的原因之一。

這份書信由三部組成，每一部皆為八個以「同」（idem）開始的段落，列舉鼠疫相關建議。第一部是關於出現腫脹時的放血方式，第二和第三部則別附上小標「鼠疫的應對法」和「其他的應對法」，列舉預防與治療方法。

有關放血方面，內容配合出現腫脹的身體部位指出了八處施術點。至於預防方法，則指示攝取接骨木葉、鼠尾草、木莓葉、無花果、芸香、胡桃等，或將少量的底里亞迦塗在眼睛下方，保護身體不受鼠疫之「毒」侵害。至於罹患鼠疫的治療方法，第一項就是所有食物都要加醋。這一點與德文版《意見書》相同，跟體液腐敗有關。從避免沐浴、食用「乾熱食物」等指示，可知該書信將腐敗大氣（大氣中腐敗的蒸氣）視為導致鼠疫的原因，而這種觀點立基於濕氣會讓蒸氣產生的疾病惡化。

這兩份養生指南有個共同特徵：它們完全沒有提到鼠疫是如何產生，又是在什麼機制下發病，也沒有說明為什麼要在指定的部位放血。兩者都是一開頭便直接條列放血部位，接著再說明其他處理方式，而不討論鼠疫成因。當然，必須將內容濃縮成一頁抄本的有限空間，難免有所取捨，然而被選為必須傳播的重要資訊不是疾病成因，而是實際的行動指南。

醫療實踐與鼠疫防治

師法巴黎大學《意見書》且在德語圈發展的書信體鼠疫養生指南，後來又以更加簡略的形式傳播。例如一四〇〇年左右，烏姆的雅各・恩格林（Jakob Engelin von Ulm，一四〇九／一四二七年歿）寫下一份《醫學博士雅各大師研究證明的鼠疫疫病治療法》（*Also das ein Mensch Zeichen gewun*，簡稱鼠疫論〔Der Pesttraktat〕）文件。雅各在巴黎大學與維也納大學攻讀醫學，之後擔任奧地利公爵利奧波德四世（Leopoid IV）的御醫直到一四〇六年。

雅各的鼠疫論與先前的《意見書》或養生指南不同，裡面並未提到如何降低風險或預防染疫，而是把焦點放在罹染鼠疫時的處理上。首要方式仍是放血。根據雅各的說法，鼠疫的「徵候」、也就是淋巴腺腫出現時，除了立刻放血，別無他法。

放血是為了保護人體的三個主要部位（心臟、肝臟、腦）。他認為，鼠疫是因為身體吸入腐敗大氣後汙染血液而產生，透過放血可以淨化、保護這三個部位。

如同德國歷史學者漢斯—猶根・貝格曼（Heinz-Jürgen Bergmann）所述，雅各的鼠疫論內容非常簡單：將人體必須保護的部位限定為三處，把鼠疫成因歸咎於腐敗大氣造成血液污染；至於污染如何產生，或是腐敗大氣如何毒害血液，則未詳細說明。至於放血這種治療方式，也僅列出施術的血管部位。

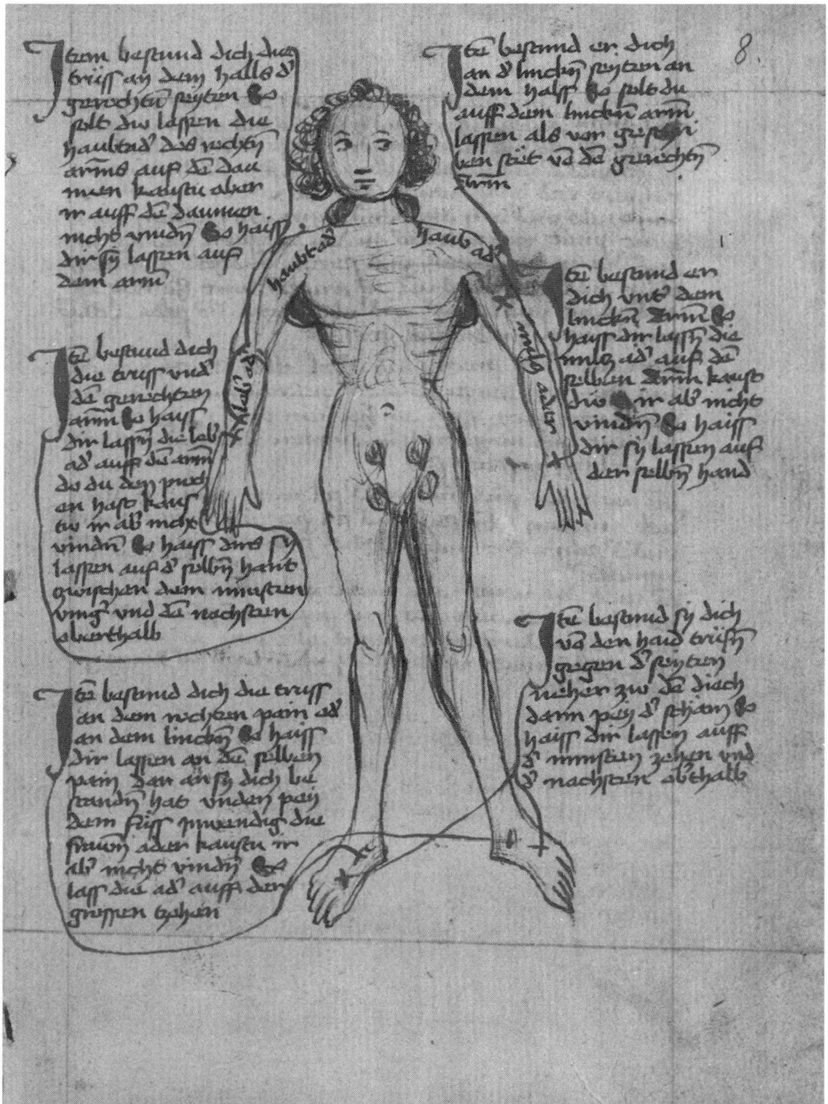

圖 2-7　雅各的鼠疫論中放血指示圖的抄本（十五世紀）
慕尼黑大學圖書館藏

就此而言，雅各的鼠疫論是以實用目的為導向，也廣為大眾接納。事實上，不少抄本都同時收錄了修道院的神學或哲學文本，應該是給不具醫學或醫療知識的讀者參考。另外，其中一種流傳至今的抄本是腰帶書（gridle book），是當時醫生的隨身用品，以便在各地診察病患時參考。

巴黎大學的《意見書》彙集了從古代至當今權威醫師著作中可用來解釋黑死病的敘述，從原因開始細談鼠疫。相對地，後來編纂的各類養生指南則較重視實用性，著重於預防和治療方法。

會出現這樣的改變，很可能是因為在黑死病之後，鼠疫又三番兩次來襲。事實上，歐洲的鼠疫並未在黑死病一波大流行後告結。一三六〇至一三六一年，鼠疫再次爆發，包括米蘭在內，在第一波大流行中未傳出疫情的城市也出現了大量死者。而在德語圈，一三七五年到一三七七年間也出現大範圍的流行，即使疫情嚴重度未及紐倫堡般全軍覆沒的城市，也留下相關紀錄。依據德國歷史學家揚克里夫（Kay Peter Jankrift）的研究，根據德語圈西北部城市十四世紀中期到十六世紀末的紀錄，二百五十年間就爆發了超過三十次的疫情（索斯特〔Soest〕三十七次、多特蒙德〔Dortmund〕與明斯特三十六次、科隆二十七次、韋塞爾〔Wesel〕二十一次）。直至十八世紀，鼠疫仍然在歐洲各地反覆肆虐，頻頻造成重大災難。一六六五年倫敦和一七二〇年馬賽的大範圍疫情廣為人知。

受疫情反覆影響，討論如何有效治療鼠疫，比探究成因來得重要。在心照不宣的前提下，對鼠疫成因的認知也就埋沒在各種治療法中。從前面幾部養生指南所列舉的治療方法可以看出，當時十分重視預防吸入腐敗的大氣，以免造成體液腐敗。而此觀點的前提——即鼠疫的成因，姑且可說是巴黎大學《意見書》裡因天體「合」產生有毒蒸氣，吸入人體後使體液腐敗所致。

那麼，鼠疫防治工作是否因為大量重視實用性的養生指南問世，而獲得更多發展？這個問題很難回答。當時有好幾位知名醫師染疫，由此反推可證明，當中有醫生實際從事過鼠疫治療。例如，對巴黎大學《意見書》影響甚鉅的福利格諾便染疫身亡；肖里亞克回憶自己曾染疫，但奇跡復原。而根據記載，也有許多醫生從瘟疫中撿回一命。

歐洲最早出現黑死病疫情的義大利，很早便開始擬定行政層面上的鼠疫防治對策。例如，皮斯托亞早在一三四八年就了公布防止感染擴大的三十六條城市條例。位於亞德里亞海對岸、受威尼斯統治到一三五八年的拉古薩（Ragusa，現在的杜布羅夫尼克），一三七七年就對入港船隻實施一定期間的隔離檢疫措施。根據義大利歷史學者卡洛・奇波拉（Carlo M. Cipolla）的研究，有的城市還設置了公共衛生的官職。威尼斯在一三四八年疫情流行時設立鼠疫防治委員會，佛羅倫斯也任命了負責人員。但這些都只是疫情期間的臨時工作，要到十五世紀中葉才出現常設機關。

至於德語圈，也是在疫情趨於常態化的十五世紀之後，才開始出現組織性對策。到了十五世紀，城市出現照顧瘟疫病患的設施。目前所見最早的例子為一四七三年的布藍茲維（Braunschweig），而同年明斯特也建立了照顧「感染鼠疫或其他瘟疫的貧窮男僕女僕」設施。一五一九年南部的紐倫堡，一五二一年奧古斯堡也都出現同樣設施。

巴黎大學的《意見書》在黑死病流行後廣為流傳，並轉化為多種版本的實用手冊。然而要實現巴黎大學醫學院的期許，希望「造就公共利益」，還需要時間。

進入近世

如前面所見，黑死病讓十四世紀歐洲危機時代中衍生的種種潛在問題浮上檯面。在仰賴商業發展和情報網的城市社會，諸如猶太人的定位、醫學院在大學的地位、王權與教權對立時知識分子的立場，都是早已存在的問題。黑死病的流行，提供了逐一檢視這些問題的平台。

這時產生出的有關瘟疫的許多討論，形塑了長此以往人們對瘟疫的認知。在阿爾卑斯山以北的歐洲，我們從巴黎與布拉格兩地的連結中，看到巴黎大學的《意見書》不斷改變形式並傳播。其中衍生出的鼠疫養生指南抄本，到了十五世紀中葉活字印刷術開始普及後轉為印刷品，傳播範圍更廣。到十六世紀為止，所謂搖籃本*的時代，至少已有一百三十種以上的鼠疫養生指南在歐洲發行。特別是德語圈的奧古斯堡和科隆，至少都各有十種以上。

此外，黑死病期間的原因論也流傳到了近世。十六世紀歐洲出現梅毒疫情，對醫學史來說，這是吉羅拉莫・弗拉卡斯托羅（Girolamo Fracastoro）提倡傳染病是經由看不見的「種子」傳播的瘟疫論時代。弗拉卡斯托羅提出新的理論，以批判昔日的瘟疫論，但這也證明了在十六世紀，黑死病出現後在歐洲廣為流傳的瘟疫原因論，仍然具有一定影響力，而將有毒蒸氣（瘴氣）視為根本成因的觀點，更是獲得根深柢固的支持。

而且，這種觀點也在十五世紀後成為鼠疫防治的基礎。造成鼠疫的有毒蒸氣或瘴氣，後來被視為所謂的「惡臭」，是城市公共衛生的處理目標。包括一五二〇年紐倫堡有關糞便處理的市議會決議、一五三九年巴黎道路管理相關敕令、一五九七年科隆的鼠疫條例，都將惡臭造成的空氣污染視為引發瘟疫的原因。一三四八年黑死病及其成因的相關討論，雖然過程緩慢，但也確實帶來轉換，以長時間的尺度影響著社會規範。

＊ incunabula，十六世紀以前早期印刷時代的書籍、小冊子等各種印刷品。

◆ COLUMN ◆

黑死病是鼠疫嗎？

進入二十世紀後，鼠疫桿菌的發現扭轉了既往研究。二十世紀中葉以降有學者指出，根據研究，鼠疫桿菌的特性和十四世紀的黑死病紀錄有所出入，因而產生了黑死病並非現代的鼠疫、尤其是非腺鼠疫的爭論。例如，動物學家葛拉翰．特維克（Graham Twigg）在一九八四年主張，黑死病是炭疽桿菌（Bacillus anthracis）所引發的。細菌學者蘇珊．史考特（Susan Scott）與克里斯多佛．鄧肯（Christopher Duncan）也分別在二〇〇一年和二〇〇四年的著作中指出，黑死病可能是類似伊波拉病毒出血熱或馬堡病毒出血熱的線狀病毒科（Filoviridae）病毒引起的傳染病。二〇〇二年，研究中世紀歷史的山繆爾．柯亨（Samuel K. Cohn）也主張黑死病不是腺鼠疫造成，但並未舉出其他說法。

然而根據古生物學調查，以前用來埋葬鼠疫死者的墓地中檢驗出鼠疫桿菌的DNA。一九九八年南法普羅旺斯一項調查十六和十八世紀瘟疫流行後所設墓地的計畫，也從遺骸齒髓中取得了鼠疫桿菌的DNA，而二〇〇〇年對蒙貝列（Montpellier）十四世紀後期的墓地進行調查，也發現了鼠疫桿菌特有的DNA片段。由於古DNA（ancient DNA）分析手法的進步，二〇一一年對倫敦東史密斯菲爾德（East Smithfield）黑死病時期墓地的調查中，更完全復原出了鼠疫桿菌的基因組。

因此學界有了充分根據，可以斷定歷史上以黑死病為首的鼠疫，是由鼠疫桿菌引起的。儘管如此，我們也沒必要將歷史上的鼠疫完全套用於現代鼠疫。即便墓地或城市確實發現了鼠疫桿菌，也不代表當時的瘟疫就一定是鼠疫。古人所認知的疾病類別，本來就具有與現代不同的廣度。

再者，也必須考慮到史料的特性。黑死病時期的紀錄雖然也包含了實際見聞報告，但大多屬於編年史這類的間接記述，不論在時間或空間上都與實際發生瘟疫的疫區有距離。因此我們難以否定，當時的死者是否只有因感染鼠疫桿菌而發病這種現代意義下的鼠疫死者；其他傳染病的死者，或從現代眼光來看不屬於傳染性疾病（無論是哪一種）的死者，都會因為在這時期死去，而被列為「鼠疫死者」。

今日我們必須重新思考的是，將歷史上的鼠疫全都視為單一疾病、源自單一病原體，這樣的看法是否合乎當時人們的認知。

第三章　蒙古帝國的霸權與瓦解，及其衝擊

四日市康博

1　蒙古帝國的歐亞統一與統治結構

蒙古帝國的歐亞統一與統治結構

當我在前述日期（伊斯蘭曆七四八年，西元一三四八年）抵達那裡（巴格達）時，巴格達與伊拉克的蘇丹是阿布・薩伊德（Abu Sa'id，即伊兒汗國第九任君主不賽因）姑姑的兒子，謝赫・哈散（Shaikh Hasan）——願神賜福給他。阿布・薩伊德死後，他（哈散）將他（阿布・薩伊德）在伊拉克的王國據為己有，也娶了他的妻子——埃米爾・出班之子迪馬休克・哈賈（Demasq Kaja）之女德爾薩德（Dilshad）。他的行為就像當初阿布・薩伊德將哈散的妻子巴格妲（Bagdad）納入妻室一般。此時，蘇丹謝赫・哈散不在巴格達，而是出兵與統治盧爾（Lurs）諸國的蘇丹阿德貝克・阿夫拉西亞卜作戰。之後，我從巴格達出發，來到安巴爾城（al-Anbar），然後到希特（Hit）哈迪塞（Haditha），以及阿納（Anah）。這些都是最美麗、富饒

的城鎮。連結城市的道路旁房屋林立，宛如在市場中漫步前行，經過一個又一個。如我前面說過的，除了這些城鎮之外，再沒有見過其他地方更像中國大河沿岸的城市。

——伊本・巴杜達，《伊本・巴杜達遊記》(*Rihlah*, edited by C. Defremery and B. R. Sanguinetti. Vol.4, 1958)

一三四八年，伊斯蘭法學者暨大旅行家伊本・巴杜達途經伊兒汗國境內的巴格達。此時伊兒汗國已處於實質分裂狀態，文中提到的巴格達與伊拉克蘇丹謝赫・哈散，是出身札剌亦兒部的權臣，被稱為「大哈散」(Hasan Buzurg)。另外，以大不里士為中心的亞塞拜然有同為權臣的出班後代建立的丘班王朝（Chobanids）、以設拉子（Shiraz）為中心的法爾斯（Fars）有地方長官獨立的因賈王朝（Injuids），而亞茲德（Yezd）一帶也有穆札法爾王朝（Muzaffarids）割據。伊兒汗國的瓦解是進行式。蒙古帝國其他的繼承國家也是如此。在此之前，蒙古帝國已分裂成宗主國元朝（大元兀魯思）和三個汗國，表面上是一個以宗主國為核心的巨大帝國，但內部並未重新統一。

至於各國內部又更加分化，到了十四世紀中葉，瓦解已勢不可擋。宗主國元朝此時由軍閥掌握，政局混沌。以往元朝周邊民族的叛亂不斷，而一三四八這一年方國珍在浙江起兵，自此正式揭開漢人起事的序幕，蒙古人對中國的統治蒙上陰影。察合台汗國和欽察汗國也逐漸崩解中，埃米爾（Amir）和那顏（Noyan，統帥首領之意）等權臣把持實權，擁立傀儡可汗。每當有人被扶持上王

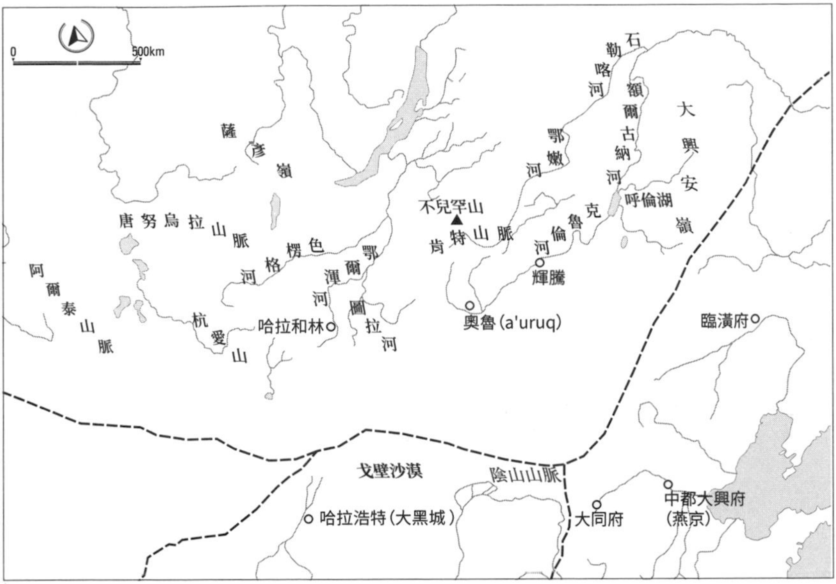

十二世紀後期的蒙古高原

位，就是政權又一次的瓦解和重組。其中最具代表性的就是帖木兒王朝。身為埃米爾的帖木兒並非成吉思汗後裔，但他是察合台家族的姻親，因而得以古列堅（蒙古語 Kuregen，女婿／駙馬）的身分建立帝國。儘管規模大小有別，不過類似的例子在其他汗國也找得到。即使帖木兒王朝橫跨伊朗與中亞，也沒辦法重建昔日蒙古帝國那般橫跨歐亞大陸的霸權。然而，儘管帝國持續瓦解，但蒙古的影響力並未從歐亞大陸完全消退。雖然有像中國這樣脫離蒙古統治的地區，但層層分化的權力逐次整合後，仍持續於歐亞各地扎根，這些蒙古政權有時會結合地方社會或文化，開創出全新的社會局面。此外，橫越歐亞或印度洋的貿易路線以及商業發展也沒有消失，而是在分化和再整合中延續下來。

會出現這種現象，與蒙古帝國並非由單一民族形成，而是多民族、多宗教、多語言、多文化的複合體不無關係。即使蒙古人統治階層消失，但下層培育出的複合文化和經濟結構都留到了後世。但是，各地區分立的蒙古帝國繼承政權的再瓦解、再整合亦越演越烈，歐亞大陸也無法再度統一；從這層意義上來說，十四世紀前期堪稱是個里程碑。為了闡明蒙古帝國的霸權與瓦解機制及其時代性，或說短期及長期性衝擊，本章將先從十二世紀後期帝國的興起過程切入，釐清來龍去脈。

蒙古高原的統一

蒙古帝國統一歐亞大陸的第一步，是先統一蒙古高原。十二世紀後期，蒙古高原上的蒙古部落乞顏部，在族長鐵木真、也就是後來的成吉思汗帶領下興起。鐵木真與札達蘭部的札木合、克烈王國的王汗結盟，勢力漸漸壯大。鐵木真陸續征討反目的泰赤烏部、宿敵塔塔兒部和決裂的克烈王國，統一了蒙古中央，接著又討伐北方的蔑兒乞部與西方的乃蠻部，收編蒙古及突厥人的各遊牧部落、王國，統一了蒙古高原。

在此前後，鐵木真正式登基，尊號成吉思汗，並陸續向征服的克烈王國和乃蠻王國，主動歸順的汪古部及高昌、回鶻等地引入先進技術文化及人才，奠定蒙古帝國的軍制和官制。之後，蒙古帝國跨出草原遊牧圈，擴大勢力到金、西夏、花剌子模的統治範圍，成為橫貫歐亞的大帝國。蒙古帝國在成吉思汗死後繼續擴張，滅金和花剌子模後，往東攻打南宋，往西攻打尼札里派（Nizaris，又稱阿薩辛派〔Assassins〕）政權、阿拔斯王朝，最後與埃及馬木路克政權對峙。繼承大汗稱號的第二代皇帝（可汗）窩闊台，為了統治人口眾多的農耕定居地區，著手整建官僚體制，一邊侵略歐亞西部和中國，一邊在華北、中亞、伊朗西部設立直轄統治機構。

王族共享帝國

成吉思汗認可為嫡系的四個兒子，日後分成本支（大汗家族）與宗室（分封汗國），諸子間的反目為蒙古帝國埋下分裂的契機。成吉思汗死後，三子窩闊台繼承汗位，但蒙古帝國的大汗只是一種全帝國性的政治象徵地位，帝國實際上由大汗家族（窩闊台家族）與其他諸子的汗國共同治理，

十四世紀的蒙古帝國

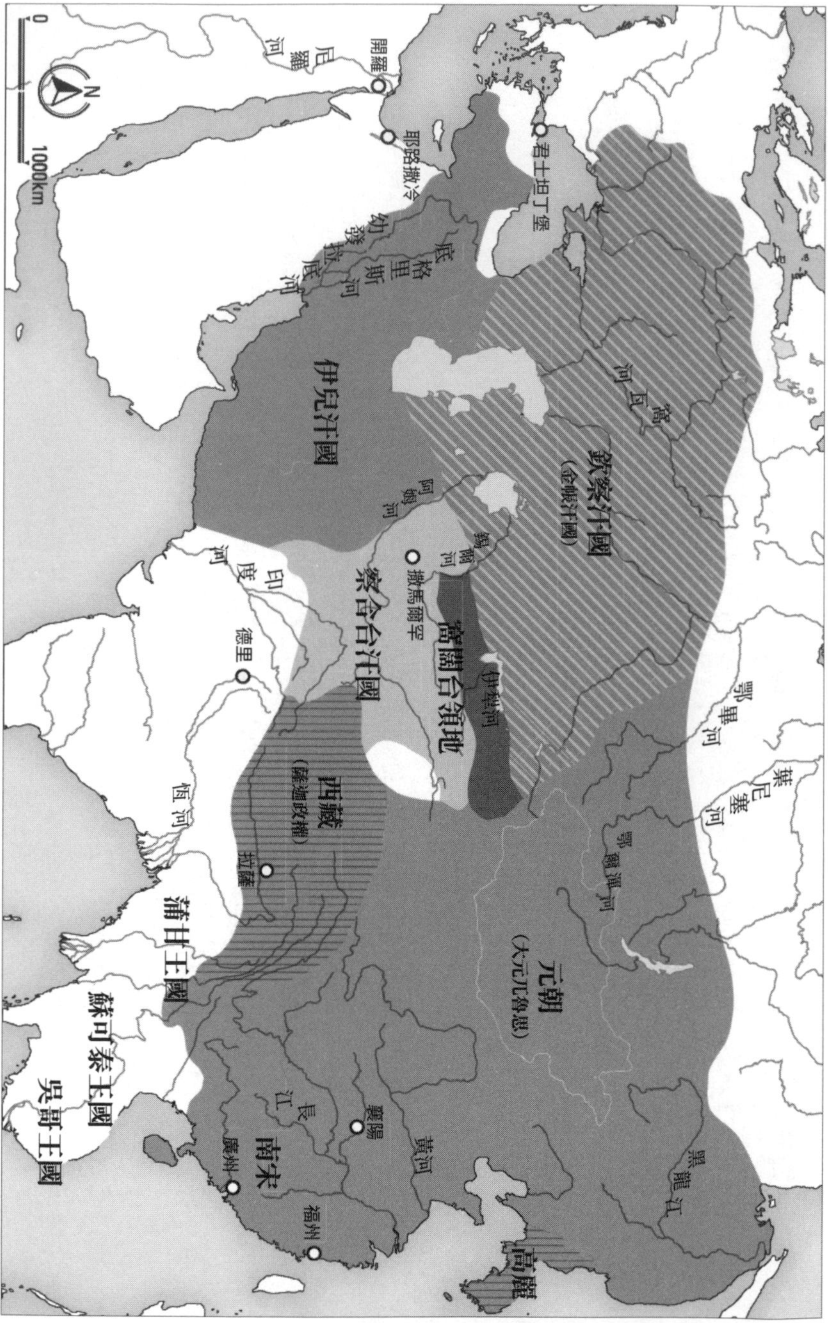

伊兒汗國
欽察汗國
（金帳汗國）
察合台汗國
窩闊台領地
西藏
（薩迦政權）
元朝
（大元兀魯思）
南宋
高麗
蒲甘王國
蘇可泰王國
吳哥王國
開羅
耶路撒冷
君士坦丁堡
撒馬爾罕
德里
拉薩
襄陽
廣州
福州
尼羅河
幼發拉底河
底格里斯河
印度河
恆河
阿姆河
錫爾河
伊犁河
窩瓦河
鄂畢河
葉尼塞河
鄂爾渾河
黑龍江
黃河
長江
0
1000km
N

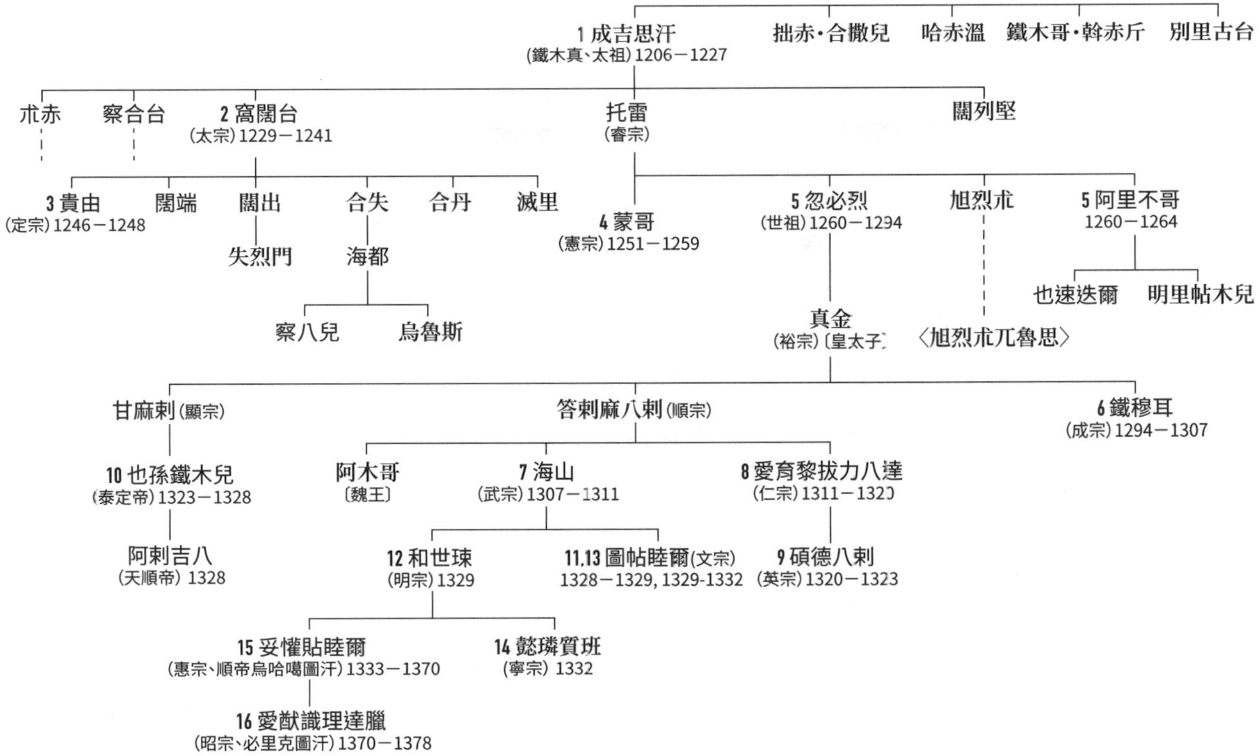
1 成吉思汗
(鐵木真、太祖) 1206－1227
拙赤・合撒兒
哈赤溫
鐵木哥・斡赤斤
別里古台
朮赤
察合台
2 窩闊台
(太宗) 1229－1241
托雷
(睿宗)
闊列堅
3 貴由
(定宗) 1246－1248
闊端
闊出
合失
合丹
滅里
失烈門
海都
察八兒
烏魯斯
4 蒙哥
(憲宗) 1251－1259
5 忽必烈
(世祖) 1260－1294
旭烈朮
5 阿里不哥
1260－1264
也速迭爾
明里帖木兒
真金
(裕宗)〔皇太子〕
〈旭烈朮兀魯思〉
甘麻剌(顯宗)
答剌麻八剌(順宗)
6 鐵穆耳
(成宗) 1294－1307
10 也孫鐵木兒
(泰定帝) 1323－1328
阿木哥
〔魏王〕
7 海山
(武宗) 1307－1311
8 愛育黎拔力八達
(仁宗) 1311－1320
阿剌吉八
(天順帝) 1328
12 和世㻋
(明宗) 1329
11,13 圖帖睦爾(文宗)
1328－1329, 1329-1332
9 碩德八剌
(英宗) 1320－1323
15 妥懽貼睦爾
(惠宗、順帝烏哈噶圖汗) 1333－1370
14 懿璘質班
(寧宗) 1332
16 愛猷識理達臘
(昭宗、必里克圖汗) 1370－1378

蒙古帝國元朝世系表

帝國財產也由包括大汗家族在內的王族共有。這種情形在歐亞大陸遊牧國家中並不少見，蒙古帝國亦非特例。但也由於此原則，蒙古亦同先前的遊牧國家般走向分裂瓦解之路。《蒙古祕史》描寫窩闊台即位大汗後，四子托雷代替哥哥飲毒而死，有人即認為這個象徵性場面是暗示托雷家族將來會奪取大汗之位。在蒙古帝國擴張過程中，一二五一年大汗之位從窩闊台家族轉移至托雷家族一系，蒙哥即位大汗，此時窩闊台和察合台家族因政爭失敗遭削弱，朮赤家族則因協助蒙哥而被默許在欽察草原實質獨立。托雷家族奪位一事可說是蒙古帝國最早的龜裂。這時被逐出帝國中樞的窩闊台和察合台家族後來也反叛，向宗主國元朝發兵。

接著，拖雷家族內部也出現分裂。蒙哥汗分派左翼軍和右翼軍，命二弟忽必烈攻打東邊的中國，讓三弟旭烈兀進攻西邊的伊朗及伊斯蘭世界，意圖直接掌控東西歐亞的人口稠密區。但由於與忽必烈不合，蒙哥親自領兵攻打中國，卻在途中驟逝。這讓蒙哥最小的弟弟、駐守首都哈拉和林的阿里不哥與正在攻打中國的忽必烈爆發了汗位爭奪戰。在中國的史料裡也可看見，率先登上汗位、正式成為大汗的是阿里不哥，然而手握中央政府、照理說獲蒙古有力重臣支持的阿里不哥卻不善掌握人心。之後，有東道諸王*和中原諸侯支持的忽必烈大勝阿里不哥，奪得了大汗一位。然而忽必烈的即位與建立元朝都是透過半政變的方式達成，為了鞏固自身的正統性，他不得不將首都從草原遷到中國，把重心放在元朝。至此蒙古帝國的重心大幅東傾，也成為帝國分裂的其中一個決定性因素。

帝國重心的東傾

縱觀整個蒙古帝國，最重要的轉捩點無疑是元朝的建立。攻下金國後，蒙古帝國內部除了中亞、伊朗出身的穆斯林和突厥人官僚之外，又招攬了金國出身的漢人官吏，但帝國中心畢竟仍是蒙古高原的哈拉和林。忽必烈在金國舊都燕京（即北京）建設都城為冬都，並引進中國式的統治制度做為帝國主軸，藉此成功吞併華北的龐大經濟圈，成為帝國的經濟支柱。但不可否認，帝國中心也因此過度東傾。雖說忽必烈還有個待解決的重大問題，也就是攻下人口和經濟實力都更龐大的南宋，但此時帝國中央集權力量減弱，最後不得不讓欽察汗國（又稱朮赤兀魯思或金帳汗國）和伊兒汗國實質獨立。此外，失勢的窩闊台與察合台家族圖謀東山再起，也造成帝國向心力下降。

忽必烈奪權的同時，在歐亞大陸西側，加入第二次蒙古西征的旭烈兀攻下中亞與伊朗，繼續往敘利亞與埃及進軍，並透過設立帝國直轄的統治機構，建立實質的獨立政權。忽必烈默許此事，甚至自元朝調派二萬名兵員送給弟弟旭烈兀。避開托雷家族外的諸王勢力建立伊兒汗國，也代表奪走成吉思汗家族在城市人口眾多的伊朗的共同利益。也就是說，托雷家族獨占了歐亞東西兩側、中國和伊朗二大城市經濟圈。這當然讓朮赤、察合台和窩闊台家族大為不滿，對托雷家族反感。尤其是原本領有中亞西部及伊朗東部的朮赤家族的別兒哥，與伊兒汗國的旭烈兀及其子阿八哈之間的衝突

＊成吉思汗諸弟哈撒兒、合赤溫、貼木哥、別勒古台等親王，因封地在蒙古高原的東邊，亦即外興安嶺以南，大興安嶺南北、嫩江流域和洮兒河、松花江以北的草原地區，故得此稱呼。其中別勒古台因庶出地位較低，故以其他三家為「東道諸王」。

更是劇烈，不時入侵伊朗，雙方爆發戰爭。而在此之前，旭烈兀率領伊朗遠征軍攻打伊斯蘭名城、阿拔斯王朝首都巴格達，這對已改宗伊斯蘭教的別兒哥而言更是難以容忍。因此，別兒哥與埃及馬木路克政權結為同盟，試圖夾擊伊兒汗國。

從統一帝國到四大兀魯思體制

托雷家族掌權，與窩闊台家族親近的察合台家族也受政局影響，陷入困境。察合台死後，蒙古大汗貴由汗指定也速蒙哥繼任察合台汗國可汗，但之後奪取大汗之位的托雷家族蒙哥汗卻處死了也速蒙哥，並在察合台汗國另立傀儡可汗。之後爭奪大汗之位的阿里不哥與忽必烈各自在察合台汗國扶立傀儡，阿里不哥支持的阿魯忽當上可汗後叛變，收復察合台家族領地，掌握汗國實權。阿魯忽驟逝，忽必烈派遣近侍八剌為傀儡可汗，但他後來也叛變，試圖讓察合台汗國獨立。

窩闊台的孫子海都趁托雷家族內亂之際快速擴張勢力，並與察合台家族的八剌產生衝突，演變成所謂的「海都之亂」。但這場內戰並不能只用「窩闊台家族叛元」一句話來概括。一二六九年，海都與商討議和的察合台家族的八剌，以及朮赤家族的忙哥帖木兒在塔拉斯河畔召開庫里爾台大會，共同反對大汗忽必烈在內的托雷家族，並分配中亞地區的權益。＊這次大會在之後發展成一場將元朝的東道諸王和托雷家族蒙哥、阿里不哥後裔悉數捲入的內戰。但這些發動戰爭的西道諸王†也不團結，彼此爭權衝突不斷。另外特別的是，闊端等窩闊台系率領的東道諸王站在托雷家族這一邊；反之，朮赤家族雖與接壤的伊兒汗國勢如水火，對元朝卻沒有那麼深的敵意。至於察合台家族的阿魯忽後裔被安置在元朝境內，主流派的態度支持海都，卻讓海都得以侵門踏戶；八剌驟逝後，海都實質占領了察合台家族的領地，同時擁立八剌的兒子篤哇為同盟。

一二九四年忽必烈過世，海都與篤哇聯軍向元朝發動猛烈攻勢。一三〇一年，後來登基為元武宗的皇子海山率元軍出兵蒙古高原，強力反攻，剿滅海都。篤哇趁機遣使元朝策動和談，蒙古帝國出現和平之象。一三〇五年，元朝的鐵穆耳汗（即元成宗）、伊兒汗國（托雷家族旭烈兀後裔）的完者都、朮赤家族的脫脫、察合台家族的篤哇、窩闊台家族的察八兒等人終於達成和平協議。但是，蒙古帝國並非重新統一，只不過是維持暫時的和平。

到了這時，窩闊台家族和察合台家族的地位已完全反轉。篤哇違背海都遺言，推舉察八兒為繼任者，深化了窩闊台家族內部的分裂。這個離間策略使得海都的諸子不再團結，被逐一擊破。察合台家族除了自己的領地外，又掠奪了窩闊台家族的領地。因此，窩闊台汗國後來並未復興成一個獨立政權，然而部分窩闊台系宗王領地被奪後，還能留在察合台領地保留實力。在這個時期，除了元朝皇帝外，各汗國君主雖仍舊只稱「汗」未僭稱「大汗」，但事實上蒙古帝國早已不是統一政權，只是鬆散聯合、時有衝突的四個兀魯思集合體。這四個兀魯思雖一再發生內部分裂，但在中央歐

＊ 此次大會即象徵成吉思汗的蒙古帝國在實質和形式上的分裂。

† 相對於成吉思汗分封的諸弟等東道諸王，統領蒙古高原西側的成吉思汗諸子及其家族被稱為西道諸王，即朮赤、察合台、窩闊台三系。

亞，非成吉思汗後裔（黃金家族）不得稱汗的原則逐漸被奉為圭臬，有時該原則也被外部人士利用與繼承。以下將檢視四個兀魯思個別的瓦解過程。

2　蒙古政權的瓦解及其影響

四大兀魯思的多極化

如前所述，十三世紀後期蒙古帝國的分裂已成定局。四大王族中，窩闊台家族因十四世紀前期察合台家族的離間被奪取領地，後來不再具備國家形制，而托雷家族的元朝及伊兒汗國、朮赤家族的欽察汗國、察合台家族的察合台汗國等所謂「四大兀魯思」，表面上仍維持奉元朝為宗主國的鬆散聯合。但經過西道諸王聯合反托雷家族掀起海都之亂後，四大王族雖然在十四世紀前期談成和平，但這並不意味著蒙古帝國重新統一崛起，反倒更加明確展現出元朝與三汗國的分立。之後，元朝與三汗國不時交戰或友好往來，也更見分裂之勢。到了十四世紀中葉，各政權下的社會動蕩不安，王族、權臣、民眾發動的造反屢見不鮮，各政權內部失去向心力之際，十四世紀前期彼此勉強維持的合作關係亦消失殆盡。

有關帝國瓦解的機制，位於歐亞大陸各處的四大兀魯思各有其特徵。以下就從歐亞大陸東邊的宗主國元朝開始，依序檢視瓦解過程。

東部歐亞大陸（元朝）的蒙古政權瓦解

忽必烈在與幼弟阿里不哥爭奪汗位時力陳其正統性，而為了獲得財政上的支援，也將帝國的重心移到中國。蒙古帝國至此有了龐大人口帶來的巨大稅收，和直通地方基層的強大「皇帝—官僚」中央集權體制。＊江南的經濟力遠非華北所能比擬，因此忽必烈在滅南宋、統一中國後，立刻下詔修建大運河至元朝首都大都。他在位時陸續開鑿了連接江蘇淮安與山東東阿的濟州河、連接東阿與山東臨清的會通河，以及到達大都近郊通州的水路，最後開鑿通州到大都的通惠河，串聯起一條自江南的杭州到大都的南北大運河。

此外，他也聽取自南宋歸降的新興富豪朱清和張瑄建議，開拓杭州到直沽（今天津）的海運路線，如此即使運河冬天結凍，往大都的漕運亦可持續。在統一的中國擁有連接南北的河運和海運，意義莫甚於此。靠著豐饒的江南物資和海外財富，大都等地的華北經濟在相乘效果下可取得數倍稅收。而透過運河與海運，江南三角洲也可成為具有龐大消費力卻無法自給自足的大都腹地。

如果沒有建立這樣的全中國經濟圈，就不可能實施做為財政支柱的榷課（對茶、鹽等實施專賣

＊受到統治漢地的正統觀影響，元朝統治者必須同時為蒙古大汗和中國皇帝，在此節多以皇帝稱之。

及課稅），也不可能實行靠稅收建立信用的交鈔制度（紙幣制度）。此外，大都、京畿一帶和蒙古高原的糧食及災時賑濟，大多仰賴江南的穀糧。另一方面，南北連結一旦中斷，元朝的財政就無法運作。連接南北的河運與海運不啻是元朝的生命線。

若查閱元朝編纂的地方志，我們還可以發現，地方志經常留下當地權貴或寺觀出資重建橋梁及寺觀等公共建設的紀錄，而至正年間（一三四一～一三七〇年）的紀錄多得令人注目。此時期必須重建橋梁與寺觀，意味著橋梁及寺觀被大量破壞，原因便是叛亂和戰禍頻仍。不過在此之前，元朝皇室已有權臣涉入鬥爭一事。如同憲宗蒙哥與世祖忽必烈、武宗海山與仁宗愛育黎拔力八達的關係顯示了，在蒙古帝國的元朝，兄弟爭奪帝位的情形尤其顯著。仁宗之子、即英宗碩德八剌被殺後，發生了重臣和后妃都被牽連的激烈帝位爭奪戰，朝廷綱紀混亂至極。尤其是后妃輩出的弘吉剌部，出自此部的重臣和軍閥化權臣大權在握，對立帝一事干涉甚深。皇帝的權力和國家統御力因此不斷下降。

權力凌駕皇帝的權臣，仁宗時已有直接受命於皇太后答己的權臣鐵木迭兒，此後權臣對皇帝的干涉逐漸升級。一三二三年，不滿鐵木迭兒的英宗欲掃除弘吉剌派的權臣，卻在上都南郊的南坡遭率領左右阿速衛親軍的鐵失殺害。鐵失等人迎晉王甘麻剌之子也孫鐵木兒繼任帝位，是為泰定帝。但鐵失反遭泰定帝以謀逆罪整肅。泰定帝死後，其子阿剌吉八即位為天順帝。然而武宗派的欽察權臣燕帖木兒與蔑兒乞部重臣伯顏合力攻打上都的天順帝，並迎武宗後嗣圖帖睦爾為帝，奪取政權，是為文宗。此時文宗異母兄長和世㻋得到察合台汗國馳援，又取得哈拉和林蒙古貴族的支持回朝，文宗不得不將帝位讓給兄長（是為明宗）。但後來和世㻋不明原因暴卒，文宗再次即位，史稱「天曆之變」。此後混亂情況仍舊持續，直到最後一位統治全中國的蒙古皇帝、元順帝妥懽帖睦爾即位為止。之所以發生這些事件，全因握有欽察軍閥的左衛親軍總司令（都指揮史）燕帖木兒，其影響力足以左右皇帝繼位。而在他死後，這樣的權力又落在握有阿速侍衛親軍的伯顏身上。

自然災害與饑荒・瘟疫

除了國政紊亂，天災與氣候異常也為元朝社會帶來重大損害。第四章將從治水的觀點切入探討元朝的自然災害與社會危機，而本章主要論述自然災害與元朝在中國的瓦解之關聯。

與之前各朝相比，整體而言，中國在元朝統治期間發生的災害較多，從忽必烈登基的一二六〇年代起便間歇不斷，地方經常出現災情。對此，元朝政府與歷代中國王朝一樣，採取「賑恤」的救濟方式。賑恤大略分成兩種，一是免除災區差稅，二是給予損害嚴重的災區米粟，但由於制度僵化和官僚腐敗，時常可見米粟未能交到災民手上的狀況，並引發饑荒或瘟疫等二次災難。此外，有許多饑荒或瘟疫是戰爭等人為災害引起，尤其是蒙古帝國初期到元朝建立，以及元朝末期，這段期間戰火頻仍，發生了多起饑荒和瘟疫。從元朝中期開始，由自然災害引發的饑荒和瘟疫更是連綿不絕。尤其是在一三二四年泰定帝即位前後發生的地震、豪雨、旱災及蝗災，規模可用翻天覆地來形容。當時《元史》以「不雨，大饑，民相食」描述泰定二年受災嚴重的陝西，文人揭傒斯也表示「泰定之際，關陝連歲大旱，父子相食，死徙者十九。」當時人們認為災害乃「天欲降大厲於民」，泰定帝也曾下令恩赦和免稅，以此向天求情，但沒有成效。這時的元朝中央還有國力和意願從事改革，應付危機。但不知自何時起，為民請願、重整社會的呼籲，卻被回回官吏口中「發生災害是因未支付回回商人珠寶交易的龐大貨款所致，所以應即刻支付」的呼聲取代。最後不僅災難未能平息，一三二八年泰定帝病逝後，更爆發了天曆之變。

長年政爭導致政局混亂，也為社會帶來嚴重傷害。天曆之變時，大都（海山後裔文宗派）與上都（甘麻剌後裔泰定帝・天順帝派）各擁其主，兩座首都的內戰也擴大到地方。文宗派雖然壓制各地行省，但遼東、陝西、河南、四川各地，泰定帝派的諸王族和重臣群起反抗。一三二八年上都失陷，戰亂暫時有趨緩跡象，但陝西、四川、雲南未歸順，之後又發生四川囊加台叛亂，以及雲南禿堅與伯忽之亂。直到一三三二年，雲南叛亂才敉平。面對一連串的內亂，元朝政府也未能賑恤自然災害，反而更擴大了瘟疫和饑荒。

社會動亂與獨立勢力割據

這些大型災害與內亂並未立即讓元朝政府運作失靈，但叛亂的頻率與範圍漸次擴大，最終演變成全國性民變與反元勢力割據之勢。一開始是瑤族為首的邊疆族群頻繁民變。這裡的瑤族，是分布在湖南、兩廣到雲南，以至越南北部等廣大山區的族群總稱，其中包含了各種集團，與元朝關係

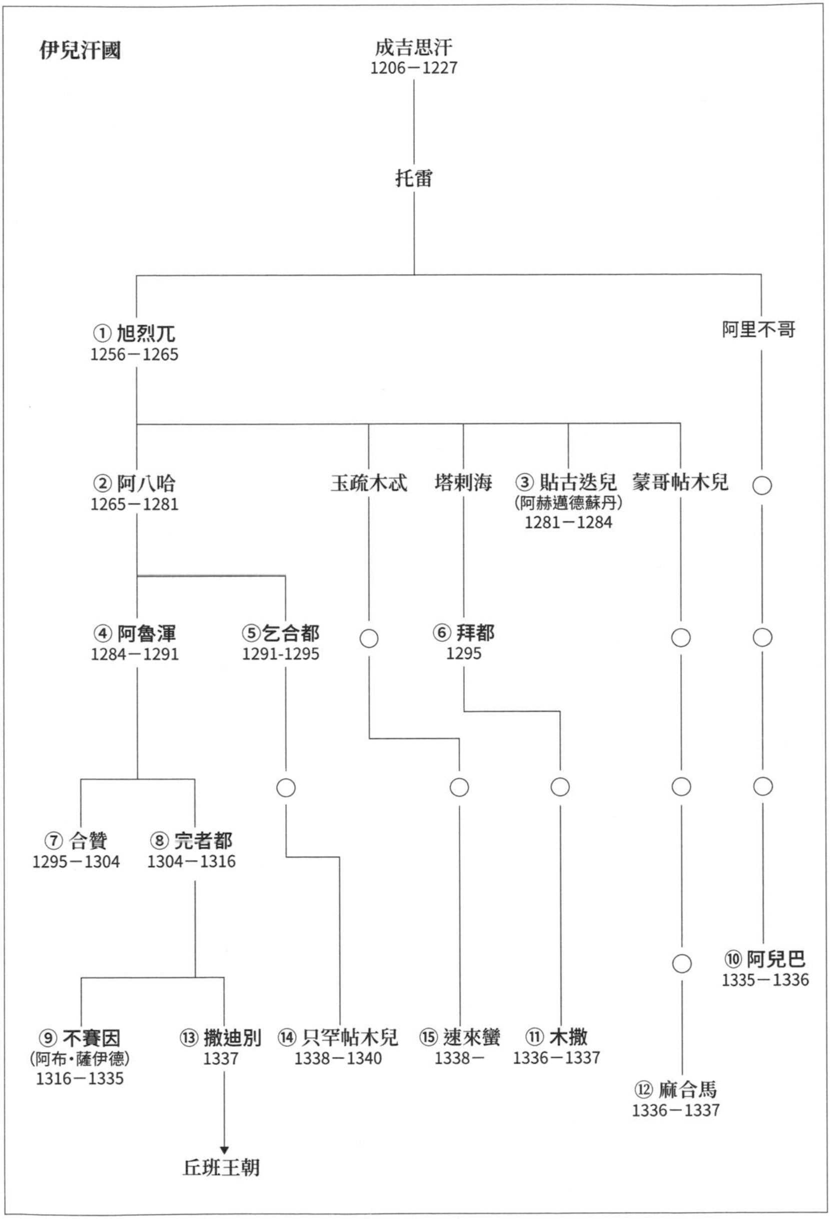
伊兒汗國
成吉思汗
1206－1227
托雷
① 旭烈兀
1256－1265
阿里不哥
② 阿八哈
1265－1281
玉疏木忒
塔剌海
③ 貼古迭兒
(阿赫邁德蘇丹)
1281－1284
蒙哥帖木兒
④ 阿魯渾
1284－1291
⑤乞合都
1291-1295
⑥ 拜都
1295
⑦ 合贊
1295－1304
⑧ 完者都
1304－1316
⑩ 阿兒巴
1335－1336
⑨ 不賽因
(阿布・薩伊德)
1316－1335
⑬ 撒迪別
1337
⑭ 只罕帖木兒
1338－1340
⑮ 速來蠻
1338－
⑪ 木撒
1336－1337
⑫ 麻合馬
1336－1337
丘班王朝

伊兒汗國世系表

並不一致。在元朝前期就可看到瑤民叛亂與劫掠事蹟，之後如泰定三年（一三二六年）〈融州平猺記〉和元統二年（一三三四年）〈廣西道平蠻記〉，而在泰定年間（一三二四～一三二八年）以後漸趨激烈。其他民族也是如此。前面提到的四川、雲南諸王族造反時，百姓也時常趁亂揭竿而起。一三三〇年代後期的中國各地經常發生由漢人帶領的小規模民變。面對人口占絕對多數的漢人起兵反抗，皇帝圖帖睦爾（元文宗）一開始大受衝擊，下詔要求漢人官吏進獻平亂方法。但後來劫掠、強盜、蜂起仍舊不斷，社會不安也擴及了包含蒙古和穆斯林在內的所有族群與宗教。

自宋朝起便以反體制思想的白蓮教多次發動民變，其中一三五一年以韓林童及韓林兒為中心，反抗在河南一帶擴大，被稱為「紅巾之亂」。在此前後，也出現了兵力足以抗衡元朝的地方獨立勢力。一三四八年浙東台州的方國珍叛變，一三五三年張士誠在浙西起事，一三五六年朱元璋更攻下了元朝在江南的據點集慶路（今南京）。明玉珍一三五七年占據四川，陳友諒同樣也於一三五七年到一三六〇年左右在湖北據地自立。面對這些領袖民變，本應出兵討伐的元朝卻又面臨將領軍閥化、半自立的局面，如孛兒帖木兒的軍閥以大同為據點，察罕帖木兒以河南一帶為據點，其繼承者擴廓帖木兒（王保保）則以太原為據點，中國全境呈現群雄割據之勢。領導軍閥的孛兒帖木兒與擴廓帖木兒分別支持一三五三年被立為太子的愛猷識理達臘，以及皇帝妥懽帖睦爾（元順帝），雙方政爭不斷。元朝的中央也因此越來越脆弱。

南北大動脈的中斷與元朝的滅亡

這些全國性的民變和軍閥勢力，帶給元朝國家體制致命性的傷害。但最嚴重的問題，卻是南北流通的大動脈——大運河與海運的中斷。自紅巾之亂發生次年的一三五二年起，江南的稅糧便未能運抵大都。當然，財政重要收入鹽課與茶課亦未送達。元朝賜予張士誠和方國珍官位，以求漕運能抵達大都，但最後沒有成功。元朝漕運最鼎盛時期，經海運輸入大都的穀糧可達三百萬石以上，而在社會疲弊、經濟衰退的妥懽帖睦爾在位初期，也依然能維持在二百五十萬石左右，但一三五二年之後卻遽減到十萬石上下。別說京畿一帶或蒙古草原，就連大都的糧食需求都無法滿足。妥懽帖睦爾即位後自然災害接連不斷，人為災害也緊隨其後，各地瘟疫饑荒頻傳。元朝政府早已束手無策，緊急在京畿周邊進行屯田，供應大都糧食，然而因饑荒及瘟疫無處可去的各地百姓湧入首都，使得傳染病越演越烈，形成惡性循環。雖然在一三六五年，被驅離大都的太子愛猷識理達臘得到擴廓帖木兒的庇護再次入朝，妥懽帖睦爾交出皇位，但此時情勢已無可轉寰。在元朝軍閥分成皇帝派與太子派、爭奪權力的期間，朱元璋已逐漸整合各地割據勢力。

一三六三年朱元璋滅了陳友諒，一三六五年又滅了自封吳王的張士誠，之後方國珍也歸順。一三六八年，朱元璋在應天府登基為明朝皇帝，隨即派兵進攻大都，擴廓帖木兒也在關鍵之役敗給明軍，無計可施的皇帝妥懽帖睦爾與太子愛猷識理達臘放棄大都逃至上都，第二年上都也被攻擊，只好北退至蒙古高原的應昌府（今赤峰）。愛猷識理達臘後來即位為帝，元政權仍在，但無法奪回漢地。取代元朝的明朝稱之為韃靼，後世為與元朝區分，則稱之為「北元」。即使如此，它仍是盤據蒙古高原本部、擁有強大軍事力的遊牧國家。十四世紀後期，阿里不哥的後裔也速迭兒在瓦剌部支持下奪取帝位，忽必烈一脈斷嗣。十五世紀阿速部與瓦剌部各自擁立傀儡大汗，角逐霸權。瓦剌部的也先稱霸自立為大汗，這說明權臣家族的重要部落握有實權，大汗權威走向名存實亡。即使如此，十五世紀後期，忽必烈的後代巴圖蒙克登基為達延汗，統一蒙古高原。達延汗重整蒙古各部並分封諸子，讓成吉思汗後裔再次直接統治蒙古。然而十六世紀前期達延汗去世後，諸子形成的各部落大汗分立。到了十七世紀，通古斯的滿族所建立的後金入侵蒙古高原。繼承達延汗正統的察哈爾部和蒙古各部落皆向後金投降，元朝（北元）至此完全滅亡。

西部歐亞大陸（伊兒汗國）的蒙古政權瓦解

統治伊朗與中亞的伊兒汗國是由忽必烈之弟、旭烈兀家族繼承伊兒汗位。旭烈兀在蒙古大汗之位爭奪戰時支持忽必烈，以此換得忽必烈承認伊兒汗國實質獨立。因此，伊兒汗雖然名義上只是蒙古帝國的其中一個可汗，但在汗國內則自稱帕迪沙（Padishah，波斯王之意）。話雖如此，伊兒汗國與元朝一直維持良好關係，兩國時常互相遣使。反之，欽察汗國與察合台汗國則十分排斥獨占人口稠密伊朗地區的伊兒汗國，三番兩次來犯。此外，旭烈兀雖未能成功攻下埃及，但直到十四世紀中葉的不賽因在位時期，伊兒汗國與埃及的馬木路克政權仍不斷開戰，爭奪敘利亞。雖然與鄰國交戰導致國力疲弊，卻這並非伊兒汗國滅亡的原因。伊兒汗國瓦解最大的推手，還是中央集權的衰弱與權臣家族的爭鬥。在這層意義上，可說是與元朝如出一轍。

伊兒汗國也有支持王族、也就是成吉思汗後裔的重臣，稱為埃米爾／那顏。其中上位者稱大埃米爾，地位最高的埃米爾有時甚至足以與君主匹敵。例如與旭烈兀一同來到伊朗的札剌亦兒部的亦魯該那顏，就是萬人之上的權臣。他的子孫被重用為大埃米爾或招為古列堅。第五任君主海合都在位時，亦魯該家族的阿黑不花是埃米爾之首，後為海合都繼任者拜都所殺，然而其子胡笙（Amir Husayn Küregen）於第八任君主完者都在位期間持有僅大埃米爾才能擁有的漢字朱印，權傾一時。胡笙之子謝赫·哈散則在不賽因逝世後擁立傀儡可汗，建立札剌亦兒王朝。

出自速勒都思部的出班是第四任君主阿魯渾時代的大埃米爾，一三〇七年成為埃米爾之首。其家系可以追溯到成吉思汗時代托雷家族的千戶長宿敦那顏，世世代代在伊朗繼承大埃米爾的地位，是有力重臣，也出過怯薛長＊孫札黑等人。孫札黑的姪兒馬里黑之子就是出班。出班受完者都重用，娶其女杜倫第可敦（Dowlandi Khatun，可敦為大汗妻子的尊稱），後來又娶完者都另一女、繼任幼主不賽因之妹撒迪別（Sati Beg），成為監國暨副王。不僅如此，他的兒子們也在各地任官，出班家族實質統領了整個伊兒汗國的中央、右翼、左翼，一三二〇年代初期如日中天。但是，不賽因漸漸對出班一族權力凌駕自己而十分不滿。一三二六年，出班在赫拉特（Herat）受元朝泰定帝也

＊ 怯薛為保護蒙古主君的生活安全的衛士集團。

孫鐵木兒的使者封予國公的爵號與官位、金印，權勢更加不可一世。第二年春天，不賽因終於以誅殺出班三子狄馬世克（Demasq Kaja）為開端，整肅出班一族。出班不得不在呼羅珊舉兵，從此伊兒汗國陷入內亂。重臣與官員被迫做出選擇，大多從出班陣營投向伊兒汗。最後，出班逃至赫拉特被殺，諸子大多客死異鄉或被處死。這時的出班家族幾乎已是滅族邊緣。然而，不賽因強娶出班女兒巴格妲可敦，甚至又納出班孫女德爾薩德可敦、以及出班的親戚赫爾克達克可敦（Sarqadaq Khatun）為妃。此外，不賽因之妹、嫁予出班的撒迪別也無性命之憂，出班家族的婦女對伊兒汗國仍保有影響力。也因此，出班一系得以勉強保下命脈，於不賽因死後再次復興。

權臣家族的外戚化與奪權

伊兒汗國實質上最後的可汗不賽因未留下繼承人遽逝，阿里不哥家族的阿兒巴成為伊兒汗。此時大埃米爾的意旨比伊兒汗王族更能左右政權。

阿兒巴處死在法爾斯（Fars）獨立的馬赫米德・沙阿・因賈（Sharaf al-Din Mahmud Shah），娶出班未亡人不賽因之妹撒迪別為妻。一三三六年，瓦剌部出身的阿里帕夏（Ali Padshah）擁立旭烈兀旁系的木撒汗，進軍大不里士，俘虜並殺死迎擊的阿兒巴。

此後，不賽因的埃米爾外戚們各自擁立傀儡可汗，汗國內部衝突越加白熱化。一三三六年，札剌亦兒部重臣謝赫・哈散（大哈散）擁立傀儡可汗，一三三七年以欽察部謝赫・阿里為中心的呼羅珊重臣們也擁立傀儡可汗，由大哈散贏得勝利。然而大哈散在一三三八年敗給出班之孫謝赫・哈散・庫切克（小哈散，Hasan Kuchak），兩年後在伊拉克一帶自立為王，建立札剌亦兒王朝。出班家族則占據首都大不里士和亞塞拜然地區，同年小哈散推舉祖母撒迪別就任伊兒汗之位，並於翌年另建丘班王朝。如此，獨立勢力於伊兒汗國分立。這些勢力大多在名義上忠於伊兒汗，但此時呼羅珊地區有脫合帖木兒（Togha Temür）、亞塞拜然地區有出班家族擁立的撒迪別、伊拉克地區有札剌亦兒亦魯該家族擁護的只罕帖木兒（Jahan Temur），多名伊兒汗同時並存。伊兒汗國早已非統一政權。

之後，丘班王朝、札剌亦兒王朝、只罕帖木兒這三個政權，跟以亞茲德與伊斯法罕為據點的穆札法爾王朝、以設拉子為據點的因賈王朝之間再三對抗講和。其中，丘班王朝在一三四三年小哈散被暗殺後衰微，一三五七年遭欽察汗國侵略後滅亡。另一方面，盤據伊拉克的札剌亦兒王朝大哈散繼承者謝赫・烏畏思（Shaikh Uvais I）統治期間擴大勢力，也奪回被欽察汗國搶走的大不里士和亞塞拜然。烏畏思不再擁立傀儡可汗，而是自立為伊兒汗國的繼承者，名叫巴哈多爾汗（Bahadur Khan）。在此之前，呼羅珊地區擁立的脫合帖木兒也在一三五三年遭暗殺，這也象徵了成吉思汗後裔統治的伊兒汗國在伊朗名實俱亡。但是，根據納坦茲（Muʿin al-Din Natanzi）的《穆因歷史選》（*Muntakhab al-Tawarikh-i Muʿini*），脫合帖木兒的後人在裏海西岸的雪爾文（Shirvan）落地生根，成為地方領主，至少一直持續到帖木兒帝國末期。話雖如此，上述勢力皆無再次統一伊朗的實力。十四世紀末，察合台王室的古列堅（女婿／駙馬）、身為埃米爾的帖木兒才終於成功統一伊朗，暫時將它併入帝國領土。

由此可知在伊兒汗國內政混亂時期，擁立傀儡君主、建立獨立政權的兩大權臣家族——扎剌亦兒王朝的大哈散家族，與丘班王朝速勒都思部的出班家族——都是伊兒汗的姻親，也就是被稱為古列堅的外戚。在巴格達擁立木薩成為伊兒汗的瓦剌部阿里帕夏，也在不賽因時期成為外戚。亞茲德的穆札法爾王朝與法爾斯的因賈王朝，都是不具外戚關係的埃米爾，因此未曾擁立傀儡可汗，而是先與其他重臣家族聯合，之後再獨立。此外，呼羅珊地區的脫合帖木兒雖然是傀儡可汗，但因自身亦握有權力，在位期間比較長久。一般認為這也和擁立他的謝赫·阿里與多位埃米爾並非外戚、權勢較弱有關。

不賽因死後，伊兒汗國政權加速瓦解，重臣家族的奪權使得情況雪上加霜。但是，這些重臣家族並非此時才突然興起。舉例來說，在完者都去世到繼任者不賽因繼位之間，有一百數十多天的汗位空窗期，而這其實是埃米爾出班等人所主使的。奇妙的是，它與元朝末代皇帝妥懽帖睦爾即位時，在權臣伯顏授意下延後登基的情形如出一轍。但是出班絕非有意顛覆政權，反倒是政敵和伊兒汗本身都在籌謀剷除出班派。眾所皆知，歷代掌有強大權力的宰相（Wazir）中只有阿里沙（Taj al-Din Alishah）一人得享天年。埃米爾也是如此，無論是被元朝授予「丞相」之職的阿黑不花，或是得到「國公」稱號的出班，最後都被伊兒汗下令處死。簡言之，伊兒汗國不論是出身蒙古或突厥的大埃米爾，還是出身伊朗的宰相，他們都握有巨大權力，而彼此間的權力傾軋也能充分發揮互相監視的作用。大埃米爾也好，宰相也罷，只要其中一方足當大任，就能讓國政順利運轉。事實上，在傀

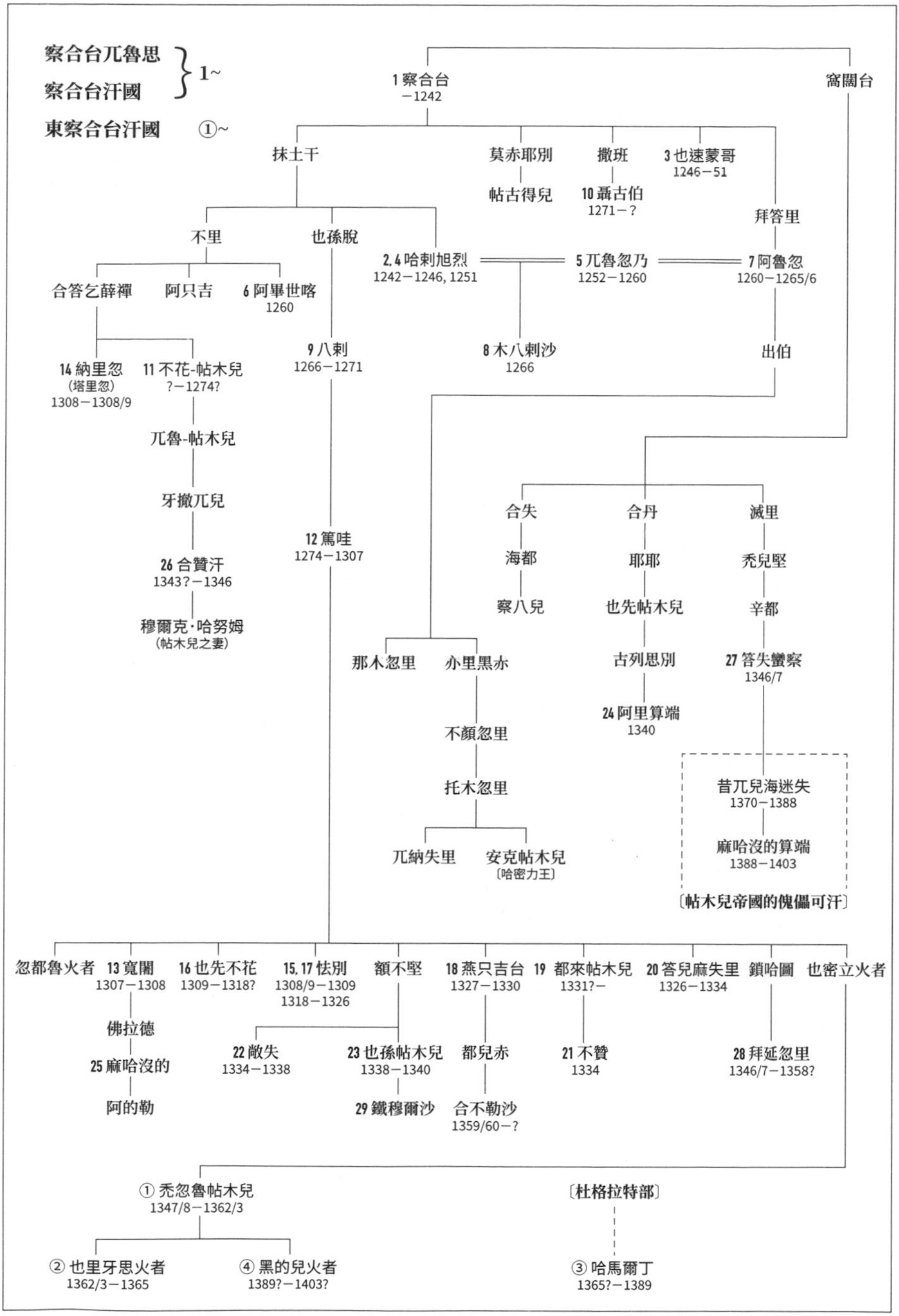
察合台兀魯思
察合台汗國
1~
東察合台汗國
①~
1 察合台
−1242
窩闊台
抹土干
莫赤耶別
撒班
3 也速蒙哥
1246−51
帖古得兒
10 聶古伯
1271−？
拜答里
不里
也孫脫
2, 4 哈剌旭烈
1242−1246, 1251
5 兀魯忽乃
1252−1260
7 阿魯忽
1260−1265/6
合答乞薛禪
阿只吉
6 阿畢世喀
1260
9 八剌
1266−1271
8 木八剌沙
1266
出伯
14 納里忽
（塔里忽）
1308−1308/9
11 不花-帖木兒
?−1274?
兀魯-帖木兒
牙撒兀兒
26 合贊汗
1343?−1346
穆爾克·哈努姆
（帖木兒之妻）
12 篤哇
1274−1307
合失
合丹
滅里
海都
耶耶
禿兒堅
察八兒
也先帖木兒
辛都
那木忽里
亦里黑赤
古列思別
27 答失蠻察
1346/7
24 阿里算端
1340
不顏忽里
托木忽里
兀納失里
安克帖木兒
〔哈密力王〕
昔兀兒海迷失
1370−1388
麻哈沒的算端
1388−1403
〔帖木兒帝國的傀儡可汗〕
忽都魯火者
13 寬闍
1307−1308
16 也先不花
1309−1318?
15, 17 怯別
1308/9−1309
1318−1326
額不堅
18 燕只吉台
1327−1330
19 都來帖木兒
1331?−
20 答兒麻失里
1326−1334
鎖哈圖
也密立火者
佛拉德
25 麻哈沒的
阿的勒
22 敞失
1334−1338
23 也孫帖木兒
1338−1340
29 鐵穆爾沙
都兒赤
合不勒沙
1359/60−？
21 不贊
1334
28 拜延忽里
1346/7−1358?
① 禿忽魯帖木兒
1347/8−1362/3
〔杜格拉特部〕
② 也里牙思火者
1362/3−1365
④ 黑的兒火者
1389?−1403?
③ 哈馬爾丁
1365?−1389

察合台汗國世系表

傀君主林立的阿兒巴時代前，被譽為名宰相的拉施丁德（Rashid al-Din Tabib，《史集》的作者）就把國事治理得井井有條，但在他死後，伊兒汗國便分崩離析。

中央歐亞南部（察合台汗國）的蒙古政權瓦解

十四世紀初期，篤哇在位時期的察合台汗國併吞了海都死後窩闊台家族的勢力，鞏固汗國基礎。之後與元朝、伊兒汗國反覆交戰談和。篤哇復興汗國後，汗位主要由篤哇一系之長子繼承，但其他諸王依然保有勢力。再加上之後併吞了海都（窩闊台家族）的部分領土，窩闊台家族諸王也紛紛成為國家權力基礎，因此察合台汗國始終無法建立強大的中央集權。依據過去的研究，篤哇的兒子們相繼就任汗位，但篤哇家族內部在十四世紀前期也出現分裂，燕只吉台、都來帖木兒、答兒麻失里各自稱汗，察合台汗國各勢力地方分立。到了十四世紀中葉，也開始出現窩闊台家族後代登上察合台汗位的情形。

就一般的說法，十四世紀前期，察合台汗國分裂成東西察合台汗國，前者仍維持遊牧生活的蒙古文化，後者則逐漸走向定居和伊斯蘭化。但定居與伊斯蘭化未必是同步進行，而且察合台汗國東部並非沒受到伊斯蘭教的影響，西部的遊牧社會也並未消失。如同赤坂恒明與矢島洋一所主張，察合台汗國是否真的以該時期為界，明確分裂為東西（右翼、左翼）兩部並各自獨立，本身就令人存疑。察合台汗國的權力在十三到十四世紀間明顯出現多極化的現象，而在十四世紀後期，權力漸漸收攏在西部巴魯刺思的駙馬帖木兒，以及東部杜格拉特的播魯只手中，他們各別擁立察合台家族後代做為傀儡可汗。在這個時期，也不乏未與兩者為伍的成吉思汗後裔和埃米爾／那顏等重臣家族。

在察合台汗國西側的河中地區*，原本是阿富汗及印度西北一帶探馬赤軍的合刺烏納斯軍閥（Qaraunas）軍團長埃米爾．加茲罕在一三四五年起兵造反，並於次年殺害位於西部的察合台君主合贊汗†，擁立傀儡可汗。‡此後，重臣家族的巴魯刺思、速勒都思及札剌亦兒等部割據河中地區西北，形成實質獨立勢力。而加茲罕雖然實質掌權，但並未干涉割據西北部的遊牧部落。

被過去史家視為察合台汗國分立王朝的東察合台汗國，所謂禿忽魯帖木兒在十四世紀前期創建蒙兀兒斯坦§一事，也應重新檢視。過去的研究認為，禿忽魯帖木兒曾暫時統一分裂為東西的察合台汗國；但禿忽魯帖木兒進攻西部，未必需要東西分裂這個前提，反倒應將其放入察合台汗國權力在分化與收攏中再三反覆的脈絡下進行解讀。這時，之後建立帖木兒帝國的帖木兒取代了逃亡的巴

---

* Transoxiana，指中亞錫爾河（Syr Darya）和阿姆河（Amu Darya）流域或兩河之間的地區，約相當於今日烏茲別克和塔吉克（Tajikistan）一帶。河中又稱為 Ma-wara' an-Nahr，意為「大河彼岸之地」。

† Qazan Khan，部分書籍稱其為合贊算端，算端即蘇丹之意。

‡ 答失蠻察等西察合台汗國可汗。部分研究者也將這起事件視為察合台汗國東西分裂的開端。

§ 即東察合台汗國，此處作者選用波斯稱呼。

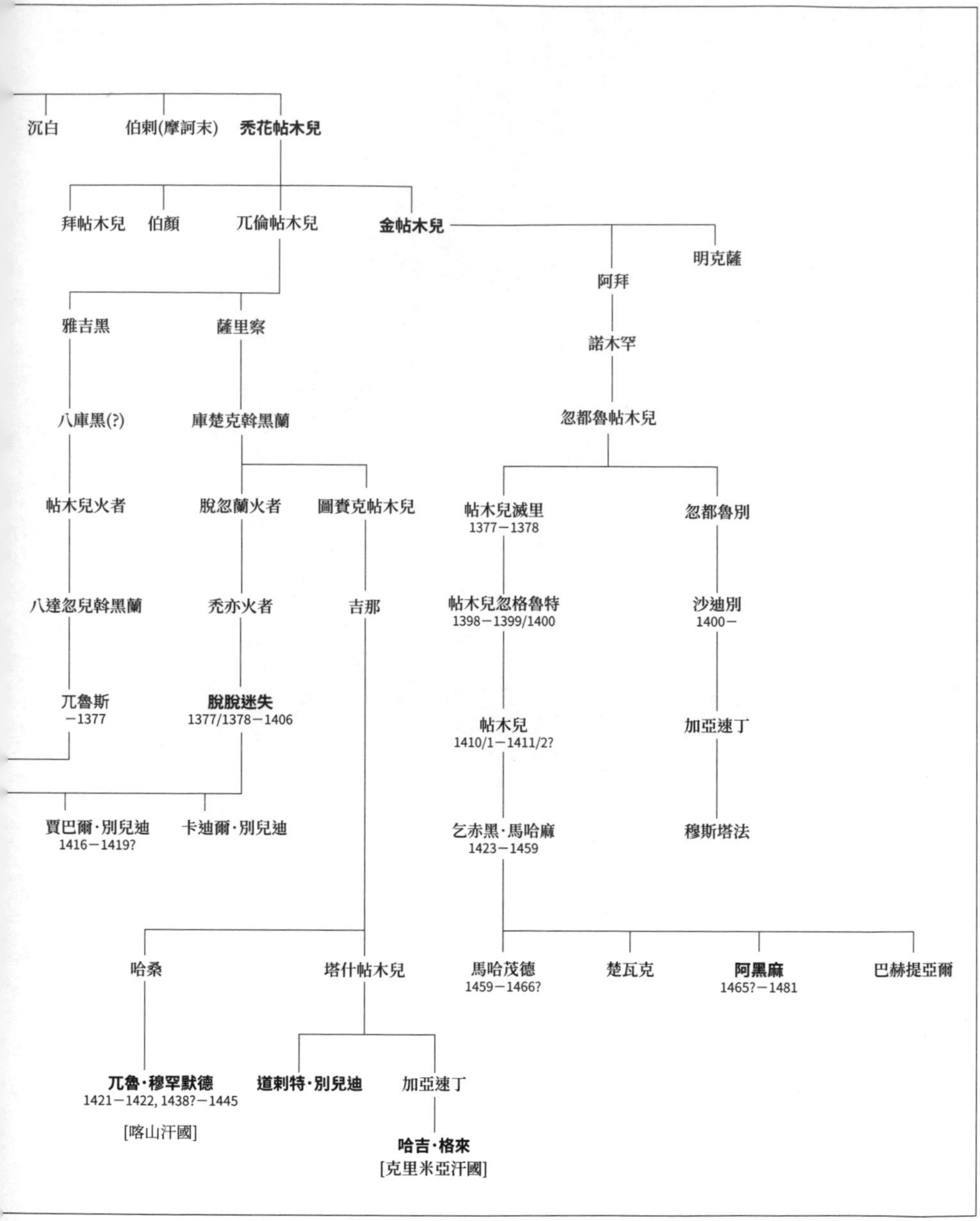
沉白
伯剌(摩訶末)
禿花帖木兒
拜帖木兒
伯顏
兀倫帖木兒
金帖木兒
明克薩
阿拜
雅吉黑
薩里察
諾木罕
八庫黑(?)
庫楚克斡黑蘭
忽都魯帖木兒
帖木兒火者
脫忽蘭火者
圖賓克帖木兒
帖木兒滅里
1377－1378
忽都魯別
八達忽兒斡黑蘭
禿亦火者
吉那
帖木兒忽格魯特
1398－1399/1400
沙迪別
1400－
兀魯斯
－1377
脫脫迷失
1377/1378－1406
帖木兒
1410/1－1411/2?
加亞速丁
賈巴爾·別兒迪
1416－1419?
卡迪爾·別兒迪
乞赤黑·馬哈麻
1423－1459
穆斯塔法
哈桑
塔什帖木兒
馬哈茂德
1459－1466?
楚瓦克
阿黑麻
1465?－1481
巴赫提亞爾
兀魯·穆罕默德
1421－1422, 1438?－1445
[喀山汗國]
道剌特·別兒迪
加亞速丁
哈吉·格來
[克里米亞汗國]

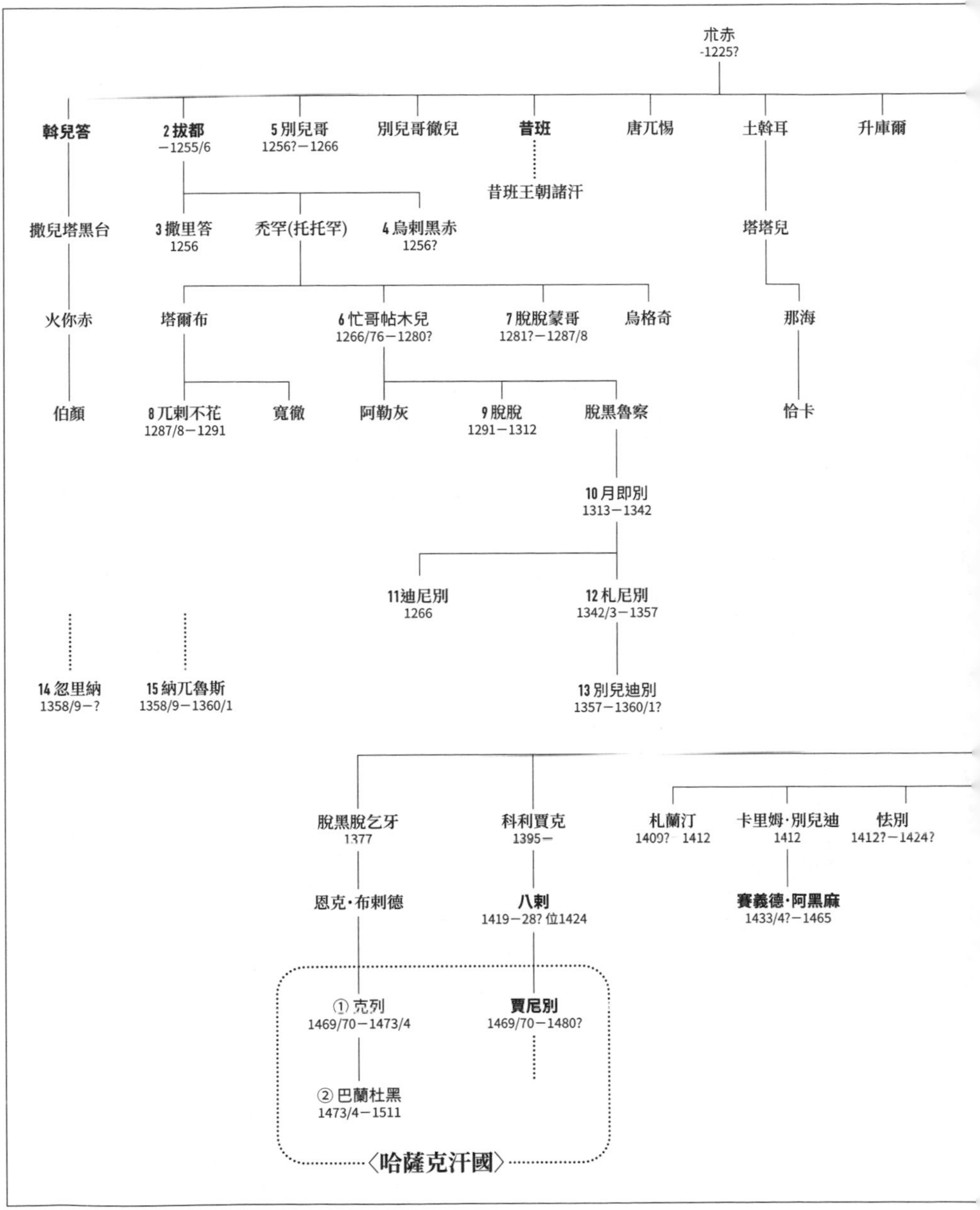

欽察汗國（金帳汗國）世系表

魯剌思部族長哈吉，逐漸興起。帖木兒與被禿忽魯帖木兒追殺的合剌烏納斯軍團長忽辛合作，擁立傀儡可汗，展開共同統治。不久後，帖木兒與忽辛決裂，獨自擁立傀儡可汗昔兀兒海迷失，並擊敗忽辛，確立對河中地區的統治。此後，帖木兒就以成吉思汗後裔的駙馬、也就是古列堅自稱。

至於東邊的蒙兀兒斯坦，禿忽魯帖木兒過世後，擔任世襲埃米爾當中權勢最大的「兀魯思別吉」＊一職的杜格拉特氏播魯只家族，以古列堅的身分強化自身勢力，擁立一個個傀儡可汗，掌握實權。播魯只之弟哈馬兒丁殺害了傀儡可汗也里牙思火者，自立為汗，但後來遭到溪邊的駙馬帖木兒進攻，不得不出逃，播魯只之子的忽歹達繼任族長，其子孫重新擁立成吉思汗後裔為傀儡可汗，繼續掌握實權。總之，在禿忽魯帖木兒汗去世前後，察合台汗在東西兩邊都可說已經被架空。話雖如此，察合台汗國並未消失。即使徒具形式，成吉思汗後裔的可汗仍屬必要。傀儡可汗在政權穩定後就會遭廢，但當新政權興起，便會再次樹立新的傀儡可汗。這是因為成吉思汗後裔仍擁有一定勢力，非成吉思汗後裔的統治者需要他們的力量做為支持。

中央歐亞北部（欽察汗國）的蒙古政權瓦解

與其他汗國相同，欽察汗國內部的權力亦漸趨分裂和多極化，但王權持續時間較長。朮赤領有的兀魯思，原本位於今哈薩克東北到西伯利亞的額爾濟斯河流域一帶，在朮赤死後擴張疆域。分封給朮赤的四千戶中，長子斡兒答和次子拔都各繼承二千戶，西邊的右翼為拔都的兀魯思，東邊的左翼為斡兒答的兀魯思。斡兒答和拔都之外的十二子軍隊、屬民和領地，則編入其兄斡兒答及拔都的麾下和左右翼。其中昔班家族和禿花帖木兒家族因後代興起，分別成立昔班王朝（Shaybanids）和喀山汗國（Khanate of Kazan）、哈薩克汗國。實際上，各家族兀魯思都維持著各自的勢力。最初汗位（大兀魯思／薩萊的寶座，Takht Eli）設於首都薩萊，由拔都和其子孫兄弟繼承。

但這個體制在十四世紀初期被重組了，拔都家族的脫脫趁內亂干涉斡兒答家族的統治，斡兒答家族臣服於脫脫的姪子月即別。波斯語史料如《穆因歷史選》中提到，朮赤的兀魯思在脫脫統治後分成左右二部，但這指的是欽察汗國重新編組新的左右兀魯思。但「薩萊的寶座」即欽察汗位在這之後依然存在，由左右翼兀魯思中有實力者登上汗位。而俄羅斯各公國進貢的對象也是「薩萊的寶座」。

月即別數代後的別兒迪別在掃除兄弟後也遭暗殺，自此拔都家族陷入斷嗣狀態。此舉造成右翼兀魯思自立為汗者四處林立，混亂持續。這時候朮赤第十三子禿花帖木兒一系的兀魯斯興起，他壓制斷嗣的斡兒答家族左翼兀魯思，登上汗位，又在一三七二年率軍進入薩萊，試圖統一左右兀魯思。持續混亂的右翼兀魯思由重臣埃米爾・馬麥擁立阿布杜拉汗（'Abd Allah Khan），在窩瓦河到克里米亞一帶形成勢力。而同為禿花帖木兒後裔、但與兀魯斯不同家族的脫脫迷失，在逃亡時得到駙馬帖木兒的援助擊敗兀魯斯家族與埃米爾・馬麥。一三七三年前後，脫脫迷失進攻反抗的莫斯科大公國，使其再次臣服，但麾下的花剌子模地區與駙馬帖木兒對立遭受攻擊，被削弱勢力。此時，

＊ Ulus begi。蒙古語原有「公主」之意，東察合台汗國受突厥語影響，而出現了「首領」、「官人」的意思。

出身曼吉特部的重臣埃米爾・也迪古（Edigu）支持駙馬帖木兒，擁立傀儡可汗，殺害脫脫迷失，在窩瓦河中下游確立勢力，此即諾蓋汗國（Nogai Horde）。也迪古的子孫世代為諾蓋汗國的統治者，然而兀魯斯與脫脫迷失的子孫也都維持權力，不只是兩個家族，兄弟間也為爭奪汗位而爭鬥。這種多極化的現象，讓欽察汗國內部結構變得更加衰弱，僅能勉強留住統一之名。

十五世紀的多極化發展與東歐

從上述可知，欽察汗國早在十四世紀之前就已屢次呈現多極化權力結構，而這種狀況無法單純以右翼左翼來解釋。到了十五世紀，多極化更加嚴重，汗國難以再保有統一兀魯思的形式，各地擁立可汗的政權林立。十五世紀前期，禿花帖木兒後裔發起的汗位爭奪戰依然持續，居於劣勢的兀魯斯之孫八剌向帖木兒帝國的兀魯伯（Ulugh Beg）求援，打倒同為禿花帖木兒家族的忽歹達和兀魯・穆罕默德（Ulugh Muhammad），一四二四年在薩萊宣布登基為可汗。但一四二六年，兀魯・穆罕默德得到立陶宛大公維陶塔斯（Vytautas）援助，奪回薩萊並宣告重登汗位。八剌遭暗殺後，道剌特・別兒迪在繼任的立陶宛大公斯威特里蓋拉（Švitrigaila）和莫斯科大公的支援下盤據克里米亞，擴張勢力。當他也被暗殺後，兩位大公轉而支持賽義德・阿黑麻（Sayid Ahmad）。一四二八年，兀魯・穆罕默德難以保住薩萊，將據點從克里米亞遷到窩瓦河中游的喀山，這被視為喀山汗國的建國。另一方面，在克里米亞遭暗殺的道剌特・別兒迪之姪哈吉・格來（Hajji Giray）也建立了克里米亞汗國。這些看起來都是從欽察汗國獨立出來的新汗國，但上述這一連串事件不過是欽察汗國王族的汗位爭奪戰，每個人都想把「寶座」設在薩萊之外的地方，自稱可汗。他們所自稱的可汗並非新國家的可汗，而是欽察汗國的可汗。也就是說，相繼創立的克里米亞汗國、喀山汗國等所謂的新汗國，只是欽察汗國多極化的一部分。

再來談談欽察汗國東部。朮赤第五子昔班家族的阿布海兒（Abu'l-Khayr）統一了遊牧民族烏茲別克，登上汗位，建立烏茲別克汗國（阿布海兒汗國）。他獲得諾蓋汗國曼吉特氏族、特別是也迪古之孫勃克卡斯（Bokkas Beg）的支援，增加勢力，遠征花剌子模後，一四四六年終於統一了欽察汗國東部，隨後占據錫爾河中游流域。此時，擁戴禿花帖木兒家族兀魯斯後裔克列（Kerei Khan）與賈尼別（Janibek Khan）的勢力遷移到接近察合台汗國邊境的蒙兀兒斯坦，成立了哈薩克汗國。後來在十五世紀末，阿布海兒之孫穆罕默德．昔班尼（Muhammad Shaybani）統治了河中地區建立昔班王朝。西伯利亞西部則形成西伯利亞汗國的獨立勢力。也就是說，這些國家自欽察汗國獨立、建立新國家，間接造成烏茲別克、哈薩克等民族的分離。但坦白說，這種觀點只是一種以民族誕生為前提的歷史認知。根據赤坂恆明的研究，從史料上來看，他們並無「開創新王朝」的意識，阿布海兒、烏茲別克汗及哈薩克汗國的君主們都被視為是欽察汗國的歷代統治者。總之，這也只是欽察汗國權力結構多極化的一部分。

撇開以上諸勢力，「薩萊的寶座」（汗位）依然由禿花帖木兒四子金帖木兒（Kay Timur）的後代子孫繼承，十六世紀初以前被俄羅斯人稱為大帳汗國。但外人口中的「大帳」薩萊政權，早已非統治欽察汗國全境的統一兀魯思或代表整個汗國的兀魯思，而不過是眾多政權的其中之一罷了。一般認為大帳汗國的謝赫．阿合馬（Sheikh Ahmed）是欽察汗國的末代可汗，一五〇二年克里米亞汗國奪走薩萊，欽察汗國就此滅亡。但此說法只反映了俄羅斯方面的史觀，也就是在莫斯科大公國的伊凡三世結束「韃靼之軛」的同時，欽察汗國也走向終點。欽察汗國的歷史並不是在一四八〇年代或一五〇二年走進大轉換期，薩萊的禿花帖木兒家族金帖木兒一系並非欽察汗國唯一的正統可汗，因此，欽察（朮赤）的血統並未完全斷絕，只不過是同為禿花帖木兒家族的道剌特．別兒迪（所謂克里米亞汗國的政權）將他們驅離薩萊，以主張自身汗位正統性罷了。在此之後，薩萊才是正統寶座（汗位）的概念漸趨淡薄，而後這些欽察政權又進一步分裂和輪替，一直持續到十六世紀左右。

蒙古帝國的瓦解與「十四世紀的危機」

蒙古帝國的後繼政權，在本冊主題的「十四世紀」中期各自步上瓦解之路。究竟歐亞西部所謂的「十四世紀的危機」與蒙古帝國的瓦解，我們是否可能找出任何關聯？至少我們無法斷定，英國經濟史學者布魯斯．坎貝爾（Bruce M. S. Campbell）所謂以一三四〇年代為臨界點（tipping point），從中世紀溫暖期進入小冰期所出現的變遷（transition）對中國造成了直接且重要的影響。實際狀況遠非一般認知「小冰期的來臨打擊了農業和畜牧」如此單純。不如說，自立國之初起，自然災害和人為災害就間歇性持續發生。元朝政府控制了遊牧地區與定居城市的流通，透過救濟措施，能夠較順利處理災害問題。但十四世紀中葉因王權鬆動，中央集權逐漸衰弱，導致民眾起義、群雄割據，最終失去對中國的統治。

另一方面，由下而上造成元朝滅亡的主因，則是社會對國家統治的反抗，最直接的具體表現為民眾叛亂與軍事政變。以紅巾之亂為代表的白蓮教動亂中有許多貧農等社會弱勢加入，然而趁機而起的朱元璋，背後支持勢力卻是地主等中產階級。諸如「入粟補官」*之制所象徵的，元朝遇到災害時也會利用富人，但當理應支持政府的富人階層也加入推翻政府的行列時，即意味著元朝的社會體系已經失靈。元朝滅亡的原因，在於國家運作因各種層面的因素而停滯，以至於無法從自然或人為災害中復甦，進而導致大規模社會叛變。雖然自然災害頻仍令元朝加速凋亡是事實，但難以斷言它就是讓元朝走向滅亡、明朝崛起的直接因素。

在伊兒汗國，並沒有元朝那樣自然災害、瘟疫、饑荒接連出現，社會疲弊和混亂越來越明顯，最後顛覆國家的現象。當然，伊兒汗國並非完全沒有自然災害，但皆未引發足以動搖國本的社會動亂。一三四〇年代歐亞大陸西部鼠疫盛行，也就是黑死病，伊朗直接受到疫情衝擊，但當時伊兒汗國已經步向瓦解。在《謝赫・烏畏思史話》(*Tarikh-i Shaykh Uvays*) 等波斯文史料中稱這場傳染病為「大瘟疫」，疫情直接侵襲了政治中心亞塞拜然一帶。丘班王朝的馬立克・阿希拉夫 (Malek

---

* 即將穀物交給官府買下官職。

Ashraf）逃離大不里士，許多人都拋棄家園逃亡。不過，由於伊兒汗國此時已在瓦解，因此即使黑死病加速社會混亂，仍無法看出其與伊兒汗國瓦解的因果關係。

部分學者主張，一三三八年到一三三九年間，瘟疫在察合台汗國的據點伊犁河谷一帶開始流行，同時間爆發的政變使得可汗也孫帖木兒遭到推翻。一三三八年前後的確爆發過被認為向西傳播、成為黑死病的瘟疫。這也正是伊塞克湖（Issyk-Kul）集體墓地發現的碑文上所記載的瘟疫。但是，沒有證據顯示這場瘟疫是軍事政變和可汗遭廢的原因。當然，這時的黑死病造成什麼樣的災難都不足為奇。十四世紀以河中地區的綠洲城市為中心，地主土地兼併日漸嚴重，東部的畏兀兒斯坦城市地區也可見同樣狀況。瘟疫為城市帶來嚴重傷害，但疫情未有如歐洲般大規模感染擴大的跡象。舉例來說，東察合台汗國的也里牙思火者在一三六五年進攻河中、進駐撒馬爾罕（Samarqand）時，就由於薩巴德（Sarbadars）勢力的攻擊和瘟疫影響，受到嚴重打擊。之後，本就是傀儡可汗的也里牙思火者為實際掌權者杜格拉特部的哈馬爾丁所弒，不過這場篡位與瘟疫沒有任何因果關係，而是握有生殺大權的哈馬爾丁決定廢黜可汗。在這個時代，造成察合台汗國各城市損害慘重的原因與其說是瘟疫，不如說是戰亂。雖然瘟疫隨著戰亂爆發，但瘟疫本身並未左右察合台汗國的命運。

一般認為黑死病傳播至歐洲的直接途徑，是從欽察汗國被帶至熱那亞商人居留地、克里米亞半島的卡法，然後擴大到以熱那亞為首的歐洲各地。這是因為不只是歐洲方面的史料，連伊斯蘭史料中也記載這場瘟疫是在烏茲別克國爆發。但是欽察汗國的史料中，幾乎看不到黑死病對社會造成重大傷害的紀錄。說起來，黑死病傳播的說法是根據加布里埃·德·穆西斯（Gabriel de Mussis）的記述：一三四六年蒙古軍隊攻城，將染上黑死病的屍體拋入卡法城牆。但是穆西斯從未實際到過卡法，這段記述也是傳聞。若根據這個說法，那麼蒙古人已經具備黑死病會經由人或屍體傳染的知識了。但真是如此嗎？另一方面，敘利亞史家伊本·瓦爾蒂記述，同樣在一三四六年，烏茲別克國（欽察汗國）因瘟疫盛行，人們從村落或城鎮消失，克里米亞約有八萬五千人死亡。埃及史家馬克里齊也記載，欽察汗國草原地區有人口減少的跡象。雖然說這是外部的紀錄，但既然留下這些紀錄，我們應可推論欽察汗國境內也因黑死病而受到影響。然而，部分研究者雖然將黑死病、氣候變遷災害與欽察汗國政治體制的混亂相連結，但並未在兩者之間找到明確的因果關係。當時拔都家族血統斷絕，各地王族自立為汗，但後來因禿花帖木兒家族的兀魯斯和脫脫迷失後裔勢力興起而逐漸收斂。欽察汗國並非是以十四世紀為界走向權力多極化，亦非全面衰微、或陸續誕生出新的獨立國家。它終究只是不斷反覆分裂與重組，最後趨向零碎化。

蒙古帝國的「瓦解」是什麼意思？

成吉思汗的兒子與孫子等諸王族各自形成兀魯思後，蒙古帝國於十四世紀前期分化為宗主國元朝，以及名義上從屬元朝的三個汗國。各政權彼此之間雖然維持著鬆散的連結，但實際上各自獨

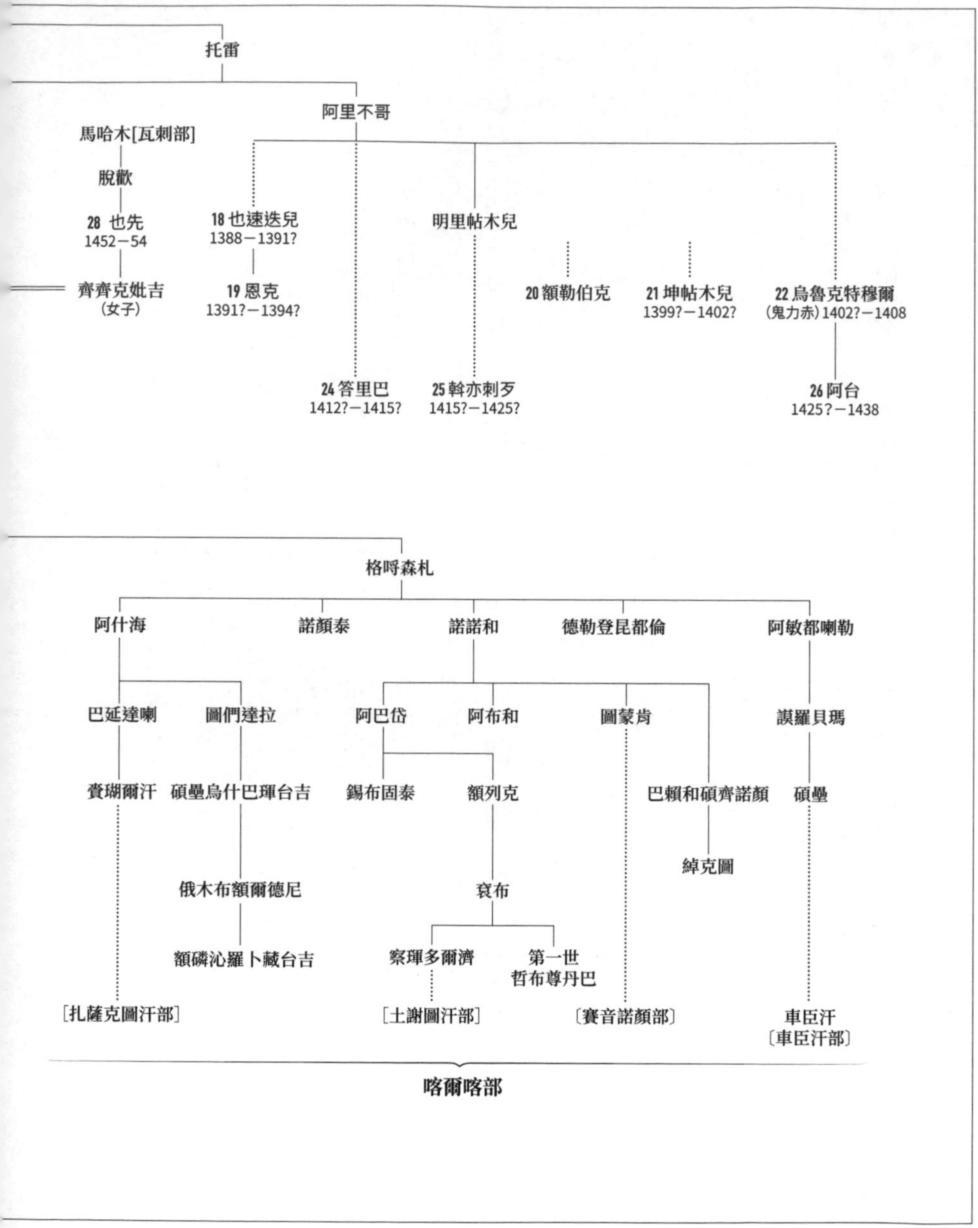
托雷
阿里不哥
馬哈木[瓦剌部]
脫歡
28 也先
1452－54
齊齊克妣吉
(女子)
18 也速迭兒
1388－1391?
19 恩克
1391?－1394?
明里帖木兒
20 額勒伯克
21 坤帖木兒
1399?－1402?
22 烏魯克特穆爾
(鬼力赤) 1402?－1408
24 答里巴
1412?－1415?
25 斡亦剌歹
1415?－1425?
26 阿台
1425?－1438
格哷森札
阿什海
諾顏泰
諾諾和
德勒登昆都倫
阿敏都喇勒
巴延達喇
圖們達拉
阿巴岱
阿布和
圖蒙肯
謨羅貝瑪
賚瑚爾汗
碩壘烏什巴琿台吉
錫布固泰
額列克
巴賴和碩齊諾顏
碩壘
綽克圖
俄木布額爾德尼
袞布
額磷沁羅卜藏台吉
察琿多爾濟
第一世
哲布尊丹巴
[扎薩克圖汗部]
[土謝圖汗部]
[賽音諾顏部]
車臣汗
[車臣汗部]
喀爾喀部

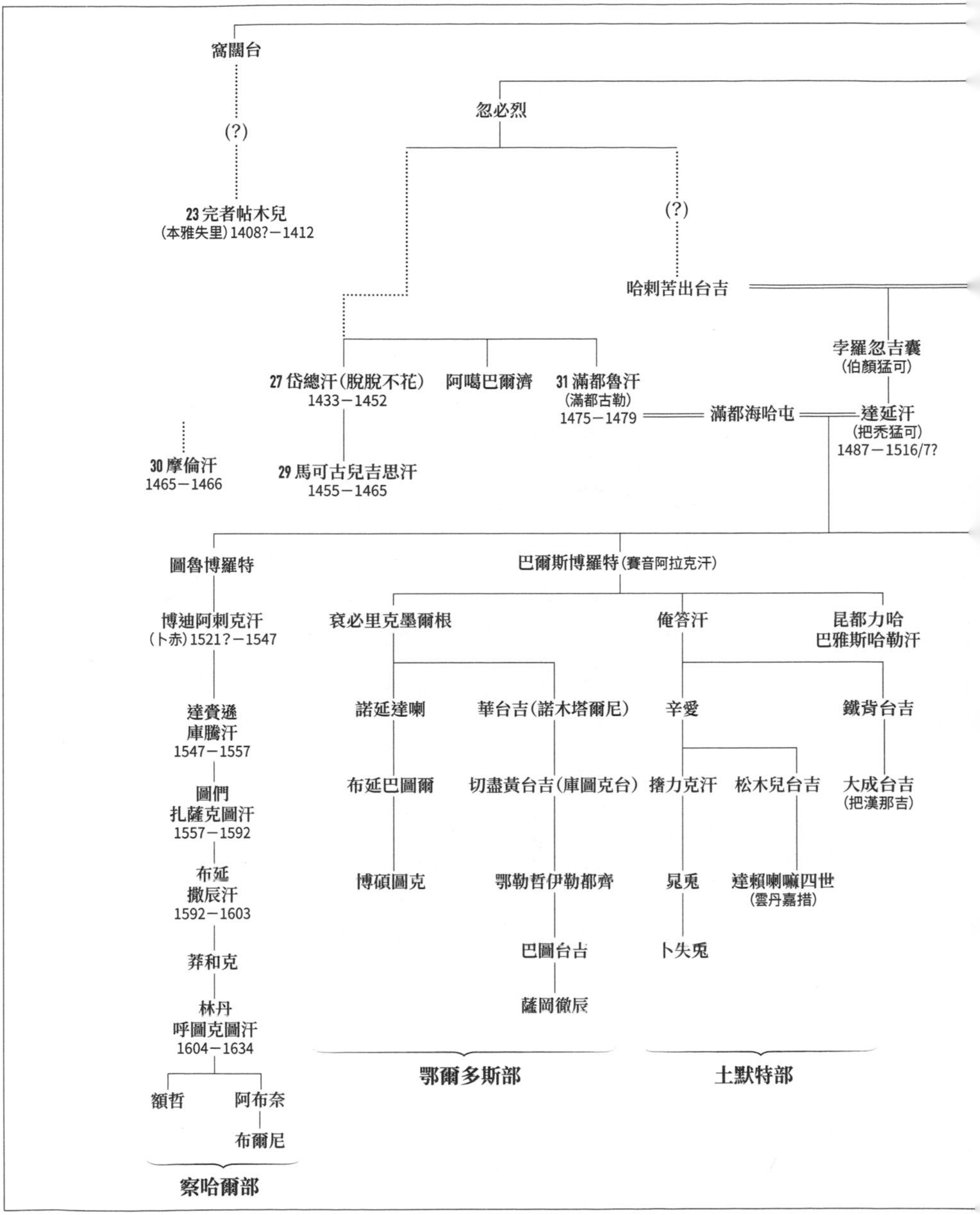
窩闊台
(?)
23 完者帖木兒
(本雅失里) 1408?－1412
忽必烈
(?)
哈剌苦出台吉
孛羅忽吉囊
(伯顏猛可)
27 岱總汗(脫脫不花)
1433－1452
阿噶巴爾濟
31 滿都魯汗
(滿都古勒)
1475－1479
滿都海哈屯
達延汗
(把禿猛可)
1487－1516/7?
30 摩倫汗
1465－1466
29 馬可古兒吉思汗
1455－1465
圖魯博羅特
巴爾斯博羅特(賽音阿拉克汗)
博迪阿刺克汗
(卜赤) 1521?－1547
袞必里克墨爾根
俺答汗
昆都力哈
巴雅斯哈勒汗
達賚遜
庫騰汗
1547－1557
諾延達喇
華台吉(諾木塔爾尼)
辛愛
鐵背台吉
圖們
扎薩克圖汗
1557－1592
布延巴圖爾
切盡黃台吉(庫圖克台)
撦力克汗
松木兒台吉
大成台吉
(把漢那吉)
布延
撒辰汗
1592－1603
博碩圖克
鄂勒哲伊勒都齊
晁兎
達賴喇嘛四世
(雲丹嘉措)
莽和克
巴圖台吉
卜失兎
林丹
呼圖克圖汗
1604－1634
薩岡徹辰
鄂爾多斯部
土默特部
額哲
阿布奈
布爾尼
察哈爾部

北元世系表

立，瓦解的時期與過程也各不相同。每當王族出現分歧，這些國家內部就會分出幾個更小的兀魯思，再加上重臣家族勢力吸納傀儡王族而分立或聯合，導致瓦解與合併反覆上演。期間雖然也出現了統一各部落、建立遼闊版圖的領導者，如瓦剌部的也先汗、建立帖木兒帝國的駙馬帖木兒、奠基蒙兀兒王朝的巴布爾，但像成吉思汗那樣橫跨歐亞大陸的大帝國在十四世紀以後卻再也沒能出現，反而隨著時代更迭逐漸零碎化。遊牧政權具有名為兀魯思的重層社會體系，以及奉君主為中心的左右翼結構，在國家結構上便易於分裂。只要維持著此種國家結構，零碎化就難以避免。

而蒙古帝國各後繼政權的瓦解（再分裂）正式開始的時間，正好與氣候寒冷化和黑死病規模擴大的時期重合，因此亦有觀點認為兩者有所關聯。但至少沒有直接證據顯示，黑死病是國家分崩離析的導火線。如果根據目前學說，造成黑死病的鼠疫桿菌源自中國青海地區，那麼它開始朝西擴散的時期確實有可能與蒙古帝國和元朝、三大汗國全盛期相重疊。然而黑死病是在接近十四世紀中期才開始對東西歐亞社會造成影響，但在版圖涵蓋中國和伊朗城市地區的元朝和伊兒汗國，卻未見鼠疫帶來嚴重的衝擊。而且，黑死病向歐洲和伊斯蘭世界傳播的起點，亦即中亞的欽察汗國與察合台汗國，雖然不斷反覆分裂和重組，但政權依舊持續。氣候變遷和瘟疫蔓延等因素未必僅僅帶來負面效果。有的勢力因而衰弱，但也有勢力因此得利。完成政權轉移的便屬於後者。在中國，蒙古政權被其他勢力取代，但是將據點從中國遷回蒙古高原的元政權（北元）勢力仍然強大，蒙古政權在後來的中亞及南俄羅斯草原上也依舊持續。這種狀況實在難與歐洲一概而論，同樣稱為「十四世紀的危機」。中亞分立的部分政權延續到十七世紀，而欽察草原的部分政權甚至一路延續到二十世紀。

那麼，蒙古帝國的統治究竟留下了什麼呢？一個政治及社會方面的影響是「成吉思汗原則」（非成吉思汗後裔不得登上汗位的統治原則）。如前文所述，原本只有成吉思汗直系的四大王族，才有資格登上蒙古帝國及後繼政權的君主「大汗」（皇帝）、「汗」／「可汗」（王）之位。但到了十四世紀重臣家族權力開始凌駕君主後，不僅是傀儡可汗的擁立，也出現了非成吉思汗後裔的可汗。帖木兒帝國就是最典型的例子。建國者帖木兒一生從未自封為汗，而是自稱「古列堅」（駙馬），他是成吉思汗王室實際上的統治者，但仍然徹底遵循成吉思汗原則。帖木兒把持絕對權力，在傀儡可汗馬哈麻過世後曾一度終止擁立傀儡可汗，不過在他死後再度擁立。眾所周知，帖木兒帝國的宮廷有著被稱為「奧古蘭」的成吉思汗裔王子，為了獲得這些勢力支持，便無法完全拋開成吉思汗原則。帖木兒帝國之外，出自重臣家族並掌握實質統治權的君主亦四處可見，但大多仍會擁立成吉思汗後裔的傀儡可汗。

簡言之，想要獲得遊牧世界中始終具有一定勢力的蒙古—突厥王公貴族階層支持，成吉思汗血統是必要條件。但是，隨著成吉思汗王權逐漸「神話化」，非成吉思汗後裔自立為王的例子也不斷增加。此處的「神話化」，是指成吉思汗血統從實效性的「原則」轉變為一種理念性的「符號」（規則轉換），這意味著任何人都可能成為成吉思汗的繼承者。隨著只有被稱為「黃金家族」的成吉思汗家族才具備的統治權逐漸徒具形式，這種轉變也漸漸影響了周邊非成吉思汗後裔的人們。

以印度的蒙兀兒王朝為例，蒙兀兒之名源自「蒙古」的波斯文「摩戈」，但這並非自稱，而是他稱。他們自稱「古列堅王朝」，也就是駙馬王朝。建國者巴布爾的母親是察合台後裔東察合台汗國的忽都魯・尼格爾・哈努姆，父親是帖木兒帝國的王族烏馬爾・沙黑・米爾扎二世，所以他自認是帖木兒帝國的後繼者，也是歷代皇帝的繼承者。這意味著蒙兀兒王朝仍然十分在意成吉思汗的血統。

另一個廣為人知的例子是鄂圖曼帝國。從安納托利亞的地方王朝發展成世界帝國的過程中，鄂圖曼重視突厥－蒙古起源始祖烏古斯傳說，積極將蒙古王權系譜融入其中。當然，鄂圖曼王朝與成吉思汗家族沒有直接關聯，是為了加強王權的正統性權威，才利用成吉思汗的血統。這個例子雖然有些牽強附會，但在殘留著成吉思汗血統王權的蒙古高原到中亞地區，這樣的統治原則依然發揮著強大影響力。但在歐亞大陸西部，成吉思汗原則的影響就不如東部強烈，伊斯蘭的宗教權威經常取而代之，成為統治原則。而在二十世紀的歐亞大陸東部，藏傳佛教的蒙古活佛第八世哲布尊丹巴呼圖克圖登基為博克達汗（Bogd Khan），佛教的宗教權威凌駕成吉思汗原則。但反過來說，這也代表該原則一直延續到此時。

十四世紀可說是成吉思汗後裔王權在表面與實際上同時走向形式化與神話化的開始，蒙古政權也因此開始進入多極化（即瓦解）的時代。但是，特別是在遊牧世界，「瓦解」並不等於國家滅亡。在「瓦解」的多極化發展中，成吉思汗原則依然發揮強大的影響力；事實上，非成吉思汗後裔也可利用成吉思汗血統的神話符號，或是運用不同體系的宗教及傳說符號，來重新統合權力。當出現氣候變遷或瘟疫等大範圍社會的不穩定因子時，多極化的再整合周期便會縮短。而多極化與再整合的反覆發生，也讓蒙古帝國的瓦解在部分地區持續了非常久的時間。

3 十四世紀的長期變動與蒙古霸權的衝擊

前幾節主要在談蒙古帝國內部的結構及其瓦解。但要思考蒙古對該時代的影響，當然，只談蒙古帝國內部是不夠的；蒙古對歐亞及周邊地區造成的衝擊，才是影響該時代歷史的重要因素。正如前述，蒙古帝國在歐亞大陸的統一、分裂與瓦解，為各地區與周邊文化圈帶來嚴重的衝擊。這主要是指蒙古的政治及軍事行動造成的直接且短期性衝擊，但他們為十四世紀帶來的時代性影響卻不只如此。應該說，我們理當重視蒙古帝國從出現到瓦解，過程中對蒙古以外的民族、文化造成的間接且長期性衝擊。蒙古人本身造成的衝擊自然不在話下，包括服從、順應或反抗蒙古統治所產生的文化發展，或是受蒙古庇護、接觸而產生的經濟變化，都在各地引發不同衝擊，並與當地傳統社會及文化要素融合，成為新時代的特色。接下來，我們就來看看蒙古造成的衝擊百態，以及這些衝擊與時代性的關聯。

蒙古霸權的短期衝擊

蒙古帝國的出現與擴張，對歐亞大陸歷史造成重大的衝擊。當然，在政治及軍事意義上，蒙古帝國的擴張成為東西歐亞各國興亡的導火線，帶來多方面的影響。西夏、金、南宋、花剌子模、尼札里派及阿拔斯王朝皆因蒙古入侵而直接滅亡，而喀喇契丹（西遼）、緬甸的蒲甘王朝（Bagan）、爪哇的信訶沙里王國（Singasari）等，則因蒙古入侵而間接導致滅亡。此外，汪古王國、葛邏祿王國、高昌回鶻等主動歸附蒙古，高麗、西藏、大越雖保有實質獨立，但表面上亦是從屬國。至於未歸順蒙古帝國的政權當中，被入侵或壓迫的案例也不在少數。從中央歐亞到地中海、一直到歐洲東部的歐亞西北部，往西南方向至伊朗、伊拉克、敘利亞的歐亞西南部，中國及周邊的歐亞東部，以至於自雲南、越南到島嶼區的東南亞諸國及各城市，或多或少都因蒙古帝國軍事擴張而受影響。因此有學者指出，蒙古為各地的人口、生產力、運輸流通等帶來了嚴重的災難。

舉例來說，部分中亞綠洲城市如撒馬爾罕、巴爾赫（Balkh）、內沙布爾（Nishapur）、梅爾夫（Merv）皆因遭蒙古軍隊屠城而破壞殆盡。但這些城市後來大多數也都由蒙古統治者重建復興。以撒馬爾罕為例，在遭到破壞後，便被建設為帝國直轄的新市鎮。十四世紀前期，察合台汗國的怯別重建了巴爾赫。被成吉思汗徹底破壞的內沙布爾，也在伊兒汗國的合贊汗和不賽因的手上重建，十四世紀中期已復興成呼羅珊地區的繁榮城市。至於梅爾夫，過去認為它被成吉思汗徹底毀滅並一蹶不振，但近年考古調查發現，實際上梅爾夫在不久後便重建，直到帖木兒帝國時期仍然存在。這些例子顯示，蒙古帝國的擴張很難說是阻礙東西歐亞交流的主要因素。倒是後來，在帝國瓦解過程中的王族鬥爭裡，出現很多阻礙東西交通的例子。

東南亞史也可看到類似的論點。有人指出，十三世紀後期忽必烈的擴張壓迫東南亞各國，也為南海貿易蒙上陰影。換句話說，相較於宋朝時期南海貿易的興盛，到了十四世紀則陷入低潮。但這也只是用負面形象來解讀蒙軍侵略的一種印象論。舉例來說，當地考古資料顯示，十四世紀反而是中國瓷器出土量達到巔峰的時期。此外，《大德南海志》、《島夷誌略》、《真臘風土記》等海外地理書也能印證海上貿易的繁榮，看不出停滯的跡象。蒙古的軍事衝擊終究只是短期性、一次性的，不能從由此推論東西交流陷入停滯。

蒙古統治結構中的自然環境

在十四世紀轉換期前後，地球從溫暖期轉為寒冷期，全歐亞規模的異常氣候和各種災害隨之而來，為各地社會投下陰影。有論述認為蒙古帝國也不例外。如前所述，十四世紀初期的蒙古帝國已處於實質分裂狀態，長期內亂後的和平也只是再次印證帝國的分裂。元朝、伊兒汗國（旭烈兀兀魯思）、欽察汗國（朮赤兀魯思）、察合台汗國（察合台兀魯思）皆融合了統治地區的當地社會，並吸納被統治民族的文化。當然，各政權的政治體制與社會結構各不相同，氣候變遷對各政權造成的衝擊當然也不同。

蒙古本是遊牧部落國家，對遊牧民族而言，占領自然，就是利用歐亞草原的草地與水源，此即《史記》和《漢書》以降漢語史料描述的「逐水草遷徙」。隨季節來回遷移、追求良好的水源與草地，是遊牧生活的基礎，而草地又分成典型草原、森林草原、荒漠草原等等；典型草原之外的類型經人工整理，亦可用於遊牧，尤其是森林草原，屢屢成為遊牧國家的根據地。遊牧民族採取計畫性的季節反覆遷移，但相反地，游牧社會的活動範圍比農耕定居社會更廣，對大自然的依賴度更高，因此更需面對氣候異常、瘟疫、戰爭等無法預期的狀況。因此，遊牧領袖必須具備臨機應變的強大領導力。此外，遊牧經濟無法僅靠遊牧活動獨立維持，必須從定居社會獲取生活必需的農作物或手工製品。然而事實上，這些並非總是得透過掠奪等暴力手段取得，透過來往於遊牧社會與定居社會的商人交易才是常態；只有在極度窮困或兩種社會的權力平衡明顯偏向某一邊時，才會訴諸破壞兩者關係的掠奪手段。無論如何，遊牧經濟必須依賴定居社會才得以存在。

克烈王國和乃蠻王國就是如此。蒙古興起後，他們引進了包含內廷與外朝官制、軍制等定居社會的統治體制，社會結構也從以血緣團體為主的氏族（蒙古語obug），轉變為以成吉思汗血統為核心、由分封屬下（即宋遼金元史研究的「投下」制度）重新組成的集團為主的兀魯思。蒙古帝國陸續攻下金、西夏、花剌子模，將定居社會納入版圖，遊牧—定居複合國家的特性也越加強化。設於燕京、別失八里、河中地區的直轄統治機構（漢語史料稱「行尚書省」）是專門用來統治城市與農耕地區，因為當地統治人口比例絕大多數是定居居民。如此，蒙古帝國的官僚機構和財政制度早已不是專為遊牧民族而設，是為了統治城市和農耕地區而設。

發展至此，對蒙古帝國而言，自然環境和社會環境的意義已大為不同。維持帝國運作的財政收入大多來自城市和農耕地區的稅收。為了掌握和管理帝國境內的財產（人、土地、家畜）進行人口調查、製作的租稅帳簿，蒙古語稱「青冊」(kökö debter，漢地則為戶籍冊)。這種帳簿在歐亞西部的波斯語／阿拉伯語中稱為底萬（Diwan)，但它源自於元設立的行省。有了它，此後每當氣候變遷、天災、瘟疫流行時，受災評估就較不受統治者能力高低影響，而可藉由行政機構進行較穩定的處置。然而同時，依賴城市或農耕的國家，也無法不受自然環境和社會危機的直接衝擊。當蒙古帝國從遊牧國家轉變為遊牧－定居複合國家時，行政與財政大多仰賴定居社會，尤其是中國和伊朗地區，那當然也不可能回避十四世紀轉換期的社會危機。當忽必烈將首都定於漢地，吞併人口更多、也更富有的江南地區後，這種傾向也愈加明顯。

蒙古帝國霸權的長期衝擊

蒙古帝國帶來的衝擊也有長期、持續的一面，那就是經濟及文化上的衝擊。所謂「蒙古治世」(Pax Mongolica)一詞，是象徵蒙古霸權下東西交通的穩定。它的意思並非指蒙古帶來了和平，而是指長途交通穩定促進了經濟文化交流，雖然只是個片面性的詞彙，但這也是蒙古衝擊的一個面向。我們可以看到，在蒙古治世下有許多的人、物、文化移動，在不同社會、經濟和文化圈之間相互影響。舉例來說，十四世紀前期巴爾蒂（Bardi）家族的佩戈洛蒂（Francesco di Balduccio Pegolotti）撰寫的商業手札中提到了一條自義大利到契丹（Gattaio，即北中國）的路線，他從黑海北岸的威尼斯殖民城市塔納（Tana，今日的亞速〔Azov〕），經過欽察汗國的首都薩萊、薩萊楚克，接著前往察合台汗國首都阿力麻里（Almalik），經甘州、河西抵達元朝的大都。他表示，如果沒有遇上君主交替的時期，這條路線都絕對安全。此外佩戈洛蒂也提到，在抵達訛答剌（Otrar）或阿力麻里之前的路上每天都會遇到蒙古人，推測應該是站赤（驛站）的衛兵。佩戈洛蒂編撰的《商務指南》（*pratica della mercatura*，非史料原本名稱，而是後世研究者所取的名字）成書於一三三五年到一三四三年之間，因此他是根據十四世紀前期，也就是黑死病發生前的資訊來撰述，這顯示當時利用蒙古的站赤交通網，可能會讓往來路程較為安全。

海上的情況也是如此。十三世紀後期，蒙古（即元朝）在東亞及東南亞一帶發動軍事擴張，同時推動外交。例如派往大越（越南）、占婆、爪哇的遠征軍中，也包含了對周邊各國的招撫使（朝貢使節）和商人。到了十四世紀，元朝幾乎不再出兵進攻海外。被侵略的各國很可能是出於貿易與技術輸入的意圖，戰後也立即與元朝修復關係。大越、占婆、爪哇都立刻派遣朝貢使節重新通商，連未與元朝建立正式外交關係的日本也在兩次戰爭後隨即再次派遣貿易船。這些周邊國家的社會、經濟及文化都受元朝影響甚深。燒陶技術就是典型的例子。近年在越南進行的大越都城昇龍遺跡和其他陳朝時期遺跡的考古調查，可清楚看見越南的瓷器生產，受到中國宋元明三朝製作技術的影響，陳朝更是深受元朝影響。而相鄰的占婆，從近年新挖掘的許多古窯址中也確定了其青釉陶器在海洋亞洲一帶流通，其中很多是十四世紀後期明朝後的產物，不過也受到做為先驅的元末明初中國瓷影響甚深。過去研究認為，蘇可泰（Sukhothai）瓷器大多受明朝瓷器的影響，但現在發現可追溯至十四世紀中葉的古窯址。另外，泰國中部到南部的遺跡中發現了元朝龍泉的青瓷與景德鎮的青花瓷。由此可確定，占婆陶器和蘇可泰瓷器，一定也受到了元明龍泉青瓷、磁州鐵繪白瓷、福建廣東的黑褐釉陶器影響。傳說元朝皇帝之女下嫁蘇可泰王室，同時帶來了中國瓷器的生產技術。不論是真是假，單就中國傳來最新燒陶技術這一點，便不能視為僅是後世的穿鑿附會。

所以，蒙古帝國或元朝在許多地區造成的社會與文化衝擊，並不能單純歸因為蒙古人稱霸歐亞大陸。內部存在著不少中間勢力，他們穿梭在各個社會及地區與蒙古之間發揮聯繫功能，這群人的移動促進了不同經濟圈與文化圈的交流。典型的例子有穆斯林（回回人）的離散（diaspora）、漢人的離散、突厥系民族的離散。這三種中間勢力在蒙古帝國分裂後的後繼政權——元朝、伊兒汗國、察合台汗國、欽察汗國四個兀魯思中成為社會上的多數，並被各政權延攬。以下，我們就依序檢視這些中間勢力扮演的角色。

漢人的離散及其影響

蒙古語稱漢人為「Qitai」（複數形為 Qitad, Khyatad），而這個詞原本是指「契丹」。蒙古帝國崛起時，西部歐亞大陸將華北稱為「契丹」，華南稱為「蠻子」或「chin」（cin）。蒙古崛起時統治華北地區的是金國，因此《蒙古祕史》以「kitad-irgen」指稱金國百姓。蒙古高原雖然歸金國統治，不過成吉思汗逐漸脫離金的影響，並反過來壓制金，最後滅金，將華北納入版圖。蒙古帝國初期引進克烈王國、汪古王國、高昌回鶻等很早就汲取漢文化、並與西方文化折衷的突厥裔民族制度，不過在直接控制華北後，就可以導入更加漢化的政治及社會制度。蒙古在燕京設置了「燕京等處行尚書省」的統治漢地最高政府機構，並大量任用漢人官吏。

忽必烈採用中國風格的國號「元」，此時尚未攻下南宋，而是參考金國，建立國家制度和官吏制度。一二六八年，元朝進攻漢水沿岸的襄陽與樊城，正式攻打南宋。江南城市一一臣服元朝，大量的南宋漢人（南人）隨之歸順。藉由控制江南沿岸港口，元朝得以掌握出入南海的路線，參與海上貿易的漢人家族獲得官位而興起。其中有許多如把持海運的張瑄與朱清家族，紛紛成為新興富豪。這些地主與商賈取代了地方仕紳，與有力寺觀合作，在地方社會具有莫大影響力，宗族內官僚吏員輩出，是所謂的權豪勢要。此外，他們當中亦有部分人士與穆斯林和回鶻人合作，管理地方統治。元朝政府雖然會抑制權豪或大商賈，但同時也利用他們統治地方。

漢人早在唐宋時期便已開始從事海上活動。依據阿拉伯史家馬蘇第（Al-Masudi）所著《黃金草原》（*Muruj al-Dhahab wa-Ma'adin al-Jawhar*）等阿拉伯史料，唐末黃巢之亂時大量居留廣州的外國人在遭屠殺，穆斯林退到東南亞的 Kalah（現今馬來西亞的吉打，元《島夷志略》稱蘇洛鬲），於是漢人需出航到東南亞進行海上貿易。事實上，九世紀後中國戎克船遍布南海，商人組織在海洋亞洲建立居留地，之後演變為宋朝時期的承包商「綱首」，他們在當地政權出仕為官，從事朝貢貿易與民間貿易。住在日本博多的中國商人即是其中一例。元朝也有名為「斡脫」的官貿承包制度，貿易結構類似，主要的業者多為穆斯林和回鶻人，但也有漢人。元朝時中國戎克船的航行範圍延伸到印度西海岸的馬拉巴爾和古吉拉特，甚至有可能到達波斯灣或紅海。如伊本·巴杜達所述，當時一艘船上不但有穆斯林、漢人，也有蒙古和突厥人。目前已確認元朝之前的漢人曾到達印尼蘇門答臘島，但印度以西尚未證實，不過一直到明朝永樂和宣德年間，都能看到維持兩端遠程連繫並從事貿易的中國商人。

穆斯林的離散及其影響

對穆斯林來說，融入位於伊斯蘭世界以外的中國和歐亞草原當地政權，本身就是一種離散，但我們卻能看到他們以該統治地區為據點，發生二次性離散。

在蒙古奠定霸權的過程中，有許多伊斯蘭商人拜訪蒙古宮廷。著有《世界征服者史》（*Ta'rikh-i Jahan-gushay*）的志費尼（Ata-Malek Juvayni）記述，成吉思汗與第二任窩闊台汗的時代有許多伊斯蘭商人拜見。成吉思汗向中亞到伊朗之間的花剌子模派遣商人，開啟貿易。但是朮茲札尼（Minhaj al-Siraj Juzjani）在《納希爾史話》（*Tabaqat-i Nasiri*，本書獻給作者所在的德里蘇丹政權統治者納希爾·穆罕默德）中稱這些伊斯蘭商人是「蒙古的商人們」，稱他們隸屬於蒙古宮廷。之後花剌子模滅亡，許多在中亞和伊朗經商的伊斯蘭商人歸順蒙古，他們不只從商，有的還擔任宰相或官員，負起財政或外交要務。其中托雷家族成立元朝後，他們也移居中國進入元朝政府，當中亦有人成為權豪勢要之家，和漢人同樣在地方社會擁有強大影響力。他們與經由印度洋遷居到華南沿海或東南亞港口的穆斯林保持連繫，形成了串連歐亞大陸與印度洋的巨大交易網路。從成吉思汗時代開始，拜訪過蒙古宮廷的商人從王族處得到特權和資本，保有承包交易的庇護關係，稱為「斡魯脫克」(Ortogh，朋友、夥伴。即元代所稱的斡脫)。這種關係也被之後的元朝繼承，並建立官方貿易的斡脫制度。這些人也加入南海及印度洋貿易)，元代海外貿易盛極一時。

至於在伊朗建立政權的伊兒汗國，也有許多伊斯蘭商人。尤其是波斯灣基什（Kish，或為Kais，即元代所稱的怯失）和忽里模子（Hormuz，即荷姆茲）的商人與伊兒宮廷締結庇護關係，從事貿易，也叫做斡脫。元朝與伊兒汗國同屬拖雷家族建立的政權，外交關係良好，所以基什和忽里模子商人能夠半壟斷對中貿易的利益，並掌握印度洋貿易的主導權。在印度沿岸的古吉拉特、馬拉巴爾、科羅曼德爾等地，都有基什與忽里模子的商業據點。基什曾一度統治忽里模子，但因王族捲入伊兒汗國政爭，遭到蒙古軍隊與忽里模子的攻擊，在十四世紀前期滅亡。之後印度洋貿易的主導權一直由忽里模子掌控，直到葡萄牙人到來。由此可見，蒙古政權所庇護的伊斯蘭商人是如何活躍於連結東西歐亞大陸和印度洋的貿易。

在分裂狀態下的蒙古帝國後繼政權，伊兒汗國、欽察汗國及察合台汗國陸續伊斯蘭化，蒙古君主自己也改宗為穆斯林，成為伊斯蘭政權。伊斯蘭教能透過中亞的陸路，以及印度與東南亞的海路宣揚各地，全都是仰賴非伊斯蘭世界*的烏理瑪（ulama，知識分子）和蘇非行者。中央歐亞以西的蒙古帝國能接納伊斯蘭教也是如此。有個說法認為，不只是享有盛名的烏理瑪，蘇非派的庫布拉維（Kubrevilik）教團與納克什班迪（Naqshbandiyyah）教團也在引導蒙古人改宗。這些蘇非教團組織了自中亞到印度以及中國之間的交通網，尤其是庫布拉維教團，在元朝宮廷和中國社會都具有影響力。此外，伊斯蘭的宗教權威在西方的蒙古政權也極受尊崇，在統治原則上足以與成吉思汗血統原則匹敵。

另一方面，在海路方面也看得到烏理瑪和蘇非行者的蹤跡。留下《伊本．巴杜達遊記》（*Rihlah*）的旅行家伊本．巴杜達即是烏理瑪，他記下在印度洋沿岸各城市有易斯哈格教團，他們以伊朗的卡澤倫（Kazerun）為據點，又稱卡澤倫教團，奉謝赫．阿布．易斯哈格（Sheikh Abu Ishaq）為始祖。他們會向中國或印度船員及商人傳播信仰。另外，從易斯哈格教團衍生的但尼亞爾派獲得忽里模子國王資助，得以從事印度洋交易。與忽里模子同樣掌握印度洋貿易的基什統治者扎馬剌丁．易卜拉辛（Jamal al-Din Ibrahim al-. Tibi）也是烏理瑪，曾住在中國從事貿易。

十三至十四世紀左右，東南亞的占婆、爪哇、蘇門答臘（蘇木都剌）等地也逐漸伊斯蘭化。爪哇人尊崇的九聖人（Wali Sanga）中最早的一位，馬利克．易卜拉欣，就擁有「阿撒瑪拉

＊ Dar al - Harb，意為戰爭境域，與伊斯蘭世界敵對、異教徒擁有主權的世界。

甘地」(Asmarakandi) 的族名。* 根據他的墓碑記載，其祖父是從撒馬爾罕遷移到伊朗的卡尚(Kashan)，而他也是米爾．賽伊德．阿里．哈馬多尼 (Mir Sayyid Ali Hamadani) 的徒弟，隸屬於庫布拉維教團。他在十四世紀後期來到爪哇，曾在占婆停留，據說他的兄長留在蘇木都剌。由此可知，蘇非行者在東南亞與中國有跨國聯繫，這也與伊斯蘭商人的海上貿易網不無關係。

突厥系民族的離散及其影響

在蒙古霸權下，突厥系各民族的往來與交流也十分興盛。但整體來說，突厥裔各族的認同意識(identity) 並不如漢人或伊斯蘭教徒濃厚。這是因為，他們自古便離散於全歐亞大陸，每當帝國或國家興亡時，就以部落或氏族為單位分裂遷移。蒙古高原的突厥系民族在成吉思汗統一蒙古高原時被納入旗下，而歐亞大陸中央及西部的突厥系民族也在蒙古帝國從中亞擴張到欽察草原、伊朗高原的過程中臣服。其中，主動歸順的族群與反抗而被征服的族群，待遇有著天壤之別：後者的血緣團體被拆散、重組為統治者的屬民，而前者大多仍保有血緣團體且擁有統治權，其中的有力重臣家族被稱為那顏／埃米爾，持續興旺。這說明了，在蒙古帝國建立霸權的過程中，突厥系民族內部也快速重組。

經過多年後，散布在東西歐亞的突厥裔各族一部分轉為定居，亦有如回鶻人那樣加入政權成為官僚階層。相反地，保持遊牧生活的部族則化為蒙古軍隊的一支。元朝禁軍中的侍衛親軍就出身中亞伊朗裔的左右阿速衛，以及突厥系各族的左右欽察衛等等，有別於皇帝的怯薛（輪班禁衛），他們之後轉變為重臣率領的各軍閥勢力，成為政權末期混亂的主因。至於三大汗國，同樣也有部分有力重臣（那顏／埃米爾）家族成為軍隊中樞，與王族聯姻成為外戚，其中亦有率領軍閥、權勢凌駕王族者。不論哪個汗國，這些人都是國家分裂的主因。察合台汗國則由駙馬掌握政權，建立帝國的帖木兒就是典型代表。

欽察汗國和察合台汗國的據點在中亞，居民多有突厥系民族，因此兩汗國的社會及文化也逐漸突厥化。察合台突厥語被中亞的各蒙古政權廣泛使用，也傳播到北印度和南俄羅斯，部分民族甚至使用到二十世紀。而在伊兒汗國，埃米爾頒布的波斯文命令書開頭定型句即是突厥文，伊兒汗國的貴族與重臣也大多是突厥系民族。此外，本書第一章提到的埃及馬木路克政權，君主也大多是出身中亞的突厥人。尤其是十三世紀，多數奴隸兵（馬木路克）都來自欽察汗國。舉例來說，改宗伊斯蘭教的欽察汗國別兒哥汗與埃及的拜巴爾蘇丹頻繁外交，一二六四年雙方更簽訂軍事協定一同夾擊伊兒汗國，這也讓埃及得以穩定獲得突厥人奴隸兵。十三世紀，印度的德里也成立了馬木路克政權，出身欽察的突厥人艾伊拜克（Kutbiddin Aybek）就仕蘇丹。後續的德里蘇丹政權君主也都出身自突厥系部落集團，期間與蒙古反覆交戰和修好。

＊ nisba，也稱為關係名號，為阿拉伯或阿拉伯化人名最後代表出身、關係或職業、宗派的部分，可以是地名、部落名或父祖之名，也可能是社會階級或稱號讚詞，甚至是上述綜合。經過長時間傳承，可能演化成家族姓氏。

全球視角下的蒙古衝擊

有學者認為，蒙古的短期衝擊在更宏觀的層次造成了巨大的衝擊。其一是賽代斯（George Cœdès）等東南亞史學者，他們曾主張蒙古的侵略引發了東南亞的民族遷移，尤其是泰語系民族的大遷移。關於這個問題，請參考本書補論。也有見解認為，蒙古的進逼造成三佛齊、吳哥王朝與蒲甘王國的印度化，以及古典時代帝國的崩潰，並促使蘇可泰王國、蘭納王國（Lan Na）、阿瑜陀耶王國（Ayutthaya）等新民族國家形成。就史實來看，一二五四年蒙古滅大理國，在雲南設立據點，揮軍進攻東南亞各地。一二五七年及一二八五年侵略越南，一二七七年侵略上緬甸，繼而攻打泰北。然而針對賽代斯的論點，有學者就各種角度提出反駁，甚至有人全面否定蒙古帶來的衝擊。舉例來說，自南詔和大理國以來，雲南的民族便不是泰語系，而是藏緬系，因此對於蒙古征服雲南、引發泰語系民族大遷移這一點，目前大多採否定看法。然而，蒙古以雲南為跳板侵略東南亞各國是事實，雲南被蒙古占領後從東南亞世界轉變成中國世界，也是事實。即使在歐亞大陸的歷史，蒙古衝擊的意義也絕不可輕忽。另外，有傳說認為蘇可泰王國、蘭納王國、帕堯王國（Phayao）曾組成同盟反抗蒙古，但支持此傳說的蘭甘亨王（Ram Khamhaeng）泰文石碑的真實性備受質疑。現在主流的看法認為同盟一事並非史實，而是後人為了合理化民族國家而做的杜撰。但就算如此，蒙古的威脅仍確實是蘭納王國遷都和蘇可泰王國朝貢的主因。就這層意義來看，蒙古衝擊可以說是引發東南亞諸國重組的原因之一。這種現象不只限於東南亞史。

蒙古霸權下的瘟疫傳播

還有學者認為，另一個蒙古造成的大範圍衝擊，就是黑死病。如前所述，十四世紀後期歐洲黑死病的擴大，源自黑海沿岸的熱那亞商業據點，卡法。事實上，中亞伊塞克湖（現今吉爾吉斯）一帶的東正教徒墓地中，發現了應為黑死病死者的墓碑和遺體，足以佐證黑死病是自東方傳播到歐洲。亦有說法認為黑死病的來源地應在更東方之處，例如從全球觀點研究瘟疫史的麥克尼爾，他就主張蒙古軍從雲南及緬甸帶回了當地傳染病，透過蒙古高原的齧齒類動物為媒介，又因東西交通的興盛而將黑死病的病源體西傳。但是該假說目前仍有爭論，反對論點也無懈可擊。十三世紀蒙古對亞洲各國的侵略，與十四世紀歐洲爆發黑死病之間約有百年左右的空白，而且擁有龐大人口的中國，在一三三一到一三三二年間的河北瘟疫出現前，並沒有爆發過疑似黑死病的瘟疫。也有學者指出，從蒙古到高加索之間的城市亦看不出有明顯的疫情，是這個假說中失落的環節。

近年來隨著遺傳學的進步，對當時殘留在遺體骨骼或牙齒上的鼠疫桿菌進行基因擴增產物的基因組分析，確定了包含兩次黑死病疫情在內的三次傳染病大流行皆為鼠疫，而且引發三次大流行的鼠疫桿菌來自中國西北部的青海。至於名為黑死病的第二次大流行，源自於鼠疫桿菌因「大霹靂」（Big Bang）而爆發，並向西方傳播。根據崔玉軍團隊的鼠疫進化研究，這起「大霹靂」發生在一一四二年到一三三九年之間（尤其是一二六八年左右）。而克斯汀．博斯（Kirsten I. Bos）等團隊的研究則判斷它發生在一二八二年到一三四三年之間。這些研究成果否定了麥克尼爾的東南亞起源說，反倒可能是從中國傳播到東南亞的，而橫掃歐洲的黑死病最初也很可能是來自歐亞大陸東側。

結果，人們重新注意到，透過來往於東西歐亞進行貿易的絲路，過往東西陸路交通網發達的事實。從前學者認為「蒙古治世」的終結、也就是蒙古帝國瓦解，對東西交通投下了陰影，而黑死病就在該時期爆發。但現在有人提出，鼠疫是在「蒙古治世」極盛時期傳播的。例如，布魯斯．坎貝爾研究歐亞各地的長期氣候變遷，以氣候學解釋鼠疫桿菌的反撲與傳播。他的研究成果，與麥克尼爾所說的河北一三三一年至一三三二年爆發瘟疫、伊塞克湖一三三八年至一三三九年的瘟疫，以及伊本．瓦爾蒂敘述「始於黑暗之國（中亞）」的一三三三年之後的十五年意外吻合。氣候畢竟只是其中一個因素，光靠氣候研究並不能證明鼠疫桿菌從青海經由中亞移動到歐洲，但也沒辦法否定氣候變遷與黑死病傳播的關係。

另一方面，人們也陸續驗證在過去被否定的疫病傳播可能性，美國歷史學者羅伯特．海姆斯（Robert P. Hymes）認為在一三四六年的卡法之前，一三三三年的浙江、一三四四年福建發生的瘟疫皆與黑死病有關，因此他主張，應該考量透過海路傳播的可能性。至於試圖將瘟疫學結合歷史的莫妮卡．格林（Monica Green）則以伊斯蘭史料為根據，在「蒙古治世」前的十三世紀初尋找鼠疫自東亞傳播的時機。這些主張今後都還有驗證的必要，討論尚未結束。

歐亞大陸、海域世界的白銀與物資的環流

白銀的流通，是蒙古衝擊對經濟的另一項長期性影響。蒙古帝國初期用來取代貨幣的銀錠，是來自中國的白銀。當時伊斯蘭世界嚴重缺乏白銀，如同羅伯・布雷克（Robert Blake）所主張的，幾乎在蒙古帝國出現的同時，白銀不足的現象就獲得紓解。金和南宋每年向蒙古輸送高額的白銀和絹布做為歲幣，蒙古滅南宋後，白銀歲入更是直接增加。除了中國各地的銀礦外，還包括從周邊亞洲國家積聚而來的白銀，其中也包含日本銀和高麗銀。放貸給蒙古宮廷或政府的御用商人斡脫，他們的交易資本就是銀錠。根據推測，困擾伊斯蘭世界的白銀不足問題，是仰賴他們將銀錠帶到伊斯蘭世界才得以紓解。

羅伯・布雷克等學者的中國白銀向西流出的說法，幾乎不受伊斯蘭史或歐洲史研究者的支持，不過從葉門首都沙那（Sanaa）舊屋發現的阿拉伯文抄本《知識之光》（*Nur al-Ma'arif*）＊收錄的亞丁港關稅品一覽表中，可以看到中國白銀的記載，證明這個說法沒錯。每年，被稱為史力楊恩的伊斯蘭商人會帶著中國白銀到亞丁港，這些銀錠便在葉門境內流通。這些商人主要在印度東南部馬巴爾（科羅曼德地區）一帶活動，經營印度與阿拉伯半島的馬匹貿易。解析《知識之光》的家島彥一認為，當時他們用來交換阿拉伯馬的物品是白銀和絲綢，而二者皆來自中國。此外有關史力楊恩，

＊ 全名為 *Nur al-Ma'arif fi Nuzum wa Qawanin wa A'raf al-Yaman fi al-'Ahd al-Muzaff ari al-Warif*，為葉門拉蘇里王朝第二代蘇丹統治時期（一二四九至一二九五年）編纂的稅務文書。

他還指出一個值得深思之處。正當此時，統治馬巴爾的潘地亞（Pandya）王朝、擔任宰相及商港官員、掌握馬匹貿易的正是基什王族的人。基什王族及其商人在波斯語史料中被稱為「斡魯塔克」（斡脫），並壟斷大半與中國的貿易，所以極可能經手中國白銀。元朝禁止民間金銀與銅錢的流通，更禁止輸出海外，但身為御用商人的斡脫應可不受此限制。從這個角度思考，便能鮮明浮現出一幅白銀經由斡脫、從蒙古帝國（元朝）流入伊斯蘭世界的歷史圖像。

如此一來，早在十六世紀「白銀的世紀」到來之前，十三至十四世紀便已出現亞洲向伊斯蘭世界的白銀流通。其他還有中國向西方輸出絲織品、茶、瓷器、銅錢等，伊斯蘭世界向印度輸出馬匹，印度各國向中國輸出香藥、香木、寶石、珍珠等。尤其是中國的基本貨幣銅錢，儘管禁止出口，但大部分時期仍被大量輸出到海洋亞洲的周邊國家，對各地經濟結構造成巨大衝擊。遠至波斯灣和紅海一帶的伊斯蘭世界皆有中國銅錢出土，學者認為是運往當地做為銅金屬原料。伊斯蘭世界的基本貨幣是第納爾金幣（dinar）與迪拉姆銀幣（diham），不過實際交易也經常用到輔助貨幣的費爾斯銅幣（fals）。大量的銅錢從中國輸出，自然也會衝擊伊斯蘭經濟圈。

另外，元朝主要的出口商品是瓷器，十三世紀有龍泉的青瓷、德化及景德鎮的白瓷及仿製品，十四世紀再加上景德鎮的青花瓷，這些商品紛紛從東亞或東南亞被運往印度、伊朗和伊斯蘭世界。在印度洋以西海域，主要從事這些貿易的是波斯灣的伊斯蘭商人。伊朗的基什島和古忽里模子王國遺址群中，有些遺跡散布著南宋到元朝的瓷器碎片。此外，大不里士等伊朗北部的各商隊交通沿線城市遺址裡，也都可發現中國瓷器，故可推測過去應有相當數量的中國瓷器在伊朗各地流通。再說到《知識之光》這份史料，裡頭也記載了各種中國瓷器分別從印度洋和埃及輸入葉門的事實。中國瓷器就這樣遍及伊斯蘭世界全境，不僅在各地買賣，也大大影響了伊斯蘭的燒陶技術。這個時期的伊斯蘭瓷器經常能看到源自中國瓷的蓮瓣紋和雙魚紋，明顯是模仿中國瓷。反之，在中國青花瓷誕生前不久，歐亞西部的陶器也大幅運用青色、被稱為「藍色洪水」的色調和設計。而當時統治歐亞大陸的蒙古正是以青與白為聖色，這應該絕非偶然。

蒙古霸權的末日與持續的長期衝擊

綜上所述，因蒙古霸權而形成的東西穩定交通、多民族多宗教的複合社會，以及隨之衍生的多元文化融合和相互影響，未必是蒙古人本身造成的；毋寧說是在蒙古霸權下，東西歐亞的城市文化和遊牧文化的重要人物往來頻繁，活化了移動和交流，上述影響才得以實現。在這層意義上，「蒙古治世」的蒙古人只不過是單純的中介者，與蒙古相關的諸多民族與宗教信徒才是主體，是他們掀起了橫跨歐亞的巨大潮流，這麼說並不誇張。

話雖如此，我們不能否認蒙古帝國帶來東西歐亞交通的穩定，也造就了各政權下的多民族和多宗教複合社會，這也是相當重要的。如前面討論的，蒙古帝國在十四世紀處於分裂狀態，各地後繼政權亦紛紛步向瓦解，不再是涵蓋整個歐亞大陸的統一霸權。即使如此，連結東西歐亞和印度洋海域世界的交通網並未立即中斷，透過商人或宗教信徒等跨越國家邊界移動的人群，蒙古衝擊帶來的「蒙古治世」依然長期持續。本章開頭引用的伊本・巴杜達便是其體現。伊本・巴杜達正是其中一位遊走在蒙古帝國各地的瓦解進行式中，盡可能運用交通網在歐亞大陸東西旅行的烏理瑪。十四世紀以後，蒙古霸權逐漸轉為局部地區政權，遍及全境的帝國不再出現，然而多元的民族和宗教信徒才是實現蒙古衝擊的推手。因此，歐亞的交流網路儘管時而中斷、卻依舊延續，並傳承到下一個時代。

第四章　元明易代的暗流

井黑忍

1　崩垮的先兆

水面與暗流

海運中斷，導致長江下游的穀糧無法運到大都，是元朝（大元兀魯思）衰退的主因之一。然而海運中斷，跟東南沿岸一帶海盜橫行有關，其中又以一三四八年十一月在浙東台州黃巖起叛的方國珍為代表。方國珍以走私海鹽和海上運輸為業，因私鹽買賣利益與同業發生衝突，卻殺死官差，便率兄弟數千人逃亡入海，搶奪船隻，阻礙海上運輸。後來，握有強大水軍的方國珍反覆降元和叛元，形成一大勢力，掌握了江南一帶的制海權。

面對這些狀況，監察御史張楨與李泌將天災頻發和盜賊起事歸咎於別兒怯不花等權臣專擅，以及冊立高麗女子奇氏為后等敗壞朝綱之舉，因而向大汗妥懽帖睦爾（元順帝，一三二〇～一三七〇年）進諫，請求整肅綱紀。方國珍起叛、海運中斷和張楨等人糾彈的朝綱敗壞問題，的確是促使元明易代的重要因素之一。但我們不能忽視，除了這些浮在水面上的種種事件，水底也存在著源源不絕、造成元朝衰退的暗流。

同年的二月十三日，右丞相朵兒只、左丞相太平（賀惟一）率領總管行政的中書省大臣們齊聚大都皇城內延春閣旁的明仁殿面聖。這一天，為了讓因黃河改道、長年遭受洪災的濟寧路恢復行政功能並推動災區重建工作，眾人擬定將濟寧路官衙從鉅野縣城遷到任城縣城。路為府、州、縣之上的行政區劃，以官衙所在的城市命名。受黃河氾濫的影響，管轄濟寧的官衙所在地自金朝之後不斷在單父、鉅野、任城縣之間變換。這次濟寧路治所移轉不僅是單純的官衙遷移或官員移動，也包含縣民集體遷移，也就是將放棄已失去城市功能的鉅野縣城。

濟寧路一帶約從二百年前北宋滅亡時起，便直接承受黃河氾濫的危害。一一二六年初，金朝左副元帥粘沒喝（漢名完顏宗翰）率領以女真族為主，加上契丹、回鶻、党項等部族的混合軍團，從河北南下包圍北宋首都東京（今開封）。幾個月後，攻下山西的右副元帥斡離不（漢名完顏宗望）也兵臨城下，開封包圍戰進入最後階段。翌年二月，宋欽宗上表投降，金太宗完顏晟（吳乞買）下詔廢宋徽、欽二帝，國祚超過一百五十年的北宋至此正式滅亡。

金朝俘虜徽、欽二宗等數千人，從開封退兵北去。徽宗第九子趙構（高宗）逃至濟州，於南京應天府（後來的歸德府）即位，宣布繼承大宋皇統。但當金兵再次進攻時，高宗難敵軍勢，被迫逃至江南。此時杜充為阻擋金軍追擊，在滑州決開黃河堤防。一一二八年冬，斷了堤堰的黃河改變流向，往南自泗水流入淮河。黃河自此南流，直到一八五五年。

然而黃河改道並不只有這樣。此後黃河流向在整個金元期間都相當不穩定，在以開封為軸、向東開展的扇形地區發生過無數次氾濫，宛如巨龍徘徊尋找出海口，不斷氾濫改道，每次都為該地區

恩州
大清河
益都路
廣平路
臨清
磁州
平陰
東阿
壺關
相州
陽穀
東平路
汶上
泗水
蒙陰
陵川
濬州
濮州
鄆城
兗州
泗水
莒州
滑州
衛州
鉅野
嘉祥
任城（濟寧路）
曹州
東明
定陶
金鄉
滕州
成武
魚台
開封（汴梁路）
單父
嶧州
楚丘
豐
沛
陳留
虞城
碭山
通許
歸德府
呂梁洪
邳州
徐州路
鄢陵
臨潁
陳州
鹿邑
宿州
渦水
潁水
淮河
潁州
0
100km
信陽州
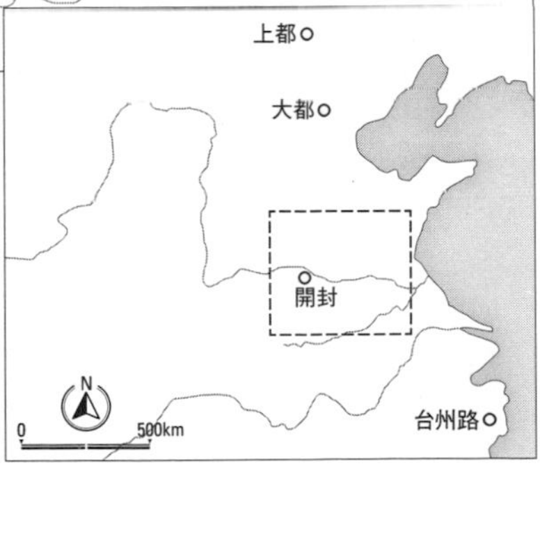
上都
大都
開封
台州路
0
500km

黃河下游圖（14 世紀）

帶來莫大災難，慘況持續了約二百年。

其中，濟寧一帶後有泰沂山脈環繞，只能承受西來洪水衝擊，導致當地遭受莫大災害。該區自然環境的劇烈變化可以梁山泊為典型。梁山泊水域自古稱作大野澤，是《水滸傳》好漢大展身手的舞台，因而聲名遠播。十二世紀末期因黃河改道，水流阻塞淤積；到了十四世紀水量再次回升飽滿，也導致大小湖泊星羅棋布。黃河氾濫與河道變遷，讓周邊流域水文環境不斷變化。

一三四八年鉅野縣城遭棄，直接原因是一三四四年的黃河氾濫。該年一月，黃河再次湧入前一年已遭洪災的曹州，再加上開封堤防潰決，洪水氾濫。到了六月，長達二十多日的大雨使黃河水位上升，沖破開封附近的白茅堤與金堤等堤防，連平地都記錄到超過六公尺的水位。這次水災範圍相當廣，濟寧、單州、虞城、碭山、金鄉、魚台、豐縣、沛縣、定陶、楚丘、成武、曹州、東明、鉅野、鄆城、嘉祥、汶上、任城等黃河以北各州縣都被洪水沖毀，各地宛如水上孤島。而此次洪水也導致黃河流向的北遷。十二世紀以來，黃河河道以順時針方向由東轉向南流入渦水或潁水，此時卻開始逆時針上偏。

當時，濟寧路供應執掌宮中飲食的宣徽院尚珍署釀酒原料米穀，該地也是蒙古帝國后妃輩出的弘吉剌部王族領地，該王族的家臣亦被派任至轄下州縣為官，其中之一便是出身阿力麻里的按檀不花。他本身是濟寧路首長「達魯花赤」（意為掌印者），次子騷馬是掌教司官，負責掌管也里可溫，也就是景教（基督教聶斯托留派〔Nestorianism〕，也里可溫是元代對基督徒的通稱）教徒。三子錄碩霸為魚台縣達魯花赤，五子業里通瓦為管領東平等處打捕鷹房種田等戶達魯花赤，六子伯顏帖木

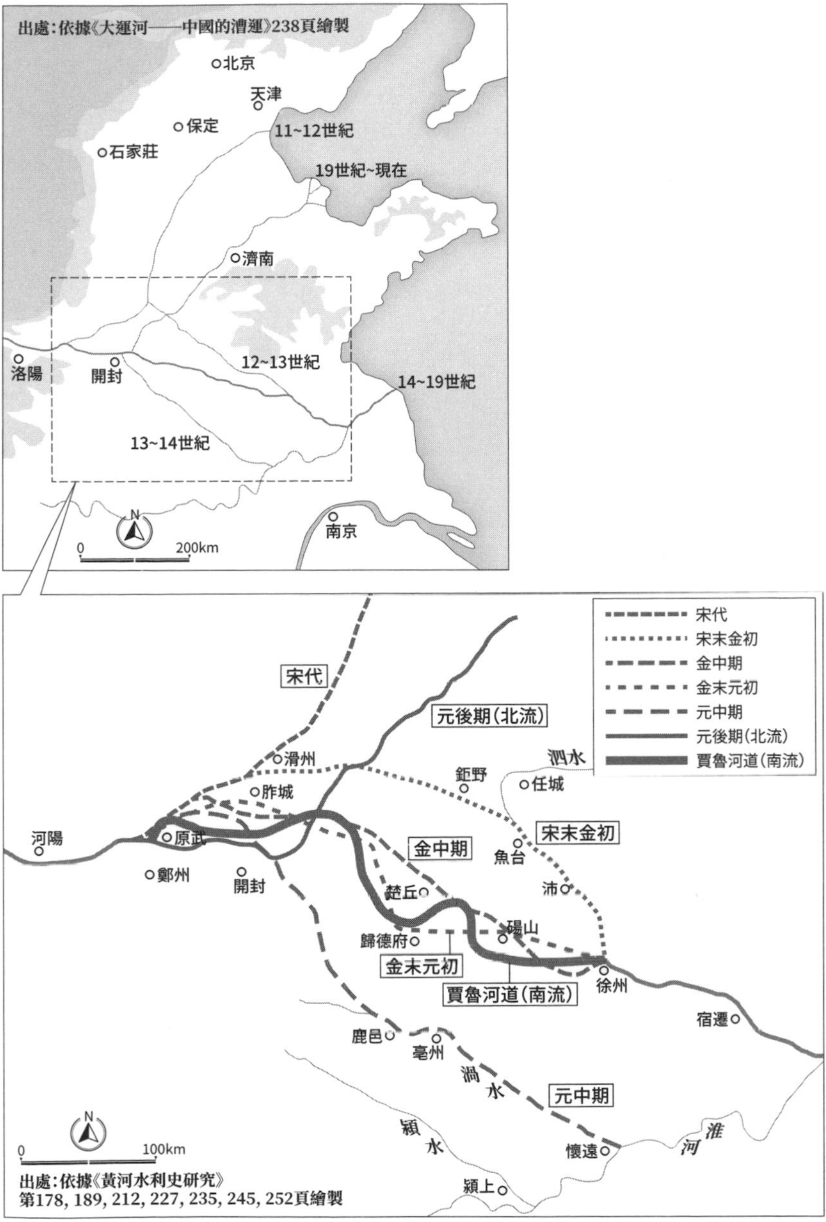

上　黃河河道變遷圖（11 世紀至今）
下　黃河河道變遷圖（11 ～ 14 世紀）

兒為單州達魯花赤，七子岳忽難（敘利亞文中的約翰）任兗州達魯花赤，孫輩的砮珥（即諾亞）為鉅野縣達魯花赤，薛里吉思任魚台縣達魯花赤等。濟寧路轄下及周邊州縣的達魯花赤亦多由其族人出任。黃河氾濫成災不只造成大汗和朝廷困擾，以各種形式存在的各地王族和高官權益也受損。

為了解決接二連三的黃河氾濫問題，一三四八年三月，朝廷在梁山泊畔的鄆城縣設行都水監，統管當地水利行政，並派遣賈魯（一二九七～一三五三年）赴任都水使者。賈魯視察之後找出問題所在，上書黃河治水之策並附上河川圖。內容為建造和修補黃河北岸堤防提升強度，防止氾濫，同時以人工方式壓制黃河北流之勢，使其回歸南流河道後匯淮入海。賈魯言其策可減少用度，並收獲數倍於過去的利益。然而他的提案不僅影響了後來的黃河流向，更左右了元朝的命運。

叛亂的擴大

大約與濟寧路移轉的同時，一三四八年六月，元朝在濟寧路南側、黃河對岸泗水與南流黃河匯流點設置徐州路，下有滕、嶧、邳、宿四州及其管轄的七縣，並發布人事異動，令同知浙東道宣慰司事的卜顏禿為達魯花赤，海道運糧萬戶府副萬戶雷好義為該路總管。徐州地處水陸交通樞紐，附近有黃河險灘呂梁洪，想要度過這段巨石錯立、水流湍急的難關，就需要大量人力從岸邊拖曳船隻。據說來往江南運送物資的漕船水手，經過奉祀水神的呂梁神廟時必定會祈求航行平安。

和濟寧路的移轉相同，徐州路是因一三四四年黃河氾濫而設，但同時也是元朝為對付同年郭火你赤在益都作亂而設。郭火你赤與前述的方國珍同為私鹽販子，他率叛軍從沿海一帶的益都沿黃河西行，在曹、濮、滑、濬、相、衛各州作亂後，越過太行山脈侵襲陵川、壺關兩縣後北上，經磁州到廣平路，殺害當地官員後再返回益都。最初叛軍不到三百人，但一度來勢洶洶如入無人之境，阻礙了黃河下游的水陸交通，百姓紛紛棄地向南或東逃，導致耕地荒廢。

叛亂爆發時，掌管軍政的樞密院下令東伊朗裔阿速軍九百軍士屯於邳州北部黃堌城，欲迎擊未果，反而導致叛軍入侵徐、宿、滕、嶧各州。在徐州路設置前，徐州與宿州隸屬歸德府，滕州與嶧州隸屬益都路，如欲出兵，須各自向距離遙遠的上級機關請命，再由該機關向朝廷請求許可。調兵冗時，是叛軍得以橫行的原因。

郭火你赤起事四年後，元朝中央才正視這場亂事，籌謀對策。這與脫脫（一三一四～一三五五年）在朝中重新掌權有關。出身蔑兒乞名門的脫脫逼退自己的伯父伯顏，升任右丞相掌握實權，但一三四四年與別兒怯不花政爭，失敗托病辭官，之後因父親馬札兒台之死，才於一三四八年出任輔弼皇帝的太傅，得以重回朝廷。此時正逢元朝設置徐州路，以便統轄黃河南北兩側滕、嶧、邳、宿四州。在此背景下，淮東宣尉司兼元帥府自此統領一路之軍政，駐紮黃堌城的阿速軍為防守黃河渡口而駐守恩州甲馬營南到臨清之間，揚州一萬戶為守備移防徐州；再加上徐州路發出的文書可直達中央六部，這些措施都是為了整合統治機構，讓軍事及行政系統一元化，以便強化對黃河下游南北兩地的防衛與管理。

連鎖災難

黃河下游的民變越演越烈，洪水氾濫更加速了社會不穩。一三四四年的洪災規模尤其龐大，除了一月曹州與開封的黃河氾濫，六月又爆發更大範圍的水災，連大都路南部的霸州也出現水患。七月河南鞏縣大雨，伊水和洛水滿溢，黃河氾濫導致濟寧路的兗州，汴梁路的鄢陵、通許、陳留、臨潁等縣發生水災。八月，東平路的東阿、陽穀、汶上、平陰四縣發生水災，災害從膠州擴大到高密縣。水災還沒結束，莒州蒙陰縣又發生地震，而一三四五年一月東平路的東阿、陽穀、平陰三縣也發生地震。這些黃河氾濫和地震災區，同時也都是郭火你赤叛亂軍的活動區域，相互重疊形成連鎖災害。

連續侵襲各地的水災和地震，不只毀壞民宅奪走性命，更造成農作物損失，導致糧食不足引發饑荒，甚至出現人吃人的情形。出身突厥系遊牧民族葛邏祿的迺賢，將這慘絕人寰的地獄景象寫成〈潁州老翁歌〉：

潁州老翁病且羸，蕭蕭短髮秋霜垂。
手扶枯笻行複卻，探瓢勾食河之湄。
我哀其貧為顧問，欲語哽咽吞聲悲。
自言城東昔大戶，腴田十頃桑陰圍。
闔門老稚三百指，衣食盡足常懸錐。

河南年來數亢旱，赤地千里黃塵飛。
麥禾槁死粟不熟，長鑱挂壁犁生衣。
黃堂太守足宴寢，鞭撲百姓窮膏脂。
聒天絲竹夜酣飲，陽陽不問民啼飢。
市中斗粟價十千，飢人煮蕨供晨炊。
木皮剝盡草根死，妻子相對愁雙眉。
鵠形累累口生焰，臠割餓莩無完肌。
奸民乘隙作大盜，腰弓跨馬紛驅馳。
嘯呼深林聚凶惡，狎弄劍槊搖旌旗。
去年三月入州治，踞坐堂上如熊羆。
長官邀迎吏再拜，饋送牛酒羅階墀。
城中豪家盡剽掠，況在村落人煙稀。
裂囊剖筐取金帛，煮雞殺狗施鞭笞。
今年災虐及陳潁，疫毒四起民流離。
連村比屋相枕藉，縱有藥石難扶治。
一家十口不三日，藁束席卷埋荒陂。

死生誰復顧骨肉，性命喘息懸毫厘。
大孫十歲賣五千，小孫三歲投清漪。
至今平正橋下水，髑髏白骨如山崖。
繡衣使者肅風紀，下車訪察民瘡痍。
綠章陳辭達九陛，徹樂減膳心憂危。
朝堂雜議會元老，恤荒討賊勞深機。
山東建節開大府，便宜斬礸揚天威。
親軍四出賊奔潰，渠魁梟首乾坤夷。
拜官納粟循舊典，戰士踴躍皆歡怡。
淮南私廩久紅腐，轉輸豈惜千金資。
遣官巡行勤撫慰，賑粟給幣蘇民疲。
獲存衰朽見今日，病骨尚爾難撐持。
向非聖人念赤子，填委溝壑應無疑。
老翁仰天淚如雨，我亦感激愁歔欷。
安得四海康且阜，五風十雨斯應期。
長官廉平縣令好，生民擊壤歌清時。
願言觀風采詩者，慎勿廢我潁州老翁哀苦辭。

根據詩末所附党項人余闕的跋文，河北及河南在一三四四年大饑荒後，第二年又爆發瘟疫，過半百姓死亡。朝廷出售爵位賑災，淮河流域許多富豪響應，得鈔十餘萬購買糧穀。雖然當年夏天不多的收成都用於賑濟災民，但百姓疲弊，田園荒蕪，路中無人，只見動物足跡。余闕又寫道，他擔任御史在河南視察時，曾奏請將來自富豪的鈔與粟貸予貧民時亦貸予耕作用的牛隻和種子，待豐收後再繳回，但朝廷並未採納。

一三四四年饑荒的原因，是持續多年的氣候異常。關於這一點，可參考參加元朝科舉及第、曾任翰林等官的高麗人李穀暫居大都時的經驗談。他在大都皇城西側的福田坊、靠近俗稱白塔寺的大聖壽萬安寺旁租了塊空地，闢出一小塊菜園。一三四一年雨量豐沛，所以葉茂根肥，收穫的青菜自己吃不完還分送鄰里。一三四二年春夏雨量少，即使汲水澆灌，也幾乎沒有種子發芽，就算發芽也不長葉，最後都被蟲給吃掉。但到了秋季卻持續降雨，直到晚秋才終於放晴，作物不是泡水就是埋在泥沙裡，收穫還不到前一年的一半。

接下來的一三四三年，前半年晴朗無雨，後半年降雨不斷，收穫又僅有前一年的一半。大都之外的地區也出現農作物歉收，而秋季歉收引發冬季饑荒，黃河兩岸大批百姓化為流民或盜匪，即使出兵也難以鎮壓。春天，饑民湧入大都，成群的乞丐在城內城外吆喝要飯，路邊有人倒下亦無人聞問。在大都城內出現稱為「人肆」的人口買賣市集，親賣子、夫賣妻，主賣奴如同買賣畜牲，家常便飯。在這悲慘的狀況下，春末到夏至仍然無雨，李穀擔心就算現在開始乞雨也來不及了。而他的擔憂果然成真。醞釀數年的危機在一三四四年引發歉收與饑饉，終於釀成全國性的嚴重傷害。日後建立明朝、將元人逐回北方的朱元璋（一三二八～一三九八年）也因為這場饑荒失去父母兄弟，決定出家。

氣候變遷與周期

《元史》的〈五行志〉記錄了約一百年間從旱災、水災、地震到龍或鳳凰現身等各式各樣的天災和異象。〈五行志〉共二卷，其中一卷內容皆為元末妥懽帖睦爾在位的三十五年間事，乍看會覺得該時期的自然災害數量突然爆增，但推測這應是明初僅費一年半時間便完成的《元史》編纂上的草率訛誤所致。再者對明朝而言，自然有必要記述「末帝」在位期間降臨了重大天譴，以示元朝命數已盡。

更進一步說，在改朝換代的特殊時期，且不提直接或間接參與的當事者們，生於此時的人們多多少少都曾以某種形式承受政治波及，因此人物紀錄很難完全抹去偏見，就連氣候、環境或天災紀錄也可能有失客觀。那麼，若是運用近年來成果豐碩的古氣候重建方法，我們能得到什麼樣的結果呢？

近年，古氣候重建領域透過解析中國冰芯、樹木年輪、湖底堆積物等氣候代理數據（Proxy Data），不斷出現新的成果。根據研究，元朝一百年間的氣候以十四世紀前期為分界，出現了大幅變化。在一〇〇〇年到一二六〇年間，中國東部的平均氣溫從〇．四度上升到〇．八度，其中一二三一年到一二六〇年的三十年間平均氣溫最高。而一二六〇年到一三二〇年間的平均氣溫則下降了〇．七度，一三三一年起的八十年平均氣溫又下降了〇．五度。

換句話說，十二世紀末到十三世紀末的溫暖期，在十四世紀初左右轉變成寒冷期，並一路持續到十九世紀末。十三世紀到十四世紀的變化不只是從溫暖期轉變到寒冷期，它更是過去這二千年最劇烈的一次氣候變遷，特別是急遽溫度下降這點意義重大。在華東和華中一帶，一三三〇年起的五十年平均氣溫與一二六〇到一二八〇年間平均氣溫相比，下降了一．五度。

此外在乾濕變化方面，十二世紀到十四世紀中葉總括來說相當於乾燥期，只有一二四〇年到一二六五年、一二八〇年到一三三八年是例外的濕潤期。這個結果與甘肅省隴南市萬象洞鐘乳石的氧同位素比所復原的過去一千八百年間中國夏季季風強度的變化一致。十四世紀最初的二十五年，夏季季風轉弱、降雨量少，此後直到十五世紀皆為持續的寒冷乾燥。這也再次證明十四世紀前期是轉捩點。

另一個必須注意的，是氣候變遷的周期。中塚武認為，人類社會在面對數十年周期的氣候變遷上十分脆弱。根據他的論點，在氣候環境良好時，人類社會人口增加、生活水準上升，但遇上數十年的周期性氣候變遷、環境承載力下降時，卻無法收束已然膨脹的生活水準。人類面對危機時決策錯誤，引發饑荒、瘟疫、戰爭，導致社會混亂與崩解。中塚指出，這與唐、明及元代的情況十分吻合。十四世紀初左右出現以數十年為周期的氣候變遷，與人類社會對該變遷的適應、不適應或過度適應，這些都成了元明易代時期的暗流。再加上這段期間與氣候變遷息息相關的黃河改道事件，時而順著這股暗流、時而逆流，岔出了另一脈支流。

2 開發與挫折

空白地帶的形成

正如詩句「黃河忽西來，亂瀉長淮間」的描述，淮河因黃河南流侵奪河道，使得淮河流域成為黃河屢次氾濫影響最嚴重的地區。淮河發源於河南南部桐柏山，向東流經安徽、江蘇入黃海，是中國第三大河。這條今日因水質污染和抽水過度、造成斷流等嚴重環境問題的河川位於黃河與長江之間，自古以來就是中國南北的分界。如同俗諺「橘逾淮而北為枳」所言，淮河南北不只自然環境不同，文化特徵也不相同。

黃河南流肇始於十二世紀金與南宋的對峙，淮河一帶是雙方大軍相持的最前線。金最初扶植傀儡政權，間接統治北宋故地，先立北宋舊臣張邦昌為帝，建國大楚，後又擁立劉豫成立大齊。大楚月餘即垮台，但領有山東、河南，後又擴及陝西的大齊，則夾在金和南宋之間長達八年。這段期間，淮河到長江以北的江淮地區飽受戰火摧殘，百姓流離失所，紛紛放棄生產。

一一三七年大齊廢國後，南宋內部湧現出兵伐金之聲，但同時因為原本大齊境內糧食調度困難，反對出兵的聲浪也相當強烈。這種狀態一直持續到十二世紀六〇年代。河南一地只剩下綿亙數十公里的荒野。金趁此強制遷移人口稠密的山東及河北百姓，前往人少地廣的黃河流域陳、蔡、汝、潁各州，以解決這些地區的低度開發狀態，但效果不彰。再加上南宋為防金兵南進，在淮河以

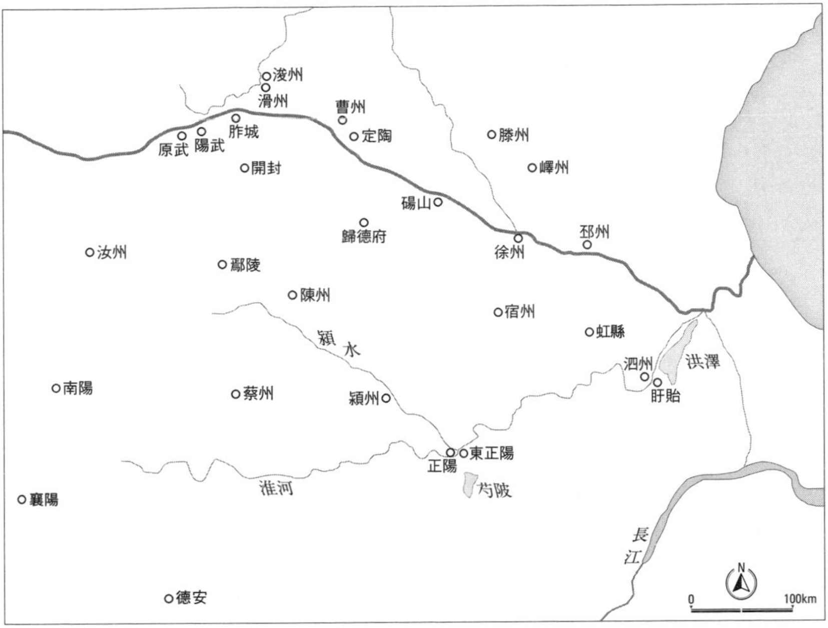

黃河下游圖（12~13 世紀）

南採「堅壁清野」焦土戰略，於是南宋與金之間形成了一片無人地帶。

這種因政治所造成的低度開發狀態，在黃河氾濫下更是雪上加霜。從一二六〇年代初期就頻頻氾濫的黃河，在經過一一六六年與一一六八年陽武決堤後越加趨南，至一一八〇年代末時原有的北流不再，改經泗水河道匯入淮河。這次的黃河改道對淮河和黃河流域造成了極大影響，嚴重改變了地形和水文環境。

一一六九年，賀正旦使節團成員之一的樓鑰自南宋臨安出發，前往金國中都。有鑑於前一年的使者不得不大幅繞行至上游一帶才得以渡過黃河，這次他們一行人選擇河水較淺的地點，從開封北方的胙城縣李固渡渡河。但由於黃河氾濫，胙城南側的南湖與河道合一，想渡水必須在街道鋪上木材，再鋪上草料和土，才能讓車馬通過。後來渡河時，是在結冰的河面鋪上草和樹枝讓車馬行走，好不容易才渡了河。樓鑰在《北行日錄》中也談及氾濫後的景觀變化，如黃河中央產生新的沙洲、黃河北岸的滑州等多地出現新的湖沼。

翌年一一七〇年，宋孝宗派遣范成大為國信使，攜國書前往金國。他自泗水沿著水流不再的汴水舊河道進入胙城縣時，親眼目睹黃河決堤前的「漸水」自二、三十公里遠的黃河向南流至該地。他也和上回樓鑰等人同樣選擇自河面較窄的李固渡渡河，以一百八十艘船連成浮橋，連接沙洲渡過黃河。渡河後，對岸的濬州官衙已沉入水中。范成大也在記錄此事時感嘆，往時將淮地米糧運到首都開封的汴河也因黃河改道而乾枯淤塞，成了一條髒污的水道。

另一方面，黃河的改道也為淮河流域塑造出良好的開發新條件，那就是可轉為耕地的黃河故道。泥沙淤積是黃河最大的特徵，也是氾濫的主因，然而河床的淤泥也含有豐富的養分，自古以來就是適合耕作的肥沃土壤。金統治期間雖亦採行減免開墾新荒地者數年的租稅優惠，但故道土地卻不在此列，自耕作第二年起便須繳納租稅，這點也反映出統治者對舊河道土地肥沃程度的認知。進入十三世紀後，在有力人士推動下，更多號稱收穫可達一般田地二倍的黃河故道紛紛轉為耕地。而金國為了完全截斷已逐漸轉為新耕地的北流黃河故度並促進開發，也積極疏浚與整治從徐州朝東南出海的南流黃河新河道。依據與宋簽訂的盟約，黃河以北土地為金所有，因此金無理由攔阻黃河河道向南移動。

至於淮河流域的耕地開發，則在金國末期因人口急速向河南集中而加速。成吉思汗勢力迅速壯大，蒙古一再的侵犯掠奪造成大量難民從河北越過黃河，湧入河南。然而一二一四年金遷都開封，以及陸續失去河北及陝西，又更加速人口向河南移動，此後共有包含軍隊在內的一百多萬人越過黃河南遷，陝西和河東的難民也逃向河南。快速增長的人口雖然成為開發耕地的動力，但另一方面，移民的遊民化也讓社會更加動蕩。在此背景下，山東紅襖軍揭竿而起，占據碭山縣，洗劫歸德府及徐州，又成為社會另一個不穩定的因子。

北有蒙古進犯的壓力，南有南宋入侵，在河南腹背受敵的金國以籌措軍費防禦外敵為由，向河南百姓課以過去三倍的重稅，但仍徒然無功，在蒙古攻擊下開封失守。直至一二三四年，遭蒙古南

圖 4-1　洪澤湖三河閘

宋聯軍包圍的金哀宗於蔡州自盡，二十年間河南已混亂失序，而此後到南宋滅亡前，混亂又持續了四十二年。淮河流域成為蒙古與南宋對峙的國境，而原本的金國守將在南宋軟硬兼施下投降，或是南宋出兵強制宿州百姓移居泗州，這些都造成了大規模人口移動。

屯田的開發

直到忽必烈（元世祖）統一南北，淮河流域的百姓才脫離悲慘的命運。儘管在元朝消弭南北兩國並立的局面後，淮河流域也不再是國境，但江淮一帶已化為無人之境，憑藉一己之力難有發展。因此政府推行屯田政策，遷入軍隊和移民墾田推動開發。元代江淮地區的屯田總稱為河南江北行省軍民屯田，起源可回溯至蒙哥（元憲宗）時代。一二五〇年代，元人在漢水到淮水一帶設置屯田，做為進攻南宋的一環，至忽必烈時代範圍更加擴大，一二八〇年代淮河中下游已有許多軍民開墾的屯田成形。

元代的屯田，河南江北行省所轄南陽、德安、芍陂、洪澤、兩淮各地屯田，規模約占全國的四成左右。進攻南宋後，做為戰後處理的一部分，元也讓舊南宋軍投入河南與江淮的屯田工作，解散容易成為戰後不穩定因子的舊南宋軍，有效轉化為勞動力。

接下來，就讓我們來檢視河南江北屯田中的淮東屯田中心——洪澤屯田。洪澤指現今江蘇與安徽省邊界的洪澤湖一帶。今日的洪澤湖匯集了淮河等大小河川，再經南北兩條河注入大海，是中國面積第四大的淡水湖，目前水域面積高達二千平方公里以上。然而如此大的面積，是明清時代預防洪水流入湖東、建設洪澤湖大堤（高家堰）後的結果。儘管十二世紀黃河開始南流後入湖水量增加，但在十三世紀時水路並不穩定，此處仍只是大小湖沼相連的「洪澤二十澤」，與如今這個能容納匯聚水量的大湖相去甚遠。

忽必烈時代，洪澤屯田主要由洪澤屯田萬戶府負責開墾。一二八六年董士表受命為洪澤屯田萬戶，此人出身世代就任樞要之職的藁城董氏，死後由子董守義襲其職。屯田初始，洪澤湖一帶大小湖泊泥土淤塞無法蓄水，因此疏浚湖泊，擴大水域面積至四十五里，同時四周以木材補強，修築長二百五十丈的堤防，預防風浪造成損壞，確保水資源能有效利用。但周邊低地在湖面高漲溢流時容易沖走民宅，因此又沿著堤防建設水門，並設二十二個「驛」，配置人員看守水門。此外，為補充開墾不足的人力，除了軍隊外亦募集私鹽商販投入屯田。

淮東主要屯田於洪澤，淮西則在芍陂。這片過去在春秋時代由楚國孫叔敖修建的水域，一二八四年設立屯田後也建造了長一百六十公里的堤防和二十餘處可動式水門，可以控制芍陂水流的進出。之後又在此地開鑿水路，確保運輸路線可達潁水與淮河匯合處正陽。忽必烈進軍南宋時，董文炳即於正陽築城淮河兩岸，監視來往淮河的船隻以封鎖南宋軍行動。對此，南宋的夏貴則趁淮河水位因大雨高漲時阻擋水流，採取水攻。正陽是攻防激烈的戰略要地。

開墾淮河流域有時必須排出和調整水量，因此墾民採取的對策是圍田或稱圩田的耕地形態，即堆土築堤，再將堤內水排出化為耕地。這片沼澤面積廣大，經常在河水高漲時遭到淹沒，如今由具備財力之家帶頭開發出廣大圍田，還有屯田士兵築堤墾地。在水域遼闊的淮東，則有水草上鋪泥並以木作架，形成浮在水上的耕地，稱為架田。而沿海地區為了防止海水倒灌，則以黏土圍住耕地周圍固定，形成塗田；堤防外的氾濫平原和河流沿岸水退淤泥堆積處開墾，稱為淤田，而中洲和河灘處也開墾成沙田等等。配合不同的自然環境，開發為各式各樣的耕地。

人自犯之

然而，在開發進展的背後，是急速耕地化帶來的自然環境快速轉變。一三一〇年十二月，河北河南道廉訪司上書黃河氾濫的原因和解方，內容論及堤防的沙土含量高、水位上升時難以防止黃河衝擊的技術性問題，也指出周遭百姓遷入黃河故道開墾、官員獎勵化水域為陸地的危險性。尤其是後者，黃河河道因圍墾而狹窄，一旦上游發生氾濫，災害便有波及整個流域之虞。裡頭批判這種短視近利的開墾和圍田並未考慮到黃河頻繁改變流向的特性。

在一三一四年九月管轄黃河下游的河南等處行中書省的上書中，也可看到人們對人類活動影響自然環境的認識。奏書陳述，隨著黃河河道變遷，原本沿岸的湖沼之地被有力人士占據為耕地，一旦發生洪水、水漫無處可去時，極有可能引發莫大災害，因此「非河犯人，人自犯之」。這反映出當時人們已清楚認識到人類活動造成自然環境轉變所引發的惡性循環：圍墾湖沼和開發耕地奪走黃河滯洪區，將會引發巨大洪災。而水流乾涸的舊河道雖能轉換成肥沃的耕地，但堆積在河床的沙礫也因此四散各地。沙礫會如水流般掩蓋周邊的房屋和墓地，百姓無計可施，只能逃離。

位於洪澤湖西方虹縣的東朗湖，是另一個人類活動改變環境的例子。東朗湖周圍不但耕地寬廣，人們亦利用環境從事漁獵，撿柴割草以供生活所需。有一戶為逃避淮東重稅而舉家遷移至此，他們賄賂當地下吏，主張自己只是暫時寄身虹縣的「白居戶」，故無需負擔該縣稅役，並向官府請願，希望在東朗湖圍地開墾，增加耕地以應賦稅，卻因此與原本居民發生摩擦，展開十年以上的訴訟。黃河的氾濫不只造成水文環境的變化，這些人為的改變也大幅改變了自然環境的面貌，提高脆弱性。

另外一項人為因素，則是權臣兼併河南土地對治水造成的障礙。一三〇七年秋，黃河在原武縣東南潰堤，水勢逼近開封城下。正當官員們緊急準備船隻逃生時，當時的汴梁路總管穆忱向中書省進言應引導黃河河水東流，但由於中書省高官們的土地大多位於開封和歸德府之間，若採取穆忱建言，該地皆將沒入水中，故未獲接納。最後雖由穆忱獨自擔責，擅自將黃河分流以減緩水勢，並引水東流，解除了水淹開封的危機，但此事明顯是高官和權臣的利益扭曲了水利行政，陷開封居民於危險之中。另外，當時在穆忱指揮下築堤的是住在鄢陵縣的党項人，他們是駐屯該地專掌火器的礮手軍及其族人，過去得免除徭役，但此時也被課以與百姓相同的徭役築堤，動員一萬人方能完成這項任務。

人民為逃避課稅的投獻及隱匿行為，也導致大片土地集中於皇族、貴族和功臣及大型寺廟。早在忽必烈時代，已經禁止將州縣管理下的土地和戶籍投獻給蒙古王族、貴族和功臣。儘管如此，

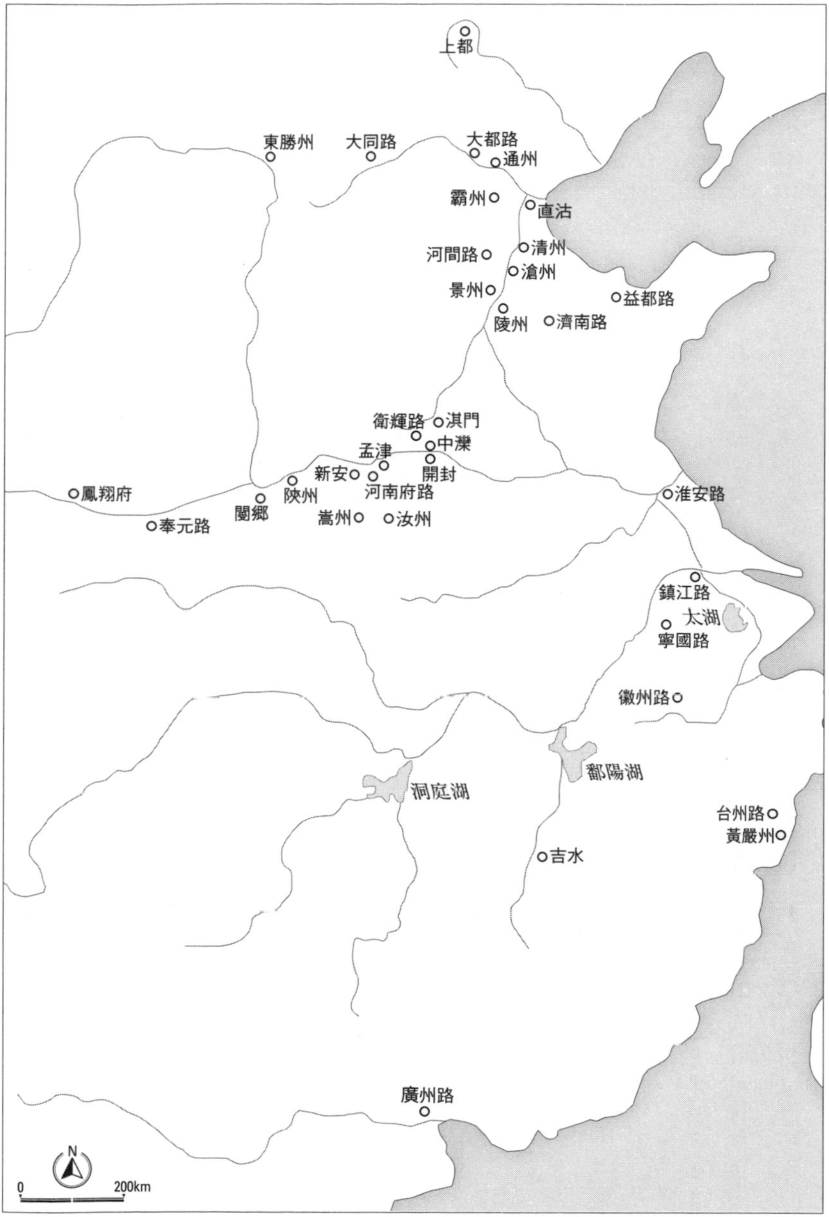
上都
東勝州
大同路
大都路
通州
霸州
直沽
河間路
清州
滄州
景州
益都路
陵州
濟南路
衛輝路
淇門
中濼
孟津
新安
開封
鳳翔府
陝州
河南府路
淮安路
閿鄉
嵩州
汝州
奉元路
鎮江路
太湖
寧國路
徽州路
鄱陽湖
洞庭湖
台州路
黃嚴州
吉水
廣州路
N
0
200km

14 世紀的中國

一三一一年仍爆出劉亦馬罕與小雲失不花假借朝廷徵收土地名義，徵收河南行省所轄的黃河故道土地，做為非課稅荒地，獻予後來成為大汗的和世球（元明宗）。首謀劉亦馬罕在事件暴露後流放海南島，但一定還有其他人以同樣方式逃避稅賦，開墾黃河故道。

為了開發長年為空白地帶的淮河流域，忽必烈時實施優惠政策，新開墾地可免除徵收三年或六年租稅。但愛育黎拔力八達（元仁宗）在位期間，太后答己寵臣弘吉剌部的鐵木迭兒為右丞相，他掌握實權後開始清查淮河流域及河南土地，課以重稅，並將不適於耕作的沙磧之地也登記為已耕作地，徵收稅賦，農民被迫棄地出逃。於是，自十四世紀初起，出現了阻礙開發的人為要素，而一三二〇年代末開始的明顯寒冷化，更讓情況雪上加霜。

3 冬季到來

饑民成群

根據前述的古氣候重建結果，一三二〇年代末起氣溫出現明顯下降，而在文獻資料中亦有能印證一三二〇年末到三〇年代初期強烈寒冷化的記載。根據劉岳申的紀錄，一三二八年底他的故鄉江西吉水縣降下了數十年一遇的大雪，一三二九年更加寒冷，河川結凍，據稱嚴寒更勝大都。到了一三三〇年，儘管時序已為六月，但低溫依然持續，寒冷程度甚至可與上都匹敵。

其他反映出寒冷化傾向的自然現象，還有一三二九年太湖結冰厚達數尺（一尺約三十公分），人們行走在冰上如同平地，此外洞庭湖周圍柑橘結凍，連廣州也結冰。第二年除了冬天江南積雪三尺有餘，氣候也與前一年乾旱相反，夏天下起大雨，令人以為冬天提早到來。

當較為溫暖的江南也出現顯著寒冷化傾向時，一三二九年二月，使者抵達以父親年邁為由離開政爭激烈的中央、回到故鄉濟南度過八年歲月的張養浩面前，宣告他被任命為翰林侍讀學士。隔天又有第二位使者抵達，告知他受御史台推薦，就任陝西行御史台中丞。

是時，碩德八剌（元英宗）被弒，動盪於哈拉和林即位大汗的也孫鐵木兒（元泰定帝）死後達到高峰，在上都擁立阿剌吉八的倒剌沙與在大都擁立圖帖睦爾的燕帖木兒爆發戰爭，最後演變成天曆之變。使者前往張養浩處的兩個月前，這場牽連大元全境的亂事才剛塵埃落定，大都派獲得勝利。但後來和世㻋在哈拉和林即位後，立刻趕回其弟圖帖睦爾所在的大都，說明當時政局依然動蕩。

這次下詔之目的，是為了重新起用享有清譽的名吏張養浩，整肅自碩德八剌即位後就治安動盪的陝西，鎮壓四川與雲南動亂，並壓制阿爾泰一帶以安定西北。張養浩回鄉後曾七度傳召不赴，一再辭退，但為了解救陝西的苦境，終於決意出仕，留下老母，獨自赴任。

但是，前往赴任的路途本身便已充滿苦難。自濟南乘船溯行大清河，到達與會通河匯流的安山，再接著改行陸路，這時張養浩首次目睹了大批流民，而且人數與日俱增。當他沿黃河西行、自新安到陝州的途中，更見到奄奄一息的流民們擠滿峽谷的慘狀，堆積的死屍和瀰漫四周的屍臭令他不禁掩面。他將這幕不似人間的悲慘光景寫成了〈哀流民操〉：

哀哉流民，為鬼非鬼，為人非人。
哀哉流民，男子無縕袍，婦女無完裙。
哀哉流民，剝樹食其皮，掘草食其根。
哀哉流民，晝行絕煙火，夜宿依星辰。
哀哉流民，父不子厥子，子不親厥親。
哀哉流民，言辭不忍聽，號哭不忍聞。
哀哉流民，朝不敢保夕，暮不敢保晨。
哀哉流民，死者已滿路，生者與鬼鄰。
哀哉流民，一女易斗粟，一兒錢數文。
哀哉流民，甚至不得將，割愛委路塵。
哀哉流民，何時天雨粟，使女俱生存。
哀哉流民。

此時陝西正遭逢長達五年的空前大旱。一三二四年到次年皆因豪雨成災的陝西各地，卻自一三二六年夏季起受烈日曝曬。張養浩赴任的一三二九年，陝西饑民人數達一千二百三萬四千人，流民高達數十萬人。面對這種危急局勢，父母官的第一要務就是嚴厲誡喻，以防人倫忠孝淪喪，並致力教化，藉此讓社會回歸安定。張養浩讚揚賈海，並自掏腰包救濟這位他口中的孝子，他為救母而殺子、偽稱狗肉給母親吃。此外，這些地方官員們登上西岳華山祈雨，當八千多戶回鶻人陷於饑饉時，也到供奉高昌部大山之神「雅蠟蠻」的廟宇祈願，用盡方法祈雨。

一三二九年的饑荒不只出現在陝西。三月，大都路南部與大同路、東勝州等地也發生饑荒；五月，衛輝路饑民一萬七千五百戶，河南府路饑民二萬七千四百人，餓死者更有一千九百五十人。食人肉者光是被發現的就有五十一人。這場河南饑荒出於「兵旱」，也就是戰亂與烈日，長江以南的寧國路宣城縣也是如此。天曆之變爆發時，在江淮各地徵兵的暴虐官兵引發社會不安，一三二九年的旱災遂成了導火線，饑腸轆轆的百姓據說在三十到五十萬之間，每日皆都有數以千計的饑民聚集至縣衙乞食，寧國路與徽州路一帶更出現千人以上的流民。

隨著時間過去，饑民的數量也倍增。據記載，江浙行省轄內饑民六十萬戶，大都及河南、河北各州饑民共六十七萬六千戶，鳳翔府饑民更有十九萬七千九百人。饑荒西方自渭水上游，東至黃河下游，範圍甚廣，從北方的大都到南方的長江下游都有流民出現。張養浩目睹大群流民的地點，是由閿鄉縣經孟津縣到鞏縣，也就是自陝西沿黃河南岸向東延伸的廊狀地區，該處已因百姓逃離而化

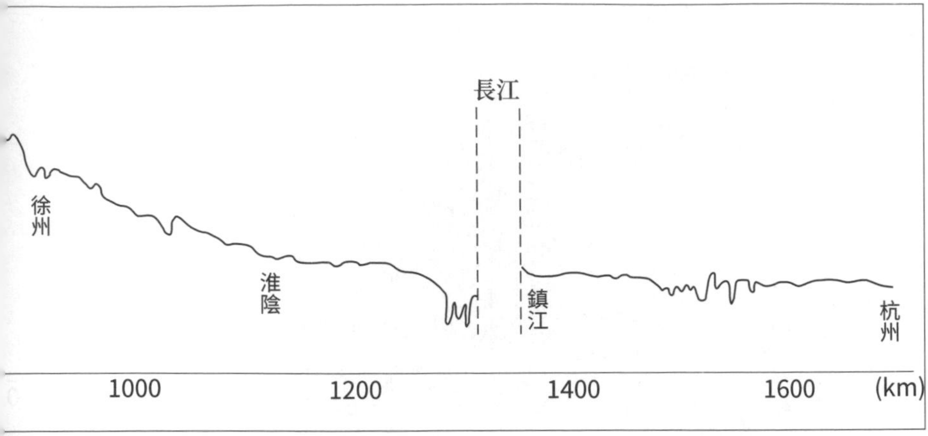

為人跡罕至的空白地帶。而流民多集中在河南嵩州、汝州到淮南之間，從陝西、河東、燕南、河北、河南各地區湧入的流民約有十萬餘人，他們在在當地喪命，形成更嚴重的社會不安。

在這場饑荒中，長江北岸水運要衝鎮江路亦自六月起便晴朗無雨，不論山區還是平地，作物盡皆枯死，九月初開始缺糧，百姓把豬、羊、雞、狗等家畜賣掉，接著用犁等農具換取食物。過了九月中旬，街上四處可見待售的妻子和被遺棄的小孩，老人和孩童路死街邊，年輕人則當起強盜。最初鎮江路饑民有二十萬人，但由於賑災遲緩，增加至二十七萬，甚至多達四十二萬三千五百人。最終，從大雨連綿的一三二〇年代中期開始，到轉為旱災和饑荒的一三三〇年代初，這段期間成為元朝最長的受災期。

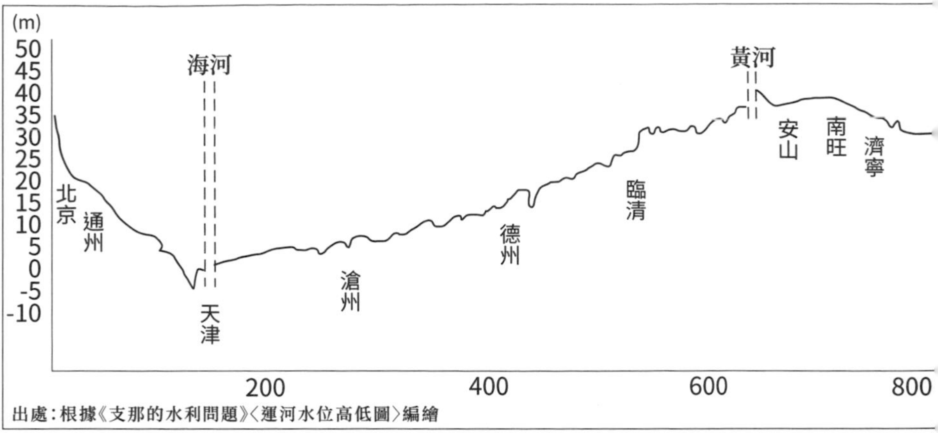

出處：根據《支那的水利問題》〈運河水位高低圖〉編繪

大運河水位高低圖（1920～1930年代）

內陸水路的整建

這段期間，朝廷並不是袖手旁觀。一三二七年禮部會試，廣集出題詢問水利振興之策，可看出元朝計畫在「腹裏」（包括大都路及上都路在內的中書省直轄區）和江淮開墾耕地，用來生產穀物。此外，元朝亦緊急建設貫通江淮與山東的內陸水路，連結江南與腹裏，並計畫以此為基礎達成水運體系一元化。

元朝經濟政策的特徵，在於江南到大都的海運。一二八〇年代海運運量逐漸增長，到了一三二九年運至大都的米糧高達三百五十萬石，再由此地轉運到蒙古高原。另一方面，河川水運也維持其重要性，除了物流外，河運也是官員及商人的南北交通幹線。一直到一三四〇年代，開挖與整修運河的工程都未曾停歇，這也說明了物資和人員的南來北往，內陸水運系統的備受重視。

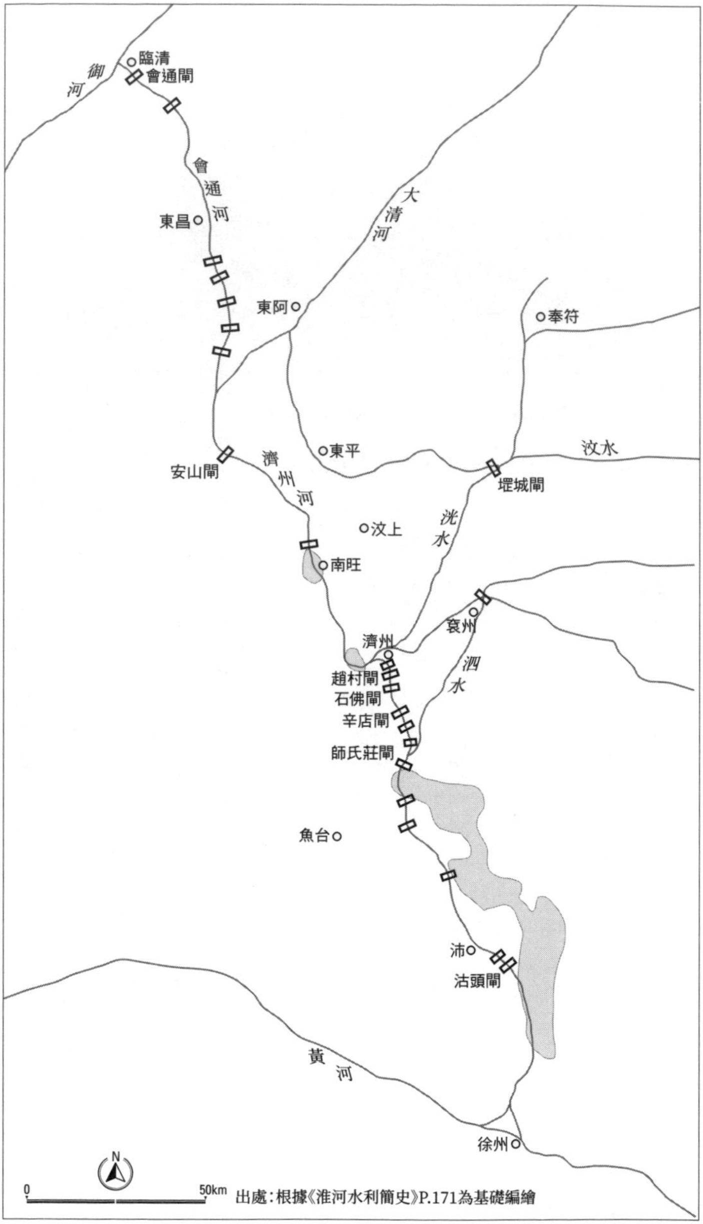
臨清
會通閘
御河
會通河
東昌
大清河
東阿
奉符
東平
汶水
安山閘
濟州河
堽城閘
汶上
洸水
南旺
兗州
濟州
泗水
趙村閘
石佛閘
辛店閘
師氏莊閘
魚台
沛
沽頭閘
黃河
徐州
N
0
50km
出處：根據《淮河水利簡史》P.171為基礎編繪

山東水運圖

內陸水運路線最初是沿黃河逆流而上，在開封西北的中灤轉為陸路，再從淇門進入御河。一二八二年，李奧魯赤開鑿任城至安山間連結泗水與大清河的濟州河，一二八九年在安山到臨清堅開鑿連接大清河與御河的會通河，一二九二年完成了連結通州與大都的通惠河。經由這幾條運河，來自南方的物資和貢品，大部分的商人交易及民眾生活必需品等等，全都能透過內陸水運抵達大都。

在規畫上，這條包括濟州河在內、被統稱為會通河的運河，是連結南北物流與交通的主要幹道，但它本身有兩個亟需克服的問題——水量不足和水位高低差。要解決這兩個問題，需以可動式閘門（牐）調節水位。首先針對水量不足的問題，需開鑿新水路補充會通河水量，另外再建造牐，以便引入汶水、泗水、洸水、大清河四條河水，增加水量。

而在水位高低差方面，自黃河南岸徐州經由濟州到御河南岸的臨清一帶，泰山西麓的濟州北方南旺標高較高，而運河最南端的沛縣沽頭則比濟州低了約三十六公尺，最北的臨清也比濟州低二十八公尺。為了克服水位高低的問題，在濟州—臨清以及濟州—沽頭之間分別設置十六處和十二處的牐。牐的建設與水路開鑿，自一二九三年會通河與御河匯流點附近的堂邑縣會通鎮的頭牐開始，斷斷續續進行了三十餘年，一三二七年濟州趙村閘與石佛閘間長三・九公里的河段是最後一段完工的工程。

為了維護及管理河道與相關設施，一三一九年，掌管水利行政的都水監在東阿縣景德鎮設立分部「都水分監」，派遣都水丞張仲仁負責，除臨清到黃河之間的會通河流域外，水源的汶水及泗水亦在其管理之下。張仲仁上任後實地巡視了一千九百處，修補決堤破口防止河水流出，同時疏通

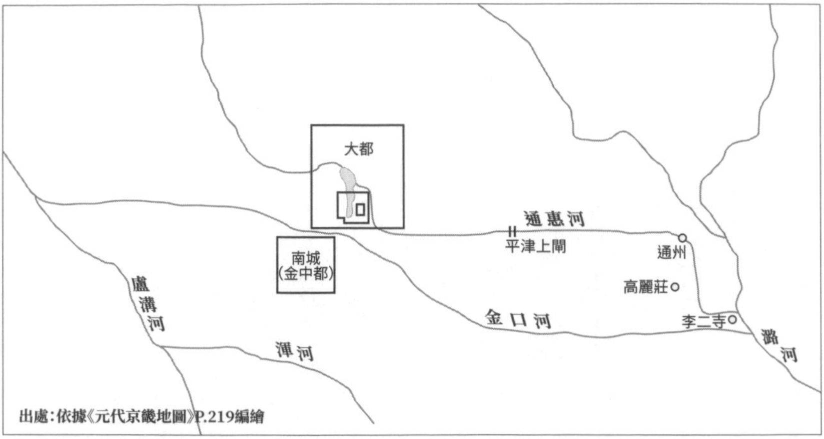

金口河・通惠河圖

圖 4-2　通惠河水門遺跡：平津上閘

淤塞河床盡力恢復水流；清除水草，以利船行，又為加強堤岸保護，禁止在堤防附近畜牧以防植被減少，修補三百五十公里以上的堤防。另外還在堤防外側增建長堤以防氾濫，又在河道兩岸種植馬藺，此乃菖浦的一種，藉著這些措施強化脆弱砂石建造的堤防。

一二五七年，畢輔國在奉符縣堽城監造的石造閘門，是用來攔截汶水，使之流入洸水，再讓汶水、洸水和泗水匯合以增加水量的設施。這道閘門曾在一三三八年遭大水沖毀，因都水少監馬之貞認為這是會通河最重要的地點，而立刻展開修復工程，歷三個月工期完工。然而此時閘門是以沙土建造，難以承受河水衝擊，因此後來就任都水監的党項人馬烏重新建造石閘，並疏浚洸水。

一三三九年，受命整修會通河的都水監丞党項人宋伯顏不花視察當地，發現會通河河道狹窄和水量減少是源自於上游淤塞，因此派遣指揮工程現場的壕寨官員梁仲祥進行測量，等待冰融解後，又再派遣同為壕寨的岳嚴，自汶上縣與奉符縣徵召民夫七千餘名進行疏浚。經過五十日的工期，恢復牐口到石刺區段間汶水、泗水、洸水、大濟河的水流，並全部導入會通河以增加水量，確保航行順利。

一三四一年，至東平都水分監就任都水少監的回鶻人宋公浚奉命治理會通河，屬下也先不華*負責指揮濟寧路辛店與師氏莊二閘間的黃棟林新閘設置工程。該區段淺澀水滯，漕船難行，因此每到此處都必須上下齊力，吆喝聲終日不停。此時，除了利用水閘克服水位差的問題外，又以木材與土石在水中建造攔壩，增加傾斜角度，藉此減輕從岸上拉曳船隻的負荷。

＊《行水金鑑》四庫全書本作「額森布哈」。

此外在一三三〇年代到一三四〇年代初，淮河以南地區也在河南行省平章政事董守簡的主持下，疏浚連結長江與淮河（南流黃河）的邗溝，這屬於災害公共工程的一環。長年堆積泥沙而乾涸的河道獲得疏通，也成功讓船隻再次通航。

水系的一元化

一三四二年開鑿金口河，也是為了達成內陸水運系統的一元化。這條於金代開鑿的運河從西山北麓金口引水至中都北側，導入護城河後東流，再流至通州之北與潞河匯流，這條水路不僅將煤和木材等西山資源運往中都，同時也是漕運路線，卻因氾濫造成危險性上升，僅十六年便遭棄用。到了忽必烈時代，為了搬運建設大都的物資和漕運，金口河在郭守敬主持下展開整修，但不久後河道再次淤塞。此時在能臣脫脫的領導下疏浚恢復舊河道，增加流往通惠河的水量，連結直沽，企圖與海運相接。除此之外也提議設置閘門，以便在河川水位上升時控制水量。

脫脫等人上奏請求實行郭守敬的舊計畫，獲得妥懽帖睦爾的允准後便立刻開工。工程內容為疏通金口河，開鑿從西山金口經通州以南的董村、高麗莊、李二寺到河口的水路，並匯集周邊水流形成湖沼做為汛期和缺水時的調整池，另外也在金的舊中都城，也就是大都南城設置兩處水閘以防範洪水，將水引到相當於大都南正門的麗正門前第二橋下。開挖水路雖須拆除預定路線上的民宅與水車，但同時中央也予以賑濟；另外，這項工程被視為公共事業，故決定以每日米四斗與鈔二兩，雇民為工。

在脫脫親自督工下，河道於一三四二年十一月竣工。但隨後又發生了問題。諷刺的是，從一開始就反對開鑿金口河的許有壬奉命在金口的取水口安裝銅製水門，但如他所擔憂的，新水門無法控制水流，溢出的河水沖垮兩岸堤防，引發嚴重災害。這項工程原本是為了銜接海運與內陸水運，恢復通往大都的水運路線，但水道的修建反而招致洪災擴大。遭到譴責的脫脫於奏摺中提到，「提案者」中書參議孛羅帖木兒與都水監傅佐，盡俱伏誅。

會通河也出現同樣狀況。元朝在一三四〇年代仍持續修建會通河及其水源各河川，以求漕運暢通，然而一三四四年的黃河氾濫帶來了毀滅性的打擊。當時會通河與洸水、泗水等河水滿溢，整片土地都淹沒在讓人束手無策的濁流之中。災害還不僅於此。因會通河整治而連結的各路水系，竟使得氾濫的濁流湧至過去未曾波及的地區。

與漳水同源，在臨清與會通河交匯的御河流向東北，經河間路的景州、陵州、滄州注入渤海灣。位於御河下游，水量最大的滄州南皮縣、景州吳橋縣、東光縣等，常因夏季降雨引發洪災。尤其是南皮縣東北的郎兒口，該地直接承受水流衝擊，若是在這裡攔水，周邊土地恐將盡遭淹沒。然而，郎兒口北方是一大片長蘆萬戶府的屯田。

基於上述兩點，希望在郎兒口攔水、阻擋河水流入屯田的萬戶府，與欲防止周邊地區淹水的勢力之間發生了衝突。事實上，一三三九年九月，御河在清州八里塘氾濫，南皮縣與清池縣境內東西一百公里、南北十五公里的土地全都泡在水中。此時為了避免洪水危害屯田，屯田官把水流阻擋在郎兒口，讓周邊水患更加嚴重。

此外，該地也是河間鹽的產地。鹽稅不僅占元朝財政收入的八成，河間鹽更因供應大都官民與駐守大都周邊的侍衛親軍而意義特殊。一三四四年黃河氾濫時，洪水於東平路的安山流入會通河，繼而向北流入御河。御河不只受該支流影響，更因與會通河相通，將會承受黃河氾濫的直接傷害。這使得河間路與濟南路的鹽場面臨毀滅危機，對國庫產生災難性的衝擊。

一三五一年洪水爆發時，在御河流域的河間路景州蓨縣，俗稱「皇舅墓」的小山崩塌，露出下面的墓門。當地的俗諺「皇舅墓門閉，運糧向北去，水滰墓門開，運糧卻回來」竟然成真了，江南北上海運中斷一事也留下紀錄。連結各河水系，整合水運系統，卻也擴大了水患的災害程度。最後反而對鹽、鐵及穀物的生產和運輸都造成了障礙。

4 未斷絕的水流

議論的走向

金口河的開鑿工程以失敗告終。一三四三年四月，以中書右丞相脫脫為都總裁官，主持遼、金、宋三史編修。賈魯任宋史局官，亦參與編纂工作，後來在三史完成前後的一三四五年十一月，他成為燕南山東道奉使宣撫的一員，前往負責地區巡視。此時朝廷為監查地方官員施政，掌握統治實況，便將全國分成十二個地區，派遣奉使宣撫官。燕南山東道的正副使分別為資正院使蠻子與兵部尚書李獻，賈魯任首領官，相當於祕書長。過去刻在岱廟環詠亭牆上的〈登泰山〉一詩，即為賈魯目睹岱廟殿宇毀於戰亂近乎荒廢時所寫下，是他對救濟貧民的殷切期盼。

後賈魯因巡視地方有功，升中書省檢校官，該職負責檢查全中書省所有文書，相當於宰相心腹。他上書糧食貯藏的改革策，說明了富豪兼併土地，失去土地的貧民四處流亡，造成沿通惠河設置的河倉損失應儲備的一百三十萬石官糧，指陳富民兼併土地的弊害。若按一三二九年江南海運年間運輸穀糧約有三百五十萬石來計算，損失的官糧相當於三分之一。

賈魯再度晉升，官拜都漕運使，又提出關於漕運的二十項建言。都漕運使是總管轄御河穀物運輸的都漕運使司主官，設總司於河西務，分司於臨清，負責直沽、河西務、李二寺、通州的物資轉運管理。此時有八項建言得到採納，包含救濟涉及水運事務的百姓，如都漕運使司轄下漕戶與維護管理閘門的壩戶等，收購穀物（和糴），以及設置擔任漕運的專門官等。另外，除了運河疏浚，賈魯也提出將臨清運糧萬戶府納入都漕運使司管轄，將原屬宣忠斡羅思扈衛親軍指揮使司的船戶納入都漕運使司指揮等等，調整部署配置。臨清運糧萬戶府設於會通河御河交接處，是管理漕運的機構，亦負責接收直沽海運物資，並運送至大都糧倉。過去該機構隸屬於樞密院，賈魯提議改配屬於都漕運司，藉此整合內陸河川水運有關的管理。

若要成功整合水系與水運管理，就必須解決黃河整治問題，這是阻礙一元化管理的根本因素。一三四九年，脫脫向妥懽帖睦爾請纓主持黃河治水，召集群臣商討治水方策，其中賈魯提出包括大規模河道工程在內的積極策略。雖然最後決議將黃河固定在南流舊河道，但一開始討論時也有不少人支持強化堤防防止氾濫，維持北流，其中又以負責黃河整治的工部尚書成遵為代表。成遵與賈魯幾乎是同一時期從中書省檢校官升為監察御史，彼此理應相互理解，卻為了不相容的兩個方案展開激烈辯論。

北流案不干涉黃河流向，但將會強化堤防以防氾濫，南流案則是挖削河道減緩水勢，以人工改變黃河流向。就在兩方僵持不下之際，歸德府知府觀音奴表示，黃河決堤白茅口，河道北遷，應儘快進行修建工程。一三五一年春，成遵與出身札剌亦兒王族的大司農禿魯前往黃河決堤地點視察，覆命時否定黃河入淮，也就是不贊成黃河回復南流。成遵等人反對改變黃河流向回復南流故道，是因為所需工程規模太大，成功性低，且工區緊鄰南陽、安豐等屯田地帶，盜賊猖獗，萬一與參與河道工程的民夫勾連起兵造反，恐將成為大規模禍亂之源。

而成遵等人維持黃河北流，並非無前例可循。一二九七年，黃河在杞縣蒲口決堤，河北河南道肅政廉訪使尚文赴現場調查受災狀況，當時他也做了類似建言。建言中提到，在陳留縣到睢縣之間東西五十餘公里的地區，黃河南岸較水面高出一·二公尺到二·一公尺，水面則較北岸高出一·二公尺左右，將兩者的高低差相加，南岸會比北岸高出二·四到二·七公尺左右。在這種狀態下，不讓水流向北方實有難度，因此重點不在於堵住蒲口的決堤處，而是必須依循水往低處流的習性，讓

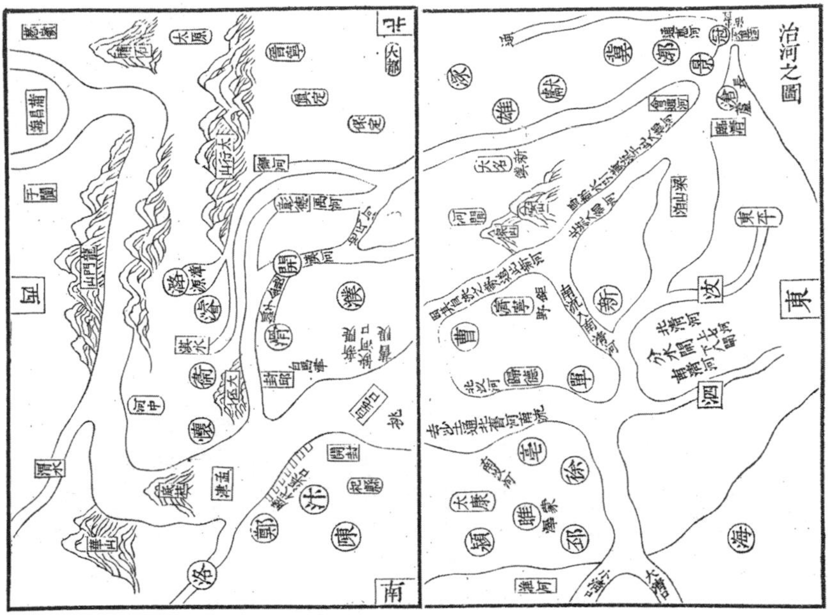

圖 4-3　王喜《治河圖略》治河之圖

黃河流向北方，並修築既高而長的堤防阻止氾濫。同時，他也建議放棄處理歸德府、徐州、邳州等南流黃河的流域，讓居民自由搬遷，並支給黃河以南的舊河道土地供他們耕作。

在北流案之外，也有人提倡北流與南流並存的方案，代表性觀點可見諸王喜《治河圖略》中的〈治河方略〉。文中提出首先疏浚黃河，挖除淤泥，恢復順暢水流，讓水中沙土沖至下游，再引導黃河水勢流入兩條分流。其中一條是在定陶附近注入流向東北的北清河，在東平入梁山泊後與御河匯合，導入海中。另一條則是在定陶附近順著往東南流的南清河，與泗水匯合後再入淮河。藉由二分黃河，以減緩其水勢衝擊和暴漲的河水。後來明朝的建國功臣宋濂也論及兩流並存的方策，一方面經由疏浚恢復南流入淮，再沿著濟河將水流的一半引向北方，以殺其勢，減少洪水。

濟寧、曹州、鄆城因連年水災與饑荒，民生疲弊，為了整修河道又聚集民夫高達二十萬名，難保日後不會爆發動亂。然而成遵與禿魯的相持不下卻讓脫脫大怒，當面斥責。此時為了維持一元化的內陸運河系統，解救鹽產地不受洪水氾濫之苦，依據賈魯所提，唯有阻止黃河水流朝北，引向南方使之固定，別無他法。於是脫脫心意已決，採取回歸黃河南流之策。

在脫脫執政前，其父馬札兒台便已透過販售河間鹽與淮南鹽、經營通州的旅店與酒肆、釀酒業等賺得巨富。而脫脫的伯父伯顏在失勢前握有曾在天曆之變打敗上都派禿滿迭兒、立下大功的斡羅思大軍，擔任駐守大都之北的宣忠斡羅思扈衛親軍都指揮使司的達魯花赤，身為弟弟的馬札兒台在伯顏死後承襲該職。當時脫脫就任此職的可能性很大，賈魯的建議也意味著脫脫於該地的利益得以不受影響。

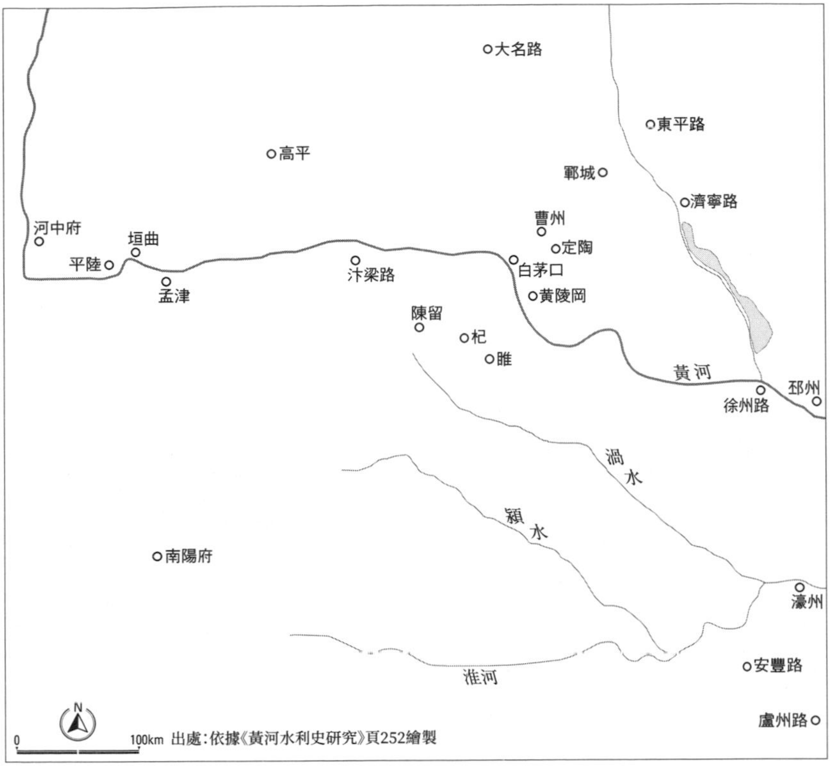
大名路
東平路
高平
鄆城
濟寧路
曹州
河中府
垣曲
定陶
平陸
白茅口
汴梁路
孟津
黃陵岡
陳留
杞
睢
黃河
邳州
徐州路
渦水
穎水
南陽府
濠州
淮河
安豐路
廬州路
N
0
100km 出處：依據《黃河水利史研究》頁252繪製

賈魯治水說明圖

經過長期的爭論，成遵被調任為大都河間等處都轉運鹽使，領導者變成了當時任都漕運使的賈魯，議論也因此一面倒，轉為恢復南流故道。一三五一年五月，賈魯奉命繼成遵之後接任工部尚書，兼任總治河防使，進秩二品，授以銀印，並委以黃河南北沿岸地區軍民的指揮權。

這項措施是為了在黃河治理上能夠順利動員，賈魯旋即從汴梁路和大名路等十三路調集民夫十五萬人，和駐守廬州等地的十八翼屯田軍兩萬人投入水利工程。此外，參與黃河工程的文武官員皆受總治河防使賈魯指揮，聽從指示進行修建工程。這次黃河的河道修建工程打破了原有的軍事和行政架構，而是在以賈魯為首的整合架構下進行。

黃河治水

賈魯的黃河整治工程於一三五一年五月十七日動工，八月黃陵岡至白茅口間一百四十公里的舊河道挖掘完畢，很快地在九月十九日通水，九月二十七日已可容船隻通航。之後十一月三十日，堤防等各防護設施完成整備，工程大功告成。其中，黃河北岸堤防的強化，是水流穩定與防止黃河以北氾濫的核心工程。賈魯採用沉船法，將船並排綁縛，船中塞滿草石沉入水中，以此建造堤防，終於完成了極為困難的決口防堵工程。

從此，黃河回歸南流，向南與淮河匯流後朝東注入大海。在僅僅七個月的工程期間，動用了軍民合計十七萬至二十萬的大量勞力，花費了一百八十四萬五千餘錠，幾乎相當於一三五二年與一三五三年各年的中統鈔印造額。日以繼夜的緊急趕工，終於固定了南流河道。

妥懽帖睦爾因黃河整治工程成功而大喜，派遣近臣祭祀黃河之神河伯。他早在一三四七年黃河在白茅口決堤時便曾派工部尚書迷兒馬哈謨與翰林學士楊宗瑞前往現場視察，於河中府舉行祭祀；此時又加封河瀆神為靈源神祐弘濟王。一三四九年，被派往河中府祭祀的江浙行省平章政事韓嘉訥與御史中丞李獻回報，河瀆廟與西海神廟過於窄小，為了平息黃河水患，故動用二十五萬四千緡修築廟宇，費時約二年半，正好在一三五一年十一月配合賈魯治水工程進程之際，完成了雄偉的河瀆廟。

工程完成後，妥懽帖睦爾授予脫脫享有免罪特權的世襲答剌罕封號，賜淮安路為其食邑，此地將在黃河復歸南流後成為交通與物流中繼點，發展前景看好。接著又召賈魯到大都，授以從一品文散官的榮祿大夫，任集賢大學士等榮耀，賈魯則獻上描繪治水工程的「河平圖」。妥懽帖睦爾命翰林學士承旨歐陽玄撰述碑文以彰顯其功績。歐陽玄在寫完「河平碑」後，趁此機會向賈魯及相關人士詢問黃河修建的技術，閱覽有關文書，將內容整理為〈至正河防記〉。

雖然賈魯的黃河修建工程備受表彰，但也因費用龐大掏空官庫，而遭到批評。最大的問題是龔伯遂等脫脫的親信們牟取利益，並打擊政敵。他們不只將標榜賞罰分明的前丞相高昌王亦都護與韓嘉訥逼入死境，在黃河工程現場也極盡暴虐，隨心所欲裁減或合併各個單位，以大型水利事業為保護傘，追求私利私欲。

而且，為嚴峻工程所進行的大量動員，最後還是引發了社會動盪，也就是當初成遵等人所擔憂的結果。一三四八年鄆城設行都水監，建設堤防，都水少監蒲從善監督工事。他憐憫百姓苦痛，建祠向神明祈福。詩人迺賢為之感動，作〈新堤謠〉以詠嘆承受悲慘洪災與被徵調築堤的百姓：

老人家住黃河邊，黃茅縛屋三四椽。
有牛一具田一頃，藝麻種穀終殘年。
年來河流失故道，墊溺村墟決城堡。
人家墳墓無處尋，千里放船行樹杪。
朝廷憂民恐為魚，詔蠲徭役除田租。
大臣雜議拜都水，設官開府臨青徐。
分監來時當十月，河水塞川天雨雪。
調夫十萬築新堤，手足血流肌肉裂。
監官號令如雷風，天寒日短難為功。
南村家家賣兒女，要與河伯營祠宮。
陌上逢人相向哭，漸水漫漫及曹濮。
流離凍餓何足論，只恐新堤要重築。
昨朝移家上高丘，水來不到丘上頭。
但願皇天念赤子，河清海晏三千秋。

圖 4-4　長平驛匾

動工後的第二個月，一三五一年六月，在修築工地起點黃陵岡挖出了象徵元朝即將大亂的單眼石人，潁川流域的紅巾軍因而起兵叛元；以此為導火線，各地叛亂如雨後春筍般爆發。紅巾軍奉白蓮教教主韓山童為盟主，以推翻元朝為目標，朱元璋也是由此崛起。在河南、安徽及湖北各地揭竿而起的紅巾軍當中，起兵豐、沛二縣的芝麻李（李二）於一三五一年八月三十一日假扮黃河治水工程的民夫，趁夜潛入徐州城，在裡外呼應下控制該城。治水工程徵集了將近十七萬民夫，他們湧入工程周邊城市，大量的人口移動造成地方社會不穩。芝麻李即是利用這種混亂局面攻下徐州城，之後率領十幾萬民眾，壓制淮西各州縣。

治水的功與過

成就了黃河治水大業、晉升為中書左丞的賈魯，一三五三年一月時人在濠州。他的庇護者脫脫因權臣哈麻屢進讒言，儘管勝利在望仍被召回大都，而賈魯協同總兵官平章月可察兒包圍濠州，將芝麻李逼至即將失守的窘境。經過七日圍城戰，賈魯在出兵前向士兵們宣誓當天必將奪回濠州城，然而尚未親眼見到開城就在戰場上病故，享年五十七。同袍月可察兒為他治喪，賈魯靈柩被護送回故鄉高平。

直至明朝年間，高平仍留有賈魯的遺跡。當時縣內的長平驛就是賈魯府邸拆除後所移建的。

根據賈魯死後約百年有關長平驛修建始末的碑文，賈魯死後，其子賈五拾招募鄉兵防禦明軍進攻未果，一家盡遭殺害。世人評道不只是賈魯，一族都對元朝忠心不二。長平驛牆上有詩云：「賈魯修黃河，恩多怨亦多。百年千載後，恩在怨消磨。」朱元璋三子、被封為晉王的朱棡，也在驛站牆上親筆寫下賈魯之名應流傳千古。

一三四八年，賈魯提出的南流黃河河道修築方案，目的是引導黃河水流向南，避免以會通河為主軸的一元化內陸水運系統遭受洪災，並保護流域內的鹽產地與南北交通路線。此方案希望同時達成治水與利水的目標，而其實現的關鍵則在於南流黃河的水域，也就是淮河流經的江淮地區。該地區連繫華北與江南，是為南北樞紐，承擔了穿針引線、匯整元朝的功能。

但是，水系的一元化卻也產生缺點，牽一髮就動全身。在賈魯病死、脫脫也隨即遭到毒殺後，以販鹽為業的張士誠占據江淮，元朝失去了全國產量最大的淮南鹽產地。不僅如此，連結南北的內陸水運也被截斷，再加上海運運輸起始地浙東失陷，海運也隨之中斷。這代表元朝喪失了對江南的實質控制權，也因此不再完整。

在自然環境方面，由於黃河向南入淮，江淮地區的水文環境自明朝以後產生了更大的變化，再加上舊河道的沙漠化、鹽害導致土地荒廢，生態系統也更加脆弱。另一方面，南流河道固定確實對穩固黃河發揮一定的作用，有助於明清時代南北物流的穩定。這項益處一直持續到黃河受氣候影響、再次轉向溫暖化期間開始向北偏移，也就是捻軍在江淮地區作亂的十九世紀中期。

賈魯治河的十年後，一三六一年十二月，平陸縣三門磧到孟津縣的二百五十公里間出現了黃河水清七天的現象。自古以來「河清」即為天下太平的祥兆，朝廷派祕書少監程徐到當地的垣曲縣，於河濱設壇向河神祈禱祝賀。然而，河神所展現的祥瑞並非指涉元朝。僅僅七年後，朱元璋建立明朝，蒙古撤回了漠北。

補論　東南亞的十四世紀與氣候不順

松浦史明

1　柬埔寨、吳哥王朝的瓦解與氣候不順

吳哥王朝的終結

在本系列第四冊《一一八七年．巨大信仰圈的出現》的第三章，筆者曾討論以柬埔寨一帶為中心的吳哥王朝，形成東南亞大陸區一大勢力的興衰過程。而在論及吳哥王朝衰敗的同時，也簡單提及了東南亞史上的十四世紀轉換期。

關於十四世紀的轉換期，筆者要強調的是，在海上交易結構的變化、上座部佛教與伊斯蘭教普及等信仰圈轉變的相互作用下，過去東南亞「大陸型國家」和「海洋型國家」的區分已經不再具有意義。東南亞走向了不論哪個地區、皆需積極參與國際交流的「海陸整合時代」。

而引發這個轉換期的其中一股原動力，是上一冊幾乎沒有機會討論到的部分，也就是本書的主題之一，氣候變遷。因此，筆者希望先以吳哥王朝如何走向衰敗為例，進一步檢視該時期的歷史發展與氣候變遷的關聯。

紅
河
怒
江
阿瓦
蒲甘
伊
洛
瓦
底
江
大越
河內(安南)
東京灣
龍坡
蘭納
清邁
瀾滄
永珍
孟加拉灣
勃固
昭
披
耶
河
湄
公
河
仰光
蘇可泰
順化
華富里
素攀武里
阿瑜陀耶
麻逸
馬尼拉
甘加那汶里(北碧)
吳哥
南海
平定
碧武里(佛丕)
暹粒
占
婆
菲
律
賓
群
島
洞里薩湖
芽莊
金邊
潘郎
安達曼海
胡志明市
泰國灣
(暹羅灣)
達瓜巴
那空席貪瑪叻(洛坤)
馬
六
甲
海
峽
吉打
汶萊
蘇木都剌
馬六甲
三佛齊
加里曼丹島
蘇門答臘島
庫台
占碑
蘇拉威西島
巨港
爪哇海
雅加達
布蘭塔斯河
爪哇島
婆羅浮屠
滿者伯夷
峇里島
印度洋
N
0
500km

十四世紀中期的東南亞

帶領王朝走向鼎盛期的「最後的大王」闍耶跋摩七世（Jayavarman VII）於一二二〇年左右去世。從此之後，吳哥王朝不再興建大型建築，銘文史料數量也驟減。但如同前一冊所述，王朝並未在他死後急速衰退。儘管面臨改變體制的需求，但政權依然延續。

話雖如此，吳哥王朝影響力逐漸下滑，卻也是不爭的事實。根據後世編纂的泰國（暹羅）編年史等史料，在一三五〇年代到一四三〇年代，暹羅屢屢侵犯吳哥王朝，甚至在一三五三年與一三九四年占領了王都。過去以幅員遼闊著稱的王國版圖，如今西側與北側不斷有暹羅勢力興起或反叛，王國東側的鄰國占婆和大越相互爭戰，雖未直接侵擾王國，但勢力範圍也逐步縮小中。同時，王國統治欠缺制度上的穩定性，完全仰賴王的個人魅力，因此一旦王與宮廷失去中央集權，影響力亦會減弱，也會強化地方獨立的傾向。

吳哥王朝最後的瓦解究竟始於何時，目前仍然不甚明瞭。一般都是遵照後世的編年史紀錄，謂一四三一年泰國的阿瑜陀耶王朝攻下王都，自此長期統治，柬埔寨的統治範圍則轉移至金邊一帶。但此說法幾乎沒有相關史料足以佐證。這是因為從十四世紀起，大約有二百年期間的「柬埔寨黑暗時代」，在這段期間幾乎沒有發現任何足以說明柬埔寨歷史的史料。包括現今柬埔寨王室在內，南移的統治者們皆主張自身與吳哥時期諸王具有某種程度的連續性；但當時統治金邊一帶的究竟是南遷的吳哥王室，還是在南部擁勢自重的地方勢力？詳細的經緯仍埋藏在歷史的陰影中。

削弱吳哥王朝的氣候不順

為什麼吳哥王朝會衰敗，統治區域會轉移到南部？關於這個問題，除了阿瑜陀耶王朝的軍事威脅這個直接的導火線外，還有許多其他因素。

舉例來說，吳哥王朝時期大量興建寺廟，使得王朝國力因此削弱。有力人士在興建寺廟時也會捐獻大筆土地，因為這類土地可享有王的免稅優待。這項措施在短期內可以讓有力人士效忠王，但長期而言，王國收入卻會因此減少，最後造成嚴重財政負擔。另外，吳哥王朝的王位繼承基本上憑藉實力，爭奪王位屬於常態，恐怕也加速了這種傾向——王的候選者們為了奪取王位，可能會選擇短期利益以獲得有力人士支持，而無視長期的不良影響。

此外，也有論點是從海上貿易的發展，來解釋統治南移。這個時代，地域間的交流因海上貿易而變得活絡，對各國而言，如何整合海域與陸域，同時控制貿易，是重要的問題。在這種狀況下，向心力衰退的吳哥王朝因王都距海太遠，並不適合建立積極參與貿易的新體制。當王都被阿瑜陀耶王朝攻打時，或許他們也早已失去了不惜一切守衛王城的理由。

而在各種吳哥王朝滅亡因素中，近年來備受關注的論點，是當時的氣候變遷削弱了吳哥王朝的農業基礎。

哥倫比亞大學布蘭登．巴克利（Brendan Buckley）團隊針對越南中部高原林同省比杜—努伊巴國家公園（Bidoup-Nui Ba National Park）進行樹木氣候學（dendroclimatology，分析樹輪變化以推論過去氣候變遷的方法）分析，並以此為基礎，研究一〇三〇年以後的氣候變化。根據該團隊的分析，在他們研究的七百五十九年期間，最乾燥的一年是一四〇三年，而且十四世紀中期發生過多次嚴重的旱災。同時，從十四世紀到十五世紀中葉，曾出現六次可列入其研究範圍期間前二十名的濕潤期。旱災與帶來豪雨的洪災周而復始，導致吳哥王朝的水利體系崩潰。

巴克利等人舉出掩埋吳哥時代建設的水路土壤堆積狀態，做為水利系統崩潰的證據。檢視後可發現，舊水路的覆土中粗沙和砂礫交錯堆積，顯示水路是在短時間內被埋沒的，很可能是在某一次洪水時被掩埋。水路在十四世紀後期遭到埋沒，截斷了吳哥王朝連接南部洞里薩湖的水流，也嚴重影響了吳哥王朝的水路網。

若這個論點可信，那麼曾經擁有世界數一數二人口數量的吳哥王朝，就是因為土地漸漸變得難以居住，農業規模縮小與人口減少，剝奪了王朝的組織力量，才終於走向滅亡。

2　十四世紀的大變動

大陸東南亞古典國家的瓦解與重組

吳哥王朝的衰敗，可說是發生在十四世紀前後東南亞史大變動的一環。接下來，讓我們先來檢視東南亞大陸區的狀況。

相當於現在的泰國一帶，當時興起了大大小小許多國家。十三世紀末左右，蘇可泰王國於昭披耶河上游一帶擴張勢力，但後來受一三五一年於南方創立的阿瑜陀耶王朝所制，最後遭併吞。同一時期的獨立政治勢力素攀武里、碧武里（佛丕）、華富里等城市，不久也被阿瑜陀耶收服。一二九二年，建都泰北清邁的蘭納王國滅了西北部的哈利奔猜王國。到了十四世紀中期，今日泰國東北到寮國一帶誕生了瀾滄王國。

今日的緬甸一帶自一二七〇年代起被元朝一再攻擊（元寇），蒲甘王朝衰退，之後進入長達二百五十年的分裂期。北部有撣族（廣義上的泰族）各勢力，一三六四年阿瓦王朝成立於伊洛瓦底江中游的上緬甸，下游的下緬甸則從一二八七年起出現以勃固為據點的王國。必須等到一四八六年東固王朝成立，才得以統合這諸多勢力。

接下來將焦點轉至大陸區東部。南側的占婆與北側的大越持續對抗，並波及周邊國家。十二世紀中葉與後期，陳朝大越擊退來犯的元寇，以首都昇龍（今河內）為中心鞏固越南北部，十四世紀前期又進攻南部的占婆，擁立新王，加強對南部施壓。但十四世紀後期占婆展開反擊，反覆出兵大越首都，其勢一時無人能敵。陳朝大越難以防範占婆來犯，又發生內亂和農民起事，遂於一四〇〇年滅亡。篡奪陳朝的胡氏政權反攻占婆，雖然頗有勝績，但自一四〇七年起接受中國明朝統治達二十年。之後在一四二八年，黎朝成立。

在十四世紀的大陸東南亞，吳哥與蒲甘衰亡，大越和占婆也動盪不安，堪稱是個混亂的時代。

海洋東南亞的十四世紀

大變動的浪潮，也撲向了以島嶼區為主的海洋東南亞。

十世紀以後，東南亞海上貿易核心的馬六甲海峽，形成了中國史料總稱為「三佛齊」（又稱室利佛逝）的港市國家群。但自十三世紀末開始，馬來半島北部位於泰國灣（又譯暹羅灣）岸，中國稱為「暹」的泰系民族勢力進入此地。此外，馬來半島中部有單馬令（Tambralinga，今日泰國的那空席貪瑪叻，又稱洛坤）勢力，蘇門答臘等地則為末羅瑜（此時期的三佛齊多半指末羅瑜）盤據。之後，單馬令被北側的暹和南側末羅瑜壓制，十四世紀後期被阿瑜陀耶納入版圖。同一時期，三佛齊遭到爪哇勢力攻擊並滅亡。三佛齊最後一次向中國朝貢的紀錄是在一三三七年。阿瑜陀耶王朝勢力範圍以南的馬六甲海峽陷入混亂，直到一四〇六年中國明朝派遣的鄭和艦隊介入後才弭平動亂。

三佛齊王子趁亂從主要港口巨港逃離，一四〇〇年左右於馬來半島西南岸建立馬六甲王國。該國成為鄭和艦隊的補給站，因而奠定了國際貿易港的地位，是十五世紀東南亞海域的代表性港口。

另一方面，伊斯蘭化的風潮也在十三世紀末傳播到馬六甲海峽。東南亞在地政權信奉伊斯蘭教的現存最早紀錄，是蘇門答臘島北端的港市國家蘇木都剌（Samudera Pasai），日期為一二九七年，君王馬利克・阿薩立夫的墓誌銘顯示他是一名穆斯林。

伊斯蘭教於七世紀創立，至少在十世紀時，東南亞就已看得到伊斯蘭商人的蹤跡，但要到十四世紀，才有當地統治者皈依伊斯蘭教。在這個時期的伊斯蘭世界，具有庶民特質的蘇非派盛行，得以與東南亞既有文化融合，再加上原先與東南亞交流密切的南印度朱羅王朝衰退，使得伊斯蘭勢力的影響隨之擴張，這應是促成東南亞在十四世紀伊斯蘭化的原因。但起初，東南亞伊斯蘭化的速度緩慢，一直到十五世紀中葉，前述的馬六甲王國成為海上貿易中心的同時也皈依伊斯蘭教，各地的港市才一舉伊斯蘭化。

至於海洋東南亞的另一個重心爪哇島，十三世紀末之際，信訶沙里王國（Singhasari）正處在內亂頻仍和元朝反覆侵攻的狀態，信訶沙里王的女婿羅登・韋查耶（Raden Wijaya）設計利用元軍，於一二九四年創立了滿者伯夷（Majapahit）。建國初期各地叛亂紛起，但一三二一年宰相加查馬達（Gajah Mada）弭平叛亂確立秩序，滿者伯夷在第四代國王臘查薩納迦拉（Rajasanagara，又稱哈奄烏祿〔Hayam Wuruk〕，在位一三五〇～一三八九年）統治時期邁向顛峰。根據王國的宮廷詩《爪哇史頌》（*Desawarnana*或作*Nagarakretagama*。寫於一三六五年），十四世紀滿者伯夷的勢力極廣，包含蘇門答臘島、馬來半島、婆羅洲、峇里島和摩鹿加群島等。但這些地區並非全部都受滿者伯夷的實質統治，只是各地統治者承認滿者伯夷的宗主權與維持海域秩序的角色，因此應理解為可行使影響力的範圍。直至十五世紀前期，滿者伯夷都是東南亞島嶼區的最大勢力。

在海洋東南亞的世界，十四世紀堪稱各方版圖劇烈變化的大變動時代。

3 氣候變遷為東南亞帶來了什麼

十四世紀的氣候不順

這些東南亞各地國家的衰敗與重組，與氣候變遷之間有什麼樣的關係呢？以下主要參照近年投入該問題的密西根大學維克多・李伯曼（Victor Lieberman）與前述巴克利的研究，一起來進行檢視。

十三世紀以前，在被稱為中世紀溫暖期或中世紀異常氣象的氣候條件下，東南亞因季風強盛而雨量增加，乾季短，也少旱災。此外，河流雖有氾濫，但很少形成對作物和灌溉影響甚鉅的大洪水。尤其是位於雨影區（rain shadow area，指山脈背風側、降雨量適合農業的區域）的吳哥與蒲甘，灌溉系統與農業規模都跟著擴大。而在大越，紅河盆地西部和北部丘陵地的農業擴大，人口也增加，於是開始開發三角洲地區地勢較高的部分。在十四世紀以前，氣候條件造就了大型王國的繁榮。

研究指出，東南亞在十四世紀後期進入小冰期。此時熱帶輻合區（ITCZ，又稱為赤道無風帶）緯度向南移動五度，夏季季風轉弱，旱災比以前嚴峻且持續時間更長。此外，當乾燥的大地偶爾驟降大雨時，就會爆發大洪水。雨量的下降削弱了各國國力，這群包含天候在內的秩序守護者、統治者們的王權正當性也遭受質疑，導致國家加速衰亡。

而在十四世紀後新興的國家，則都崛起於有能力應付氣候變遷、調節水源，實施灌溉的土地。

在大越，中央權力雖然並未出現空間上的遷移，但如桃木至朗所指出，各種史料反映出十四世紀饑荒、旱災、洪水等自然災害頻仍。陳朝雖已採取減免租稅等各種措施，但仍在十四世紀中期以後民亂四起、社會動蕩。

然而上述的氣候變遷對島嶼東南亞造成的影響，卻幾乎沒被評估。李伯曼雖然提出中世紀溫暖期的氣候條件，是爪哇島權力中心從中部移向東部的原因之一，但正如前述，十四世紀滿者伯夷勢力不斷擴大，在十五世紀後期步入衰退，李伯曼卻認為主因在於馬六甲王國興起，以及爪哇沿岸諸港市受馬六甲影響、伊斯蘭化後的叛離。針對十四世紀的氣候不順，他僅簡略提到「讓滿者伯夷的問題更加惡化」。

氣候不順能說明東南亞的共時性嗎？

李伯曼等人並不認為氣候變遷是影響普遍發展方向的主因。即使是被指出在變化上與氣候不順較為一致的東南亞大陸區，李伯曼等學者也如前文提到吳哥王朝的滅亡原因那般，提出了種種反映各地特性的解釋。

緬甸一帶如同吳哥王朝，伴隨著興建寺廟的土地捐贈，約有三分之二的耕地成了免稅地。另外在大越，十四世紀時對寺廟的捐獻也十分積極。換言之，各界有力人士擴大了特權，導致國家的不安定。

此外，前近代東南亞國家結構的脆弱性，也是常被指出的一點。國家的地方統治模式仰賴儀式和精神上的羈絆，或是統治者的個人魅力，因此中央的影響力會隨著距離而減退，地方也容易因中央影響力的消長而自立或叛離。歷史家將這種特質命名為「曼荼羅體系」（Mandala）或是「日心式」政體（solar polity）。此外，地區農業擴大、人口增加與商業發展，也會造成國家的不穩定。以蒲甘王朝為例，伊東利勝便曾指出，王朝中的灌溉耕作地「卡魯因」＊儘管在開發之初受中央權力的指導和影響，一旦開發之後就必須仰賴地區的勞動力來維護管理，因此當王室權力低落時，以王都為中心的網絡就會出現破綻。

＊ 蒲甘王朝原本的領土。

然而李伯曼強調，這些「在地性」的理由，並無法說明為什麼地域整合的瓦解與重組會共時性、跨地域的發生。例如，各地自古以來便會興建寺廟，而其周邊地區也會隨著寺廟的建立進行開發，因此不能忽略寺廟對地域發展的貢獻。既然如此，為何當初能順利運行的方法，卻在這個時期同時成為不同國家的負擔？此外，經常被史家解釋為衰亡主因的軍事威脅也是同理，從以前就發生過鄰近國家或區域戰爭，並不是僅十四世紀才有，之前甚至有國家首都遭到攻陷。既然如此，為何這個時期的戰爭卻讓各地區走向無法挽回的瓦解局面？

針對這些疑問，李伯曼等人的研究以氣候變遷為討論基礎，給出了答案。換句話說，既有政治體制的結構性脆弱，以及隨著發展過程而萌生的緊張關係，在氣候變遷造成的社會不安中一口氣爆發出來。

李伯曼的研究還指出，這種地域整合的變動模式也出現在歐亞大陸各地。法國、俄羅斯、南亞、中國、日本等，乍看之下毫無關連性的地區卻展現出「奇妙的平行」，而他也正由此切入，進行壯闊的全球史研究。

氣候不順成為共同體驗

李伯曼等人也明白表示，他們「與環境決定論保持距離」。儘管著重於東南亞的共時性，然其形成主因也不只限於氣候變遷。

舉例來說，越南、爪哇、緬甸等地在十三世紀都受到了來自元朝的攻擊；元朝當局的政策在軍事衝突後轉向為強化商業網，海上貿易走入新的階段，而這也是東南亞各地的共同體驗。這段期間上座部佛教的普及和伊斯蘭化等宗教上的變化，也都成為日後定義東南亞世界的重要元素，儘管各地發生時間不同。繼而泰系民族的興起也影響甚深，一種稱為「泰文化圈」的新型聚居模式自十三世紀起定型，對大陸東南亞的勢力版圖，甚至海上貿易的霸權競爭，都造成重大的衝擊。

形形色色的因素之間可能多少相互關聯，氣候變遷也可能在其中發揮了一定作用。但我們不能忘記，當社會導入某種變數後，每個地區有時會出現各種完全不同的反應，也因此形成豐富多彩的世界，而這正是東南亞地區的特徵。這讓人很難以一貫的敘事來描述東南亞的歷史，但同時也成為了解這個地區的有趣之處。

例如在歷史上，東南亞曾經大範圍且長期處於印度文化的影響下。但各地如何接納印度文化、又產生了什麼樣的變化，卻是不一而足。印度文化傳入的共同體驗未能強化東南亞的共通性，反而是突顯了各地特色。

由這個角度來思考，若在地域整合的層面上檢視歷史，李伯曼等人主張氣候變遷對東南亞史的影響，的確在某種程度的大範圍上是一致的。但這並非是檢視歷史的唯一方式。例如，近年田畑幸嗣與佐藤由似便從考古學的角度出發，研究窯業和城市結構的連續性與非連續性，以填補吳哥王朝衰亡前後的歷史「斷層」；結論是，該時期的柬埔寨陶器生產技術和城市基本結構，都看不出有過重大中斷。史料上的侷限雖仍未能突破，但我們必須從政治菁英活動之外的生活史或物質文化等不同面向，重新驗證「十四世紀的危機」。

即便李伯曼等學者已提出氣候變遷的觀點，而這也是東南亞的共同體驗，但詳細查證其於各地所引發的不同反應，是今後研究的課題。並且，也希望未來的研究設問不在於釐清東南亞是否朝著單一方向前進，而是就各地面對共同衝擊時如何反應、造成的共通性和差異性為何等等，在這些問題上推進研究。

圖片來源

圖1-1　公眾領域

圖1-2　長谷部史彥提供

圖1-3　F.B.Flood, The Great Mosque of Damascus, Studies on the Makings of an Umayyad Visual Cuture, Leiden, 2001.

圖1-4　F.B.Flood, The Great Mosque of Damascus, Studies on the Makings of an Umayyad Visual Cuture, Leiden, 2001.

圖1-5　長谷部史彥提供

圖2-1　Bibliothèque royale de Belgique, ms 13076-13077, fol. 24v, © KIK-IRPA, Brussels(Belgium)

圖2-2　Bibliothèque royale de Belgique, ms 13076-13077, fol. 24v, © KIK-IRPA, Brussels(Belgium)

圖2-3　Bibliothèque nationale de France, Département des manuscrits, Latin 7026

圖2-4　Thomas Walkington, Optick Glasse of Humors, London 1639.

圖2-5　Universitätsbibliothek Heidelberg, Cod. Pal. germ. 300, fol. 36v

圖2-6　HAB Wolfenbüttel

圖2-7　Universitätsbibliothek München, 4° Cod. Ms. 885, fol. 8r

圖4-1　舩田善之提供

圖4-2　井黑忍提供

圖4-3　王喜《治河圖略》（叢書集成本），藝文印書館，1968年

圖4-4　公眾領域

96.

Miksic, J. N., Goh, G. Y., Ancient Southeast Asia, London, New York, 2017.

Reid, A., *Southeast Asia in the Age of Commerce, 1450-1680*, 2vols, Yale University Press, 1990, 1995.(日本語訳：『大航海時代の東南アジア』平野秀秋・田中優子訳 全 2 巻 法政大学出版局 2002 年)

Vickery, M., Review Article: A New Tamnan about Ayudhya, *Journal of the Siam Society*, 67-2, 1979, pp. 123-186.

Wolters, O. W., *History, culture, and region in Southeast Asian perspectives, revised edition*, New York: Cornell Southeast Asia Program, 1999.

──歴史と文化──』21 65-87 頁 1992 年
石井米雄「暹・スコータイ・アユタヤ(試論)──〈第十一刻文〉の検討を中心に」『東方学』第八九輯 1995 年
石澤良昭ほか編『岩波講座 東南アジア史 2 東南アジア古代国家の成立と展開』岩波書店 2001 年
大橋厚子「東南アジア研究と共に危機の時代を生き延びるために──After Victor Lie- berman」『東南アジア──歴史と文化』41 2012 年 84-104 頁
北川香子『カンボジア史再考』連合出版 2006 年
桜井由躬雄『前近代の東南アジア』放送大学教育振興会 2006 年
田畑幸嗣・佐藤由似「前近代カンボジアの社会＝宗教変容理解に向けての考古学的アプローチ：アンコール時代と後アンコール時代の『断絶』を超えて(改訂版)」菊池誠退職記念論文集編集委員会編『港市・交流・陶磁器──東南アジア考古学研究』雄山閣 2021 年
東南アジア学会監修『東南アジア史研究の展開』山川出版社 2009 年
古川久雄ほか編『事典東南アジア─風土・生態・環境』弘文堂 1997 年
桃木至朗『中世大越国家の成立と変容』大阪大学出版会 2011 年 桃木至朗ほか監修『新版 東南アジアを知る事典』平凡社 2008 年
Buckley, B. M., et al. Climate as a contributing factor in the demise of Angkor, Cambodia, *Proceedings of the National Academy of Sciences of the United States of America*, vol. 107, no. 15, 2010, pp. 6748-52.
Ito, T., Pagan and the *Kharuin* Irrigation System in the Ayeyarwady Basin, *The Journal of Sophia Asian Studies* (『上智アジア学』), 18, 2000.
Jacques, C., The Historical Development of Khmer Culture from the Death of Suryavarman II to the 16th Century, *Bayon: New Perspective,* Clark, J. (ed.), Bangkok, 2007, pp.28-49.
Lieberman, V., *Strange parallels: Southeast Asia in global context, c. 800-1830,* 2vols, Cambridge University Press , 2003, 2009.
Lieberman, V., Charter State Collapse in Southeast Asia, ca. 1250-1400, as a Problem in Regional and World History, *The American Historical Review*, 116-4, 2011, pp. 937-963.
Lieberman, V., Buckley, B., The Impact of Climate on Southeast Asia, circa 950-1820: New Findings, *Modern Asian Studies*, 46-5, 2012, pp. 1049-

李書田著：岩田弥太郎訳『支那の水利問題』興中公社 1938 年
渡辺健哉『元大都形成史の研究——首都北京の原型』東北大学出版会 2017 年
Timothy Brook, Nine Sloughs: Profiling the Climate History of the Yuan and Ming Dynasties, 1260-1644, *Journal of Chinese History*, Vol. 1, 2017.
葛全勝等『中国歴朝気候変化』科学出版社 2011 年
葛全勝・鄭景雲・郝志新「過去 2000 年亜洲気候変化(PAGES-Asia2k)集成研究進展及展望」『地理学報』第 70 巻第 3 期 2015 年
関樹東「遼宋金時期的水旱災害，水利建設与経済重心的転移——以黄淮海地区和東南江淮両浙地区為考察対象」『隋唐遼宋金元史論叢』第 4 輯 2014 年
邱樹森『妥懽貼睦爾評伝』澳亜周刊出版有限公司 2004 年
蔡蕃『北京古運河与城市供水研究』北京出版社 1987 年
秦松齢「賈魯治河与元末農民起義」『晋陽学刊』第 3 期 1983 年
水利部治淮委員会《淮河水利簡史》編写組編『淮河水利簡史』水利電力出版社 1990 年
鄒逸麟主編『黄淮海平原歴史地理』 教育出版社 1993 年
鄒逸麟『椿廬史地論稿』天津古籍出版社 2005 年
蘇力「《稼亭集》所見元至正五年大都災荒事」『東北師大学報(哲学社会科学版)』第 6 期 2010 年
張栄仁『京杭運河済寧段史料考』中国文史出版社 2011 年
張佳佳「元済寧路景教世家考論——以按檀不花家族碑刻材料為中心」『歴史研究』第 5 期 2010 年
張崇旺『淮河流域水生態環境変遷与水事糾紛研究(1127-1949)』天津古籍出版社 2015 年陳高華「《稼亭集》《牧隠稿》与元史研究」『蒙元史暨民族論集——紀念翁独健先生誕辰一百周年』社会科学文献出版社 2006 年
陳高華「元代災害発生史概述」『中国社会科学院学術咨詢委員会集刊』第 3 輯 2007 年
姚漢源『黄河水利史研究』黄河水利出版社 2003 年
和付強『中国災害通史 元代巻』鄭州大学出版社 2009 年

補論　東南亞的十四世紀與氣候不順

青山亨「14 世紀末における「ジャワ東西分割」の再解釈」『東南アジア

四日市康博「モンゴルの衝撃：モンゴル・インパクトとは何か」吉澤誠一郎監修『論点・東洋史学』ミネルヴァ書房 2021 年
四日市康博「ユーラシア・海域世界の東西交流におけるモンゴル」『岩波講座世界歴史10 モンゴル帝国と海域世界 12～14 世紀』岩波書店 2023 年
早稲田大学モンゴル研究所(編)『モンゴル史研究：現状と課題』明石書店 2011年

第四章　元明易代的暗流

大島立子『モンゴルの征服王朝』大東出版社 1992 年
杉山正明『モンゴル帝国の興亡(上下)』講談社 1996 年
谷口規矩雄『朱元璋』人物往来社 1966 年 檀上寛『明の太祖 朱元璋』白帝社 1994 年
檀上寛「方国珍海上勢力と元末明初の江浙沿海地域社会」京都女子大学東洋史研究室編
『東アジア海洋域圏の史的研究』京都女子大学 2003 年
中塚武「気候変動と歴史学」平川南編『日本史と環境——人と自然』吉川弘文館 2012 年
中山八郎「至正十一年に於ける紅巾の起事と賈魯の河工」和田博士古稀記念東洋史論叢編纂委員会編『東洋史論叢 和田博士古稀記念』講談社 1961 年
長瀬守『宋元水利史研究』国書刊行会 1983 年
濱川栄『中国古代の社会と黄河』早稲田大学出版部 2009 年
星斌夫『大運河——中国の漕運』近藤出版社 1971 年
松田孝一「黄河南流」白石典之編『チンギス・カンとその時代』勉誠出版 2015 年
矢澤知行「大元ウルスの河南江北行省軍民屯田」『「社会科」学研究』第 36 号 1999 年
矢澤知行「大元ウルスの枢密院所轄屯田」『愛媛大学教育学部紀要』第 32 巻第 2 号 2000年
矢澤知行「元代の水運・海運をめぐる諸論点——河南江北行省との関わりを中心に」『愛媛大学教育学部紀要』第 53 巻第 1 号 2006 年
矢澤知行「元代の漕運・塩業と両浙社会」『大阪市立大学東洋史論叢』別冊特集号 2009年

岩武昭男『西のモンゴル帝国──イルハン朝』関西学院大学出版会 2001 年
岡田英弘『モンゴル帝国から大清帝国へ』藤原書店 2010 年
川口琢司・長峰博之(編)，菅原睦校閲『ウテミシュ・ハージー著『チンギス・ナーマ (C ing¯ı z-na¯ma)』』東京外国語大学アジア・アフリカ言語文化研究所 2008 年
川本正知『モンゴル帝国の軍隊と戦争』山川出版社 2013 年
窪田順平(編)・小野浩・杉山正明・宮紀子『中央ユーラシア域の歴史構図：13-15 世紀の東西』総合地球環境学研究所 2010 年
近藤信彰(編)『近世イスラーム国家史研究の現在』東京外国語大学アジア・アフリカ言語文化研究所 2015 年
志茂碩敏『モンゴル帝国史研究 正篇──中央ユーラシア遊牧諸政権の国家構造』東京大学出版会 2013 年
杉山正明『モンゴル帝国と大元ウルス』(東洋史研究叢刊 65)京都大学学術出版会 2004年
杉山正明『疾駆する草原の征服者』(中国の歴史 08)講談社 2005 年
杉山正明『モンゴル帝国と長いその後』(興亡の世界史 09)講談社 2008 年
杉山正明(編)・岩本佳子・小野浩・中西竜也・宮紀子『続・ユーラシアの東西を眺める』京都大学大学院文学研究科 2014 年
藤野彪・牧野修二『元朝史論集』，汲古書院 2012 年
松田孝一(編)『東アジア経済史の諸問題』阿吽社 2000 年
向正樹「モンゴル・シーパワーの構造と変遷──前線組織からみた元朝期の対外政策」秋田茂，桃木至朗(編)『グローバルヒストリーと帝国』大阪大学出版会 2013 年
矢澤知行(2004)『モンゴル時代の兵站政策に関する研究──大元ウルスを中心として』東京大学大学院人文社会系研究科博士論文ライブラリー 2004 年
四日市康博「モンゴル帝国と海域アジア」桃木至朗(編)『海域アジア史研究入門』岩波書店 2008 年
四日市康博『モノから見た海域アジア史：モンゴル～宋元時代のアジアと日本の交流』(九大アジア叢書 11)九州大学出版会 2008 年

石坂尚武「黒死病でどれだけの人が死んだか」『人文学』189 2012 年
平野一郎『中世末期ドイツ大学成立史研究』名古屋外国語大学 2001 年
宮崎揚弘『ペストの歴史』山川出版社 2015 年
クラウス・ベルクドルト(宮原啓子・渡邊芳子訳)『ヨーロッパの黒死病』国文社 1997 年
カルロ・M・チポラ(日野秀逸訳)『ペストと都市国家』平凡社 1988 年
Benedictow, Ole J., *The Black Death 1346-1353*, Woodbridge, 2004.
Bergmann, Heinz-Jürgen, *'Also das ein mensch zeichen gewun'*: Der *Pesttraktat Jakob Engelins von Ulm*, Bonn, 1972.
Groten, Manfred, *Die deutsche Stadt im Mittelalter,* Stuttgart, 2013. Haeser, Heinrich, *Lehrbuch der Geschichte der Medicin und der epidemischen Krankheiten*, Bd. 3, 3. Aufl., Jena, 1882.
Hesse, Christian, *Synthese und Aufbruch 1346-1410* (Gebhardt: Handbuch der deutschen Geschichte, Bd. 7b), Stuttgart, 2017.
Hoeniger, Robert, *Der Schwarze Tod in Deutschland*, Berlin, 1882.
Isenmann, Eberhard, *Die deutsche Stadt im Mittelalter 1150-1550*, 2. Aufl., Köln/Weimar/Wien, 2014.
Jankrift, Kay Peter, *Krankheit und Heilkunde im Mittelalter*, Darmstadt, 2003.
Leppin, Volker, *Wilhelm von Ockham: Gelehrter, Streiter, Bettelmönch*, Darmstadt, 2003. Märtl, Claudia/Drossbach, Gisela/Kintzinger, Martin (hg.), *Konrad von Megenberg(1309-1374) und sein Werk*, München, 2006.
Ruh, Kurt (hg.), *Die deutsche Literatur des Mittelalters. Verfasserlexikon*, Berlin/New York, 1992.
Slack, Paul, *Plague: A Very Short Introduction*, Oxford, 2012.
Šmahel, František, *Die Präger Universität im Mittelalter: Gesammelte Aufsätze*, Leiden/Boston, 2007.
Vasold, Manfred, Die Ausbreitung des Schwarzen Todes in Deutschland nach 1348, in: *Historische Zeitschrift*, 277(2), 2003.
Zeibig, H. J., Die kleine Klosterneubruger Chronik (1322 bis 1428), in: *Archiv für Kunde österreichischer Geschichts-Quellen*, Bd. 7, 1851.

第三章　蒙古帝國的霸權與瓦解，及其衝擊

Society, 14/1 (2007).
Stearns, Justin K., *Infectious Ideas: Contagion in Premodern Islamic and Christian Thought in the Western Mediterranean*, Baltimore: Johns Hopkins University Press, 2011
Sublet, Jacqueline, "La peste prise aux rêts de la jurisprudence: Le traité d'Ibn H. ağar al-'Asqala¯n¯ı sur la peste", *Studia Islamica*, 33 (1971).
Tucker, William F., " Environmental Hazards, Natural Disasters, Economic Loss, and Mortality in Mamluk Syria", *Mamlu¯k Studies Review*, 3 (1999).
Tucker, William F., "Natural Disasters and the Peasantry in Mamlu¯k Egypt", *Journal of the Economic and Social History of the Orien*t 24 (1981).
Varlık, Nükhet, *Plague and Empire in the Early Modern Mediterranean World: The Ottoman Experience, 1347-1600*, New York: Cambridge University Press, 2015.

第二章 十四世紀歐洲的鼠疫

▲史料

石坂尚武編訳『イタリアの黒死病関係史料集』刀水書房 2017 年
Aberth, John, *The Black Death: The Great Mortality of 1348-1350*, New York, 2005.
Baluze, Étienne/Mollat, G. (ed.), *Vitae Paparum Avenionensium*, tom. 1, Paris, 1914.
Die Chroniken der deutschen Städte vom 14. bis ins 16. Jahrhundert, Bde. 8, 13, 15, Leipzig, 1870, 1876, 1878.
Horrox, Rosemary (ed.), *The Black Death*, Manchester/New York, 1994. Loserth, Johann (hg.), *Fontes rerum Austriacarum*, Abt.1, Bd. 8, Wien, 1875.
Moeglin, Jean-Marie/Müller, Rainer A. (hg.), *Deutsche Geschichte in Quellen und Darstellung*, Bd. 2, Stuttgart, 2000.
Pfeiffer, Franz (hg.), *Das Buch der Natur von Konrad von Megenberg*, Stuttgart, 1861. Potthast, August (ed.), *Liber de rebus memorabilioribus sive chronicon Henrici de Hervordia*, Göttingen, 1859.
Smet, J.-J. de (ed.), *Recuell des chroniques de Flandre*, tom. 2, Bruxelles, 1841.
Witte, Hans/Wolfram, Georg (bearb.), *Urkundenbuch der Stadt Straßburg*, Bd. 5, Heft 1, Straßburg, 1895.

▲研究文獻

(1974). Dols, Michael W., "The General Mortality of the Black Death in the Mamluk Empire", in A. L. Udovitch (ed.), *The Islamic Middle East, 700-1900,* Princeton N. J.: Darwin Press, 1981.

Dols, Michael W., "The Second Plague Pandemic and its Recurrences in the Middle East, 1347-1894", *Journal of the Economic and Social History of the Orient,* 22-2 (1979). Eychenne, Mathieu, "La production agricole de Damas et de la Ghu¯t.a au XIVe siècle: Diversité, taxation et prix des cultures maraîchères d'après al-Jazarî (m. 739/1338)", *Journal of the Economic and Social History of the Orient,* 56 (2013).

Fazlinejad, Ahmad and Farajollah Ahmadi, " The Black Death in Iran, according to Iranian Historical Accounts from the Fourteenth through Fifteenth Centuries", *Journal of Persianate Studies,* 11 (2018).

Grabar, Oleg, *The Alhambra,* Cambridge, Mass.: Harvard University Press, 1978. Hasebe, Fumihiko, "Sultan Barqu¯q and his Complaining Subjects in the Royal Stables", *Al-Masa¯q: Islam and the Medieval Mediterranean, 21-3* (2009).

Levanoni, Amalia, *A Turning Point in Mamluk History: The Third Reign of al-Na¯s.ir Muh. ammad ibn Qala¯wu¯n (1310-1341),* Leiden: Brill, 1995

Little, D.P., "Data on Earthquakes Recorded by Mamluk Historians: A Historiographical", in Elizabeth Zachariadou (ed.), *Natural Disasters in the Ottoman Empire,* Rethymnon: Crete University Press, 1999.

Little, D.P., *An Introduction to Mamlu¯k Historiography: An Analysis of Arabic Annalistic and Biographical Sources for the Reign of al-Malik an-Na¯s.ir Muh. ammad ibn Qala¯'u¯n,* Wiesbaden: F. Steiner, 1970.

Melville, C., "Zalzala", *Encyclopaedia of Islam, Second Edition,* Leiden: Brill.

Neustadt (Ayalon), David, "The Plague and its Effects upon the Mamlu¯k Army", *Journal of the Royal Asiatic Society,* 78-1/2 (1946).

Qa¯sim, Qa¯sim 'Abduh, al-N¯ıl wa *al-mujtama' al-Mis.r¯ı f¯ı 'as.r sala¯t.¯ın al-mama¯l¯ık,* Cairo: Da¯r al-Ma'a¯rif, 1978.

Panzac, D. and Boaz Shoshan, "Waba¯'", *Encyclopaedia of Islam, Second Edition,* Leiden: Brill.

Raphael, Kate, *Climate and Political Climate: Environmental Disasters in the Medieval Levant,* Leiden: Brill, 2013.

Schimmel, Annemarie, *And Muhammad is his Messenger: The Veneration of the Prophet in Islamic Piety,* Chapel Hill, N.C.: University of North Carolina Press, 1985.

Stearns, Justin K., " Contagion in Theology and Law: Ethical Considerations in the Writings of Two 14th Century Scholars of Nas.rid Granada", *Islamic Law and*

ロのハサン学院の場合」山本正身編『アジアにおける「知の伝達」の伝統と系譜』慶應義塾大学言語文化研究所 2012 年
長谷部史彦「マムルーク朝期メディナにおける王権・宦官・ムジャーウィル」今谷明編『王権と都市』思文閣出版 2008 年
長谷部史彦「『夜話の優美』にみえるダマスクスのマジュズーブ型聖者」山本英史編『アジアの文人が見た民衆とその文化』慶應義塾大学言語文化研究所 2010 年
松田俊道「マムルーク朝前期上エジプトにおけるアラブ遊牧民の反乱」『東洋学報』74-1/2 1993 年
家島彦一「マムルーク朝の対外貿易政策の諸相——セイロン王 Bhuvanaikabāhu I とマムルーク朝スルタン al-Manṣūr との通商関係をめぐって」『アジア・アフリカ言語文化研究』20 号 1980 年
E・ル＝ロワ＝ラデュリ(稲垣文雄訳)『気候の歴史』藤原書店 2000 年
Ashtor, *A Social and Economic History of the Near East in the Middle Ages*, London: Collins, 1976.
Ashtor, *Levant Trade in the Later Middle Ages*, Princeton, N. J.: Princeton University Press, 1983.
Benedictow, Ole J., *The Black Death, 1346-1353: The Complete History*, Woodbridge, Suffolk: Boydell Press, 2004.
Borsch, Stuart J., "Black Death", *Encyclopaedia of Islam, Three*, Leiden: Brill.
Borsch, Stuart J., *The Black Death in Egypt and England: A Comparative Study*, Austin: University of Texas Press, 2005.
Clément, J. -F, " Jalâl al-Dîn Suyûtî, séismosophe ", *Tremblements de terre: histoire et archéologie*, Valbonne: Association pour la promotion et la diffusion des connaissances archéologiques, 1984.
Dols, Michael W., " Al-Manbiji' s 'Report of the Plague': A Treatise on the Plague of 764-65/1362-64 ", in Daniel Williman (ed.), *The Black Death: The Impact of the Fourteenth-Century Plague*, New York: Center for Medieval and Early Renaissance Studies, 1982.
Dols, Michael W., *The Black Death in the Middle East*, Princeton N. J.: Princeton University Press, 1977.
Dols, Michael W., " The Comparative Communal Responses to the Black Death in Muslim and Christian Societies", *Viator: Medieval and Renaissance Studies*, 5

al-Maqr¯ı z¯ı , *Kita¯b igha¯that al-umma bi-kashf al-ghumma*, Cairo: Mat.ba'at Lajnat al-Ta'l¯ı f wa al-Tarjama wa al-Nashr, 1940.

al-Maqr¯ı z¯ı , *Kita¯b al-sulu¯k li-ma 'rifat duwal al-mulu¯k*, 4vols., Cairo: Mat.ba 'at Da¯r al-Kutub, 1934-1973.

al-Nuwayr¯ı , *Niha¯yat al-arab f¯ı funu¯n al-adab*, 33vols., Cairo: Mat.ba 'at Da¯r al-Kutub, 1964-1997.

al-Subk¯ı , *Kita¯b mu'¯ıd al-ni'am wa mub¯ıd al-niqam*, New York: AMS Press, 1978.

al-Suyu¯t.¯ı , *Kashf al-s.als.ala 'an was.f al-zalzala*, Beirut: 'A¯ lam al-Kutub, 1987.

al-Yu¯suf¯ı , *Nuzhat al-na¯z.ir f¯ı s¯ırat al-Malik al-Na¯s.ir*, Beirut: 'A¯ lam al-Kutub, 1986.

Zetterstéen, K. V. ed., *Beiträge zur Geschichte der Mamlu¯kensultane in der Jehren 690-741 der Hiğra nach arabischen Handschriften*, Leiden: Brill, 1919.

Bertrando de Mignanelli (Translated by Walter J. Fischel), "Ascensus Barcoch: A Latin Biography of the Mamlu¯k Sultan Barqu¯q of Egypt (d. 1399) Written by B. de Mignanelli" *Arabica*, 6 (1959), pp. 57-74, 152-172.

イブン・バットゥータ(家島彦一訳)『大旅行記』全 8 巻 平凡社 1996〜2002 年

イブン・ハルドゥーン(森本公誠訳)『歴史序説』全 4 巻 岩波書店 2001 年

▲研究文獻

熊倉和歌子「砂糖から穀物へ——マムルーク朝期のファイユームにみられた栽培作物の転換」『イスラーム地域研究ジャーナル』 9号 2017 年

近藤真美「マムルーク朝におけるウラマーの家系の隆盛——スブキー家の場合」『オリエント』 42-1 1999 年

佐藤次高『中世イスラム国家とアラブ社会——イクター制の研究』山川出版社 1986 年長谷部史彦「14 世紀エジプト社会と異常気象・飢饉・疫病・人口激減」〈シリーズ世界史への問い１〉『歴史における自然』岩波書店 1989 年

長谷部史彦「14 世紀末—15 世紀初頭カイロの食糧暴動」『史学雑誌』 97-10 1988 年

長谷部史彦「中世エジプト都市の救貧——マムルーク朝スルターンのマドラサを中心に」『中世環地中海圏都市の救貧』慶應義塾大学出版会 2007 年

長谷部史彦「中世後期アラブ地域における複合宗教施設の教育機能——カイ

社 2014 年 E・ル＝ロワ＝ラデュリ(稲垣文雄訳)『気候と人間の歴史 I 猛暑と氷河 13 世紀から18 世紀』藤原書店 2019 年

『岩波講座世界歴史 10 モンゴル帝国と海域世界 12～14 世紀』岩波書店 2023 年

Thomas Wozniak, *Naturereignisse im frühen Mittelalter. Das Zeugnis der Geschichtsschreibung* vom 6. bis 11. Jahrhundert. Berlin/Boston. De Gruyter 2020.

第一章　中東社會與鼠疫浩劫・自然災害

▲史料

Baybars al-Mans. u¯r¯ı , *Zubdat al-fikra f¯ı ta'r¯ıkh al-hijra,* Beirut: Orient-Institut Beirut, 1998.

Ibn al-Dawa¯da¯r¯ı , *Kanz al-durar wa ja¯mi' al-ghurar,* 9vols., Cairo: Deutsches Archäolo- gisches Institut, 1960-1992.

Ibn H. ab¯ı b, *Tadhkirat al-nab¯ıh f¯ı ayya¯m al-mans.u¯r wa ban¯ıh,* 3vols., Cairo: Mat. ba'at Da¯r al-Kutub, 1976-1986.

Ibn H. ajar al-'Asqala¯n¯ı , *Badhl al-ma¯'u¯n f¯ı fad. l al-t.a¯'u¯n,* Cairo: Da¯r al-Kutub al-Athariyya, 1993.

Ibn H. ajar al-'Asqala¯n¯ı , *Dhayl al-durar al-ka¯mina,* Cairo: Ma'had al-Makht.u¯t.a¯t al-'Arabiyya, 1992.

Ibn al-'Ira¯q¯ı , al-Dhayl 'ala¯ al-'ibar f¯ı khabar man 'abar, 3vols., Beirut: Mu'assasat al-Risa¯la, 1989.

Ibn Kath¯ı r, *al-Bida¯ya wa al-niha¯ya f¯ı al-ta'r¯ıkh,* 14vols., Cairo: Mat.ba 'at al-Sa 'a¯da, 1932-1939.

Ibn S. as. ra¯, *al-Durra al-mud. ¯ı'a f¯ı al-dawla al-z.a¯hiriyya,* Berkeley and Los Angeles: University of California Press, 1963.

Ibn Shadda¯d, *al-A'la¯q al-khat.¯ıra f¯ı dhikr umara¯' al-Sha¯m wa al-Jaz¯ıra,* 2vols., Damascus: Institut français de Damas, 1953-1963.

Ibn Sha¯h¯ı n al-Z. a¯hir¯ı , *Zubdat kashf al-mama¯lik wa baya¯n al-t.uruq wa al-masa¯lik,* Paris: Imprimerie Nationale, 1894.

Ibn al-Ward¯ı , *Ta'r¯ıkh Ibn al-Ward¯ı,* 2vols., Beirut: Da¯r al-Kutub al-'Ilmiyya, 1996.

al-Jazar¯ı , *Ta'r¯ıkh h. awa¯dith al-zama¯n wa anba¯'ih wa wafaya¯t al-aka¯bir wa al-a'ya¯n min abna¯'ih,* 3vols., Sidon and Beirut: al-Maktaba al-'As.riyya, 1998.

主要參考文獻

總論　氣候不順與生存危機

W・アーベル(寺尾誠訳)『農業恐慌と景気循環——中世中期以来の中欧農業及び人口扶養経済の歴史』未来社 1972 年
J・アブー・ルゴド(佐藤次高，高山博，斯波義信訳)『ヨーロッパ覇権以前——もうひとつの世界システム』上・下 岩波書店 2001 年
家島彦一『イブン・バットゥータと境域への旅——『大旅行記』をめぐる新研究』名古屋大学出版会 2017 年
諫早庸一「13-14 世紀アフロ・ユーラシアにおけるペストの道」『現代思想』48-7 2020年 5 月
磯貝富士男『中世の農業と気候——水田二毛作の展開』吉川弘文館 2001 年
伊東俊太郎・梅原猛・安田喜憲編『講座 文明と環境』全 15 巻 朝倉書店 1995～96 年イブン・バットゥータ(家島彦一訳)『大旅行記』全 8 巻 平凡社 1996～2002 年
奥村弘「歴史資料の保全と活用——大規模災害と歴史学」『岩波講座日本歴史 21 史料編』岩波書店 2015 年
五味文彦・小野正敏編『開発と災害』新人物往来社 2008 年
J・C・スコット(立木勝訳)『反穀物の人類史——国家誕生のディープストーリー』みすず書房 2019 年
千葉敏之編『歴史の転換期４ 1187 年：巨大信仰圏の出現』山川出版社 2019 年
中塚武監修，伊藤啓介・田村憲美・水野章二編『気候変動から読み直す日本史４ 気候変動と中世社会』臨川書店 2020 年
ウィリアム・H・マクニール(佐々木昭夫訳)『疫病と世界史』新潮社 1985 年
水越允治(編)『古記録による 14 世紀の天候記録』東京堂出版 2008 年
向正樹「モンゴル帝国とユーラシア広域ネットワーク」『グローバル化の世界史』ミネルヴァ書房 2019 年
四日市康博他「特集・14 世紀の危機」『史苑』82-2 2022 年
吉野正敏・福岡義隆(編)『環境気候学』東京大学出版会 2003 年
マッシモ・リヴィ-バッチ(速水融・斎藤修訳)『人口の世界史』東洋経済新報

井黑忍

大谷大學文學部副教授。1974年生，專長為中國近代史、環境史。

主要著作、論文：

《分水與支配——金・蒙古時代華北的水利與農業》（早稻田大學學術叢書26，早稻田大學出版部，2013）

〈重新刻寫的傳統：前近代山西基層社會水利秩序的形成與重組〉《歷史學研究》（990號，2019）

〈宋金元代的華北鄉村社會——以山西為中心〉《岩波講座世界歷史7 東亞的發展 八至十四世紀》（岩波書店，2022）

松浦史明

日本學術振興會特別研究員（上智大學綜合全球學部）。1981年生，專長為柬埔寨史、東南亞史。

主要著作・論文：

《閱讀吳哥窟》（共著；連合出版，2005）

〈吳哥時代雕像的人與神——銘文史料的檢討〉《佛教藝術》（337號，2014）

從銘文史料看吳哥王朝佛教及其發展〉，收於肥塚隆編《亞洲佛教美術論集：東南亞》（中央公論美術出版，2019）

〈佛教王闍耶跋摩七世治下的吳哥王朝〉，收於千葉敏之編《歷史的轉換期4：1187年・巨大信仰圈的出現》（山川出版社，2019）

長谷部史彥

慶應義塾大學文學部教授。1962年生，專長為中世．近世阿拉伯史。

主要著作、譯作：

《鄂圖曼帝國治下的阿拉伯社會》（世界史Libretto 112， 山川出版社，2017）

《西亞史I 阿拉伯》（合著，新版世界各國史8，山川出版社，2002）

《中世紀環地中海圈城市的救貧》（編著，慶應義塾大學出版會，2004）

《地中海世界的旅人——移動與記述的中近世史》（編著，慶應義塾大學言語文化研究所，2014）

井上周平

立教大學、獨協大學、關東學院大學兼任講師。1978年生，專長為歐洲中近世史。

主要著作、譯作：

Medizinpolitik und Heilkundige in den Pestzeiten der Fruhen Neuzeit, in: C. Ch. Wahrmann u.a. (Hg.), Seuche und Mensch: Herausforderung in den Jahrhunderten, Berlin 2012

安德烈・貝爾納（Andreas Bernard），《有錢人為什麼都住在高處——近代城市建造了電梯》（合譯，柏書房，2016）

四日市康博

立教大學文學部副教授。1971年生，專長為蒙古帝國史、東西歐亞史。

主要著作：

《從物品看海域東南亞史——蒙古至宋元時代亞洲與日本的交流》（編著，九州大學出版會，2008）

〈蒙古的衝擊：什麼是蒙古衝擊？〉《論點・東洋史學》（吉澤誠一郎監修，Minerva書房，2021）

〈歐亞・海域世界東西交流中的蒙古衝擊〉《岩波講座世界歷史10　蒙古帝國與海域世界　十二至十四世紀》（岩波書店，2023）

作者簡介

叢書監修

木村靖二

東京大學名譽教授。專長為西洋近現代史、德國史。

岸本美緒

御茶水女子大學名譽教授。專長為明清社會經濟史。

小松久男

東京大學名譽教授。專長為中亞史。

編者

千葉敏之

東京外國語大學大學院綜合國際學研究院教授。1967年生，專長為歐洲中世紀史。

主要著作、譯作：

《移動者的中世紀——史料的功能，日本與歐洲》（合編著，東京大學出版會，2017）

《歷史的轉換期4 1187年：巨大信仰圈的出現》（合編著，山川出版社，2019）

《西洋中世紀奇譚集成 聖派翠克的煉獄》（翻譯，講談社，2010）

作者

歷史的轉換期 5

氣候不順與生存危機 1348年

気候不順と生存危機

Turning Points In World History

編　者　千葉敏之
譯　者　陳嫻若
發行人　王春申
選書顧問　陳建守
總編輯　張曉蕊
特約編輯　蔡傳宜
責任編輯　洪偉傑
封面設計　萬勝安
內文排版　康學恩
版　權　翁靜如
業　務　王建棠
資訊影音　劉艾琳、謝宜華
出版發行　臺灣商務印書館股份有限公司
23141 新北市新店區民權路 108-3 號 5 樓
（同門市地址）
電　話　(02) 8667-3712
傳　真　(02) 8667-3709
服務專線　0800-056193
郵　撥　0000165-1
信　箱　ecptw@cptw.com.tw
網路書店　www.cptw.com.tw
臉　書　facebook.com.tw/ecptw
印　刷　鴻霖印刷傳媒股份有限公司
定　價　新台幣 430 元
2024 年 4 月　初版 1 刷

臺灣商務印書館

局版北市業字第 993 號
法律顧問　何一芃律師事務所

國家圖書館出版品預行編目 (CIP) 資料

1348年．氣候不順與生存危機／千葉敏之編；陳嫻若譯
——初版——新北市：臺灣商務印書館股份有限公司，2024.04
面；　公分（歷史的轉換期 5）
譯自：1348年：気候不順と生存危機
ISBN　978-957-05-3562-4（平裝）
1. 文化史　2. 世界史

713　113002530